作者简介

胡婧,女,重庆江津人,重庆工商大学法学院讲师、重庆廉政研究中心兼职研究员、法学博士,研究专长为环境行政法、人权法学。2013年9月至2016年6月在厦门大学攻读博士学位,2016年7月供职现单位。2013年开始研究环境宪法和人权法基础理论问题,在《高等教育研究》《四川师范大学学报(哲社版)》《北方法学》等期刊发表多篇论文。主持国家社科基金青年项目1项、省部级项目1项。主编译著1部。

欧洲人权法院
个人环境申诉案件受案范围研究

胡 婧 ◎ 著

厦门大学出版社 国家一级出版社
XIAMEN UNIVERSITY PRESS 全国百佳图书出版单位

序

　　环境权是法学研究的热点问题之一,学者对环境权的关注既有对实践问题的应对,也有对理论问题的探索。环境权是环境保护的目的,从社会科学的角度观察,环境保护问题包括两大部分内容:一部分是通过各种方法减少因自然因素产生的环境污染与破坏,恢复生态;另一部分是减少人为因素造成的环境污染和与生态破坏,恢复环境质量和生态平衡。近代工业文明的产生,生产和生活方式发生了革命性的转变,伴随着这一转变的人类活动对环境日益严重的破坏,大量的工业污染以及人类掠夺性开发,不仅导致水、土壤、空气受到污染,而且生态的恶化还导致物种灭绝,从而进一步恶化人类的生存环境,对人的生命权、健康权构成严重威胁。因此,环境与经济生活的关系、环境政策、环境治理、环境法制等问题成为社会科学研究的重大问题。发达国家在经历了工业化产生的环境污染与生态破坏之后,逐步认识到环境问题的重要性,反思环境政策和环境法制的得失,从20世纪60年代开始,发达国家的部分学者认识到掠夺性的经济发展对环境产生的巨大损害,进而提出改进经济发展政策和目标,形成环境保护优先的原则。从20世纪70年代开始,法学界将保护环境和维持生态平衡作为实现公民生命权、健康权的重要手段,并且从法理上论证环境权属于宪法基本权利,从而重视从法律的角度研究公民环境权问题,论证国家在环境治理方面的责任,公民环境权的理论形态已经完备。在实践中,欧洲国家率先进入系统环境立法阶段,并且实现环境立法法典化。如1999年瑞典《环境法典》,2000年法国《环境法典》等,这些环境法典体系完备,包括环境权保护、环境政策、环境信息、生态保护和污染治理等。俄罗斯及东欧国家新制定的宪法中则完整地表述了公民的环境权,将环境权作为公民的基本权利予以保护,同时明确规定公民的环境信息权以及环境损害请求赔偿权。可以说,环境权的宪法和法律保护已经成为国际社会普遍关注的问题。

在环境权法定化的同时,环境权的司法保护受到特别的重视。不仅国家的司法机关受理环境侵权案件和国家不履行环境监管责任案件,而且区域性国际人权保护机构也运用法律手段保护成员国公民的环境权,督促成员国政府履行环境保护义务。1953年9月生效的《欧洲人权公约》(以下简称《公约》)除确立了一系列基本权利和个人自由外,还规定设立欧洲人权委员会、人权法院和欧洲理事会部长委员会,自1990年第九议定书批准时起,人权法院即可以直接受理个人向该人权法院提起的侵权申诉,直接保护个人权利。将司法机制纳入区域性人权保障之中。1998年,《公约》第十一议定书正式设立欧洲人权法院,该法院的设立被认为是目前区域性人权司法保护的范本。

《公约》是欧盟具有宪法性质的文件,欧洲人权法院也被认为具有国内宪法法院相同地位的人权保障司法机构,其判决得到成员国政府和司法机构的尊重与执行。但是,作为区域性人权保障司法机构,在案件的受理、法律适用、判决的执行等方面均需要尊重成员国的宪法和法律,其中最核心的问题就是管辖权问题。司法机构保障人权,首先必须要对案件拥有管辖权,如果没有管辖权,司法机关的保护即沦为空话。然而,《公约》并没有明确规定和列举欧洲人权法院的管辖权,尤其是对《公约》没有直接确认的权利,欧洲人权法院的管辖权常常受到较为严格的限制,环境权即属于此种情形。欧洲人权法院为了扩大环境权司法保护方面的作用与影响,通过对《公约》中健康权等条款的扩大解释,运用司法解释的一般原理,不断适度扩张法院的管辖权,使欧洲人权法院在环境权保护中扮演重要的角色。

因此,欧洲人权法院在环境案件中的管辖权问题成为环境人权保障的关键问题,引起法学界和司法界的广泛关注。胡婧博士将该问题作为博士学位论文选题,具有重要的学术价值。胡婧在厦门大学法学院攻读硕士和博士学位期间,致力于环境法制与环境权司法保护的研究,在国内核心刊物上发表文章,论述程序性环境权的形成及其特征,从环境权的基本构造出发,讨论环境权司法保护的基本理论问题。在探讨环境权作为基本人权的司法保护过程中,认为欧洲人权法院在环境人权保护方面的实践具有重要的价值,所以,最终选择该问题作为博士学位论文的研究方向,本书即是作者在博士学位论文的基础上经过修改形成的专著,至少具有以下特点:

第一,作者搜集、整理和翻译了大量的文献资料。以外文数据库HeinOnline、Westlaw International 、国际学位论文全文检索平台、斯普林格出版社、爱思唯尔出版社、约翰威立出版社、欧洲委员会网、欧洲人权网、欧洲人权法院判例网、欧洲人权法院网为主要来源,对现有研究成果和判例进行统计和分析,从而使本书建立在充分占有资料的基础之上。作者在研究现状部分,充分展示了对欧洲人权法院判例研究状况深入分析的能力,客观而全面地论述了欧洲人权法院在环境权案件管辖方面的研究成果,使本书的论证和结论具有可靠性。

第二,全书逻辑合理,结构层次分明。第一章论述欧洲人权法院的起源、发展和运作机制。通过对判例的分析,作者认为欧洲人权法院只有同时满足实体性要件和程序性要件时,才能受理环境侵权案件。由于《公约》及其议定书的刚性限制,所以,欧洲人权法院不得不发展出一系列司法解释原则,以扩大环境人权保护的范围。第二章分析欧洲人权法院(含欧洲人权委员会)受理个人环境申诉案件的历史变迁。认为欧洲人权委员会在20世纪80年代以前拒绝受理个人环境申诉,而在20世纪80年代洛佩兹案以后,欧洲人权委员会和欧洲人权法院积极受理个人环境申诉案件,实现实质性地开创了环境人权司法保护的先河。第三章分析欧洲人权法院根据《公约》第八条和第二条实体性条款受理产生环境污染和环境破坏的环境损害案件,全面分析了欧洲人权法院通过解释"受害人",扩大环境损害案件适用的受案标准。第四章研究欧洲人权法院通过解释环境风险概念,确认程序性环境人权。第五章通过分析欧洲人权法院适用并发展的自由判断余地原理,论述欧洲人权法院受理个人环境申诉案件的界限。作者所有的研究结论都建立在法院判例分析、概括和研究的基础上,通过纵向和横向两个维度概括欧洲人权法院受理个人环境申诉案件的规律,其论证客观且具有很强的逻辑性。

第三,作者在研究《公约》实施机制的基础上,探讨欧洲人权法院审理个人环境申诉案件对欧盟成员国的拘束力。作者通过实证研究,结合成员国宪法和司法制度,认为欧盟成员国在部长委员会的监督下多数直接适用欧洲人权法院的相关判决,国内的司法机构还在相似案件中参照或直接援引欧洲人权法院的判决。从而使欧洲人权法院的判决发生国内法上的效力。同时,欧洲人权法院虽然并不直接要求败诉的责任国修改或制定保护环境人权方面的法律,但在实践中,多数国家通过制定环境宪章、修改宪法或者制定人权法执行欧洲人权法院关于环境权的判决。作者从司法与立法两个层面展示国内司法机关和立法机关回应欧洲人权法院判决的态度和实践,并且通过分析英国立法和司法实践,分析其发展趋势,对研究《公约》和欧盟的环境人权保障具有重要的学术价值。

但是,本书的出版仅仅是作者研究环境权司法保护的开端。本书致力于研究和探讨欧洲人权法院有关环境权保护的判例,是一个纯粹外国法和比较法的研究。期望作者在此基础上,将中国环境法和环境权保护的研究置于比较公法的视野之内,探讨中国环境法治建设的历史经验和教训,特别是环境权司法保护的中国特色和发展趋势。自党的十八大以来,党中央特别重视环境保护和生态文明建设。党的十九报告将加快生态文明建设,建设美丽中国作为党和国家的重大战略任务,明确提出着力解决突出环境问题。实施大气污染防治行动,加快水污染防治,强化土壤污染管控和修复,开展农村人居环境整治行动,加强固体废弃物和垃圾处置,提高污染排放标准,强化排污者责任,健全环保信用评价、信息强制性披露、严惩重罚等制度。构建政府为主导、企业为主体、社会组织和公众共同参与的环境治理体系,积极参与全球环境治理。为了落实党的十八大和十九大精神,中央环保督察作为十八大以来党中央、国务院关于推进生态文明建设和环境保护工作的一项重大制度安排,是打好污染防治攻坚战的重要手段,产生了明显的成效。2018年7月10日,十三届全国人大常委会第四次会议举行联组会议,就大气污染防治法执法检查报告对国务院及相关主管部门进行专题询问,体现全国人大常委会对环境问题的高度关切。我国人民检察院也通过追究破坏环境犯罪,提起环境公益诉讼等,达到保护环境的目的。因此,希望本书的出版,为中国的环境治理和环境权保护提供启发与借鉴,期望作者再接再厉,进一步加强对中国环境立法和环境执法的研究,产出更多的理论研究成果。

朱福惠

2018 年 8 月于厦门大学

目 录

绪 论 ··· 1

第一章 《公约》与欧洲人权法院对个人申诉案件的受理 ········· 31
第一节 欧洲人权法院及其管辖权 ·· 31
第二节 欧洲人权法院受理个人申诉案件的一般标准 ························ 35
第三节 欧洲人权法院解释《公约》及其议定书的原则 ···················· 57

第二章 《公约》机构受理个人环境申诉案件的历史发展 ········· 65
第一节 "环境"的含义 ·· 65
第二节 拒绝受理个人环境申诉阶段:20世纪80年代以前 ············ 69
第三节 受理个人环境申诉阶段:20世纪80年代以来 ···················· 71

第三章 欧洲人权法院根据《公约》实体性条款
受理个人环境申诉案件 ··· 85
第一节 "环境损害"的含义 ·· 85
第二节 《公约》第8条之适用 ·· 90
第三节 《公约》第2条之适用 ·· 111
第四节 小结——"受害者"范围之拓展 ·· 118

第四章 欧洲人权法院根据《公约》程序性条款
受理个人环境申诉案件 ··· 120
第一节 程序性环境人权和环境风险预防原则 ·································· 122
第二节 个人获得环境信息权受侵害之案件 ······································ 129
第三节 个人环境决策参与权受侵害之案件 ······································ 140

1

第四节　环境诉权受侵害之案件……………………… 146
　　第五节　小结——预防原则之适用……………………… 153

**第五章　自由判断余地：欧洲人权法院受理个人环境
　　　　　申诉案件的限制**……………………………… 156
　　第一节　"自由判断余地"在判例法中的含义…………… 156
　　第二节　自由判断余地对个人环境申诉案件受理的限制…… 167
　　第三节　小结——自由判断余地与个人环境申诉案件
　　　　　　受理范围之阈值……………………………… 175

第六章　欧洲人权法院判决对欧盟成员国的拘束力…… 177
　　第一节　欧洲人权法院判决对欧盟成员国产生的一般拘束力…… 178
　　第二节　欧洲人权法院判决与欧盟成员国宪法之增修…… 183

参考文献………………………………………………………… 191
后　　记………………………………………………………… 212

绪　　论

一、选题依据与选题意义

(一)选题依据

1. 全球环境危机不断,环境诉求不断增加

环境问题的历史与人类文明一样久远,随着经济活动的展开,人们逐步深化对环境问题的认识。在工业革命早期,人类并未认识到环境对人类生存的影响,甚至将损害环境的行为视为经济繁荣与人类文明的伴生物。例如,20世纪早期,英国牛顿委员会向英国政府提交了一份报告,指出很多人将烟的存在视作繁荣的象征,认为土地越黑越脏,经济生活就越繁荣。[①] 可见,因经济发展产生的环境问题在当时并未引起重视。直到 20 世纪 60 年代,《寂静的春天》(*Silent Spring*)[②]的出版警醒了人们,引导人们开始对环境问题展开广泛而持续的关注。

近年来,一些组织的调查报告显示,全球自然环境和生活环境均遭到不同程度的破坏和污染,人们因此正在遭受不同程度的损害。就生活环境而言,根据世界卫生组织的报告,2012 年全球大约有 800 万人死于空气污染;[③]2012年全球有 36% 的人口不能获得基本卫生的水资源,有 84.2 万人因感染水污染造成的疟疾而丧生。[④] 就自然环境而言,根据《联合国环境署 2013 年度报告》,全球气候不断变暖,2012 年,北极夏季冰川覆盖创纪录最低,覆盖率仅

---

① HALLIDAY E. C.. A Historical Review of Atmospheric Pollution [EB/OL]2014-04-16. Http://libdoc.who.int/monograph/WHO_MONO_46_(p9).pdf.
② 卡森.寂静的春天[M].吕瑞兰,李长生,译.上海:上海译文出版社,2008.
③ WHO. Global Health Observatory: Public Health and Environment [EB/OL] 2014-10-20. http://www.who.int/gho/phe/en/.
④ WHO. Global Health Observatory: Water, Sanitation and Hygiene [EB/OL]2014-10-20. http://www.who.int/gho/phe/water_sanitation/en/.

340万平方公里;2001年至2010年,陆地和海洋表面平均气温为14.47℃,是自1850年开始有现代温度测量以来最热的10年。另外,野生动植物也因人为因素而不断减少。据统计,因非法猎捕行为,在地球上,每年有约3000头大猩猩消失。在非洲,2011年有1.7万头大象丧生。在阿拉伯地区,2013年共有1746种物种遭受威胁,其中,大多数物种濒临灭绝。一些植物,尤其是木材,因人类取暖、做饭等燃火需求被砍伐殆尽。① 依据科学统计,一些学者甚至认为"新时代已结束,我们进入了'人类世'",即自工业革命以来的活动对环境的影响可成立一个新地质时代的理论。②

在中国,因工业发展等人为因素造成的环境污染与自然资源破坏颇为严重。根据联合国环境署统计,中国人均原材料消费量已从1970年世界平均水平的31%增至2013年的162%。③ 而与人类生存息息相关的生活用水,因地域不同,正遭到不同程度的污染。《全国地下水污染防治规划(2011—2020年)》指出,按照《地下水质量标准》(GB/T 14848-93)进行评价,全国地下水资源不符合Ⅰ类～Ⅲ类水质标准的占37%,不符合Ⅳ类～Ⅴ类水质标准的占63%。2009年,经对北京、辽宁、吉林、上海、江苏、海南、宁夏和广东8个省(区、市)641眼井的水质分析,水质Ⅰ类～Ⅱ类的占总数的2.3%,水质Ⅲ类的占23.9%,水质Ⅳ类～Ⅴ类的占73.8%,主要污染指标是总硬度、氨氮、亚硝酸盐氮、硝酸盐氮、铁和锰等。2009年,全国202个城市的地下水水质以良好—较差为主,深层地下水质量普遍优于浅层地下水,开采程度低的地区优于

---

① UNEP. Annual Report 2013 [EB/OL] 2014-10-20. http://www.unep.org/annualreport/2013/docs/hr_ar2013.pdf.

② 1873年意大利地质学家安东尼奥·斯托帕尼将人类对环境的影响称为"人类世时代",即指一个全新的地球力量,世界将被这种能量主宰。到了2000年,为了强调人类在地质和生态中的核心作用,诺贝尔化学奖得主保罗·克鲁岑提出了人类世(anthropocene)的概念。克鲁岑指出,自18世纪晚期的英国工业革命开始,人与自然的相互作用加剧,人类成为影响环境演化的重要力量,尤其是在过去的一个世纪,城市化的速度增加了10倍。更为可怕的是,几代人正把几百万年形成的化石燃料消耗殆尽。KOLBERTE. The Sixth Extinction: An Unnatural History[M]. New York: Henry Holt and Co., 2014.

③ UNEP. Annual Report 2013 [EB/OL] 2014-10-20. http://www.unep.org/annualreport/2013/docs/hr_ar2013.pdf.

开采程度高的地区。① 根据《全国城市饮用水安全保障规划(2006—2020年)》公布的数据,全国近20%的城市集中式地下水水源水质劣于Ⅲ类。部分城市饮用水水源水质超标因子除常规化学指标外,甚至出现了致癌、致畸、致突变污染指标。另外,在空气质量方面也不容乐观。据统计,2013年全国酸雨污染总体稳定,但程度依然较重。京津冀、长三角、珠三角等重点区域及直辖市、省会城市和计划单列市共74个城市按照新标准开展监测,依据《环境空气质量标准》(GB 3095-2012)对SO_2、NO_2、PM_{10}、$PM_{2.5}$年均值、CO日均值和O_3日最大8小时均值进行评价,74个城市中仅海口、舟山和拉萨3个城市的空气质量达标,而超标城市比例为95.9%。②

众所周知,环境污染或生态破坏是人类生存状况恶化链条中的关键环节,它制约了经济发展本身。2006年,祝光耀在《中国的环境保护(1996—2005)》白皮书发布会上指出,中国政府相关部门就生态环境的破坏以及环境污染同国民经济损失之间的关系做过调研,分析结果显示,20世纪90年代中期,环境污染和生态破坏对国民经济损失的影响占到国内生产总值的8%,世界银行则认为这个影响低估了环境破坏或污染给国民经济损失带来的影响,提出占比高达国内生产总值的13%。③ 面对日益严峻的环境,为了生存,人们对环境的认识不断提高,并试图通过多种途径表达享受良好环境的意愿,针对环境侵权提出的诉求上升。在中国,根据《全国环境统计公报》的统计,向环保部门投诉环境纠纷的全国来信来访以及来电或网上投诉数量从1995年前平均每年15万宗增长至2015年每年约170万宗,其投诉主要集中于环境污染事故、饮用水污染事故、垃圾焚烧产生的固体废弃物事故、建筑工地产生的噪声污染事故等。④

2.法院通过审理环境案件保障环境权

在处理环境纠纷的实践中,环境信访、公众协商参与等各种诉讼外纠纷解决方式纷纷出现,但由于环境纠纷的特殊性,诉讼作为最后的、最权威的救济手段,在解决环境纠纷中仍占据优势。而人权保护和环境存在天然联系,环境

---

① 中华人民共和国环境保护部.全国地下水污染防治规划(2011—2020年)[EB/OL] 2014-05-27. http://www.zhb.gov.cn/gkml/hbb/bwj/201111/t20111109_219754.htm.
② 中华人民共和国环境保护部.2013年中国环境状况公报[EB/OL]2014-10-14. http://www.mep.gov.cn/gkml/hbb/qt/201407/t20140707_278320.htm.
③ 中国环境保护白皮书发表,环境污染带来的经济损失约占国内生产总值10%[N/OL]2013-07-17. http://news.sina.com.cn/o/2006-06-06/05159127424s.shtml.
④ 全国环境统计公报[N/OL]2017-10-11. http://zls.mep.gov.cn/hjtj/qghjtjgb/.

诉讼的发展同人权的保护密不可分。

20世纪60—70年代,新的社会运动围绕着资源匮乏问题而展开。1972年,第一次国际环境保护大会——联合国人类环境会议在瑞典斯德哥尔摩举行,该大会正式回应了对资源匮乏的担忧,首次认可了环境、自然是人类福利的重要面向。从此,环境保护同人权相连是不容否认的事实,司法机关从保障人权的角度保护环境。但是,对环境与人权关联的法理存在三种不同的理解:第一,环境保护是保障并实现其他权利的前提和结果。西蒙尼德(J. Symonides)指出,"环境保护天生同人权相关"。① 凯瑞·沃尔夫(Karie Wolfe)坚持人类的生存天生同自然生态健康的运作不可分离,是生命重要成分的直接或间接渊源。② 艾伦·博伊尔(Alan Boyle)主张,"关联环境质量的环境权确认作为生活基本条件的环境的重要特性,是促进人的尊严与福利、实现其他人权不可或缺的事项。"③ 第二,环境保护不是人权的前提,而是享有人权的内在部分。④ 有学者明确指出,"环境权为享有其他人权提供便利"。⑤ 第三,人权原则能推导出环境保护。克里斯丁·钦肯(Christine Chinkin)教授指出,"使用人权标准保护环境有许多优势,人权语词扩展了环保领域,因此,

---

① JANUSZ SYMONIDES. The Human Right to a Clean, Balanced and Protected Environment[J]. International Journal of Legal Information, 1992, 20(1):24-40.

② KARIE WOLFE. Greening the International Human Rights Sphere? Environmental Rights and the Draft Declaration of Principles on Human Rights and the Environment[J]. Appeal: Review of Current Law and Law Reform, 2003, 45(9):45-58.

③ ALAN BOYLE. The Role of International Human Rights Law in the Protection of the Environment [A]. In MICHAEL ANDERSON and ALAN BOYLE. Human Rights Approaches to Environmental Protection [M]. Oxford: Oxford University Press, 1996. 43-70.

④ AYESHA DIAS. Human Rights, Environment and Development: With Special Emphasis on Corporate Accountability[EB/OL] 2014-09-10. UN Human Development Report 2000 Background Paper. http://www.hdr.undp.org/docs/publications/background_papers/Dias2000.html.

⑤ CONTRA DOWNS J. A.. A Healthy and Ecologically Balanced Environment: An Argument for a Third Generation Right[J]. Duke Journal of Comparative and International Law, 1993, 35(3):351-385.

他从主张利益损害扩展至由个人和社区以环境存在威胁为由对抗国家"。①这为法院提供了诉讼便利。

纵观世界各国以及区域性国际组织的立法和司法实践,司法机构受理环境案件的条件和程序存在差异,大致可以分为三种类型。

第一,法院通过审理侵犯政治参与权、生命权、结社权、信息权、人身自由权等传统自由权案件,间接保障环境权,从而达到环境友好的目的。欧洲人权法院是代表。欧洲人权法院根据《欧洲人权公约》实体权利条款分别在厄内尔依力地孜(Öneryildiz)案②、布达耶娃(Budayeva)案③、科里亚坚科(Kolyadenko)案④的判决中,通过审理侵犯生命权的案件,间接保护环境。

第二,法院通过扩大解释宪法规范审理环境案件。印度是代表。印度宪法和法律最初并未明确规定环境权益,为了解决环境诉求,在1988年,梅塔(M. C. Mehta)诉印度联邦案⑤中,印度联邦最高法院判定希瑞姆(Shriram)食物和化肥有限公司污染恒河,认为《印度宪法》第51条之规定确立了政府保护和改善环境的义务,印度联邦最高法院裁定联邦政府应当改善污水排放系统,终止向河流倾倒烧毁的尸体,保护自然环境是国家的义务。之后,印度最高法院又通过扩大解释《宪法》第21条有关"生命权"的规定,认定人人享有水权、空气权等环境权利。在艾塔克亚·塞恩格尔(Attakoya Thangal)诉印度联邦案⑥中,原告主张在其社区提取地下水以满足相邻社区供水的政府计划将打破清洁水的平衡,且带来长期损害。印度联邦最高法院判定,行政机构不得以侵害他人权利的方式侵犯《宪法》第21条规定的基本权利。印度最高法院指出,生命权不仅是指动物生存的权利,还包括多层次的含义,正如"生命"本身一样繁杂。人类需求的优先顺序以及新的价值体系均在这个领域获得承认,淡水权、自由的空气权均具有生命权的特性,因为它们是维系生命本身的

---

① CHINKINC. International Environmental Law in Evolution [M]//JEWELL, STEELE. Law in Environmental Decision-Making: National, European and International Perspectives[M]. Oxford:Clarendon Press,1998.229-266.

② Öneryildiz v. Turkey, application no. 48939/99, judgment of 30 Nov. 2004.

③ Budayeva and Others v. Russia, application nos. 15339/02,21166/02,20058/02,11673/02,15343/02,judgment of 29 Sep. 2008.

④ Kolyadenko and Others v. Russia, application nos. 17423/05,20534/05,20678/05,23263/05,35673/05,judgment of 28 Feb. 2012.

⑤ M. C. Mehta v. Union of India,1 S.C.C. 471 (1988).

⑥ Attakoya Thangal v. Union of India,1K.L.T. 580 (1990).

基本元素。之后,在1996年韦洛尔(Vellore)公民福利论坛诉印度联邦案①中,印度联邦最高法院裁定倾倒未处理的污水进入农用区域和地方饮用水供应系统侵犯公民权利,并明确指出,宪法和法律保护个人清洁空气权、清洁水权、免受污染的环境权,这些权利的渊源是普通法上不可让与的环境权。

第三,法院通过审理侵犯实体性环境人权和程序性环境人权的案件保障环境权。据笔者统计,截止到2017年10月,联合国193个成员国中,有140个国家的宪法明确规定政府有保护环境的义务,94个国家的宪法规定实体性环境人权,30个国家的宪法规定以环境决策公众参与权为核心的程序性环境人权,83个国家的宪法规定个体有义务保护环境。②

南非宪法法院从水权保护中保障实体性环境人权。2000年,南非宪法法院在格鲁特布姆(Grootboom)案中认为,权利法案明确地包括社会、经济权利,他们不仅是在纸上的权利,而且是《南非宪法》第7条第2款要求的国家尊重、保护、促进、实现权利法案中规定的权利,法院应确保和实现这些权利,因此,现在的问题不是社会、经济权利是否可以根据宪法可诉,而是在相关案件中如何执行宪法的规定。③《南非宪法》"社会权"一章确认了人人享有水权,因此,该环境权具有可诉性。

环境人权除了包含实体性内容外,程序性环境权利也成为当代环境人权的重要内容。例如,联合国人权事务委员会(UN Human Rights Committee)在阿比雷纳·马辉卡(Apirana Mahuika)等诉新西兰案④中确认公众享有环境事项决策参与权利。该案中,毛利法律服务代表18名原告向法院提起诉愿,主张国家禁止在一定区域捕鱼的规定侵犯了公民享有的自决权、结社自由权、良心自由权、非歧视以及少数人的权利,毛利人因此不能对土地、森林、鱼类等环境享有相应的权利。为此,联合国人权事务委员会审议决定新西兰政

---

① Vellore Citizens' Welfare Forum v. Union of India,5 S. C. C. 647(1996).
② 笔者根据各国政府网站发布的官方宪法文本翻译整理得出国家宪法写入环境权或者环境保护条款的时间谱系:1970年之前有5个国家,1971年至1979年有19个国家;1980年至1989年有22个国家;1990年至1999年有68个国家;2000年至2009年有27个国家;2010年至2013年有7个国家。其中,明确规定环境权的时间谱系:1976年至1979年4个;1980年至1989年13个;1990年至1999年47个;2000年至2009年23个;2010年至2014年7个。
③ South Africa v. Grootboom 2000 (11) BCLR 1169 (CC) (S. Afr.).
④ Apirana Mahuika et al v. New Zealand Communication. No. 547/1993,judgment of 27 October 2000. CCPR/C/70/D/547/1993.

府在规制毛利人捕鱼行为前,应同毛利人共同协商规制捕鱼行为的条件,否则,政府规制捕鱼的行为将侵犯毛利人享有的环境事项决策参与权。法国2005年通过《环境宪章》,该宪章第7条规定,公民享有获取环境信息权、参与影响环境的公共决策权。2008年,法国人权委员会在审查《转基因生物法》的合宪性时判定《环境宪章》第7条具有宪法效力。① 随后,法国人权委员会在2012年裁决《法兰西自然环境法》是否合宪时,裁定该法因未规定充分的参与程序而违反宪法。②

在我国环境诉讼中,环境民事诉讼和刑事诉讼有了较大发展。根据我国2018年公布的《最高人民法院工作报告》提供的资料,2017年,我国为长江流域生态文明建设与绿色发展提供司法保障等出台了相关意见,制定环境公益诉讼等司法解释,审结环境民事案件48.7万件,审理生态环境损害赔偿案件1.1万件、检察机关提起的环境公益诉讼案件1383件、社会组织提起的环境公益诉讼案件252件;制定办理环境污染刑事案件司法解释,审结污染环境犯罪案件8.8万件。但是,环境行政诉讼的发展仍然滞后,环境行政诉讼案件数量增幅较小。③ 有学者统计,2009年至2013年间,某省环境行政一审案件呈小幅增长趋势,2009年,该省受理环境行政案件413件,到2013年,该省受理环境行政案件491件,仅增加了78件,其中,资源类案件的受理数量逐年激增,而环保类案件的受理数量则出现起伏。④ 进一步,学者根据国家公布的环境信访案件数、环境行政处罚和行政复议数、环境诉讼案件数,测算环境纠纷数量、进入行政程序的案件数量、进入司法程序的案件数量之间的比率为

---

① Conseil Constitutionnel. Décision n° 2008-564 DC du 19 juin 2008,Loi relative aux organismes génétiquement modifiés [DB/OL] 2014-10-21. http://www.conseil-constitutionnel. fr/conseil-constitutionnel/francais/les-decisions/2008/decisions-par-date/2008/2008-564 dc/decision-n-2008-564-dc-du-19-juin-2008. 12335. html.

② Conseil Constitutionnel. Décision n° 2012? 282 QPC du 23 novembre 2012,France Nature Environnement [DB/OL]2014-10-21. http://www.conseil-constitutionnel. fr/conseil-constitutionnel/francais/les-decisions/2012/decisions-par-date/2012/2012-282-qpc/decision-n-2012-282-qpc-du-23-novembre-2012.

③ 周强.最高人民法院工作报告[N/OL]. http://www.gov.cn/xinwen/2018-03/10/content_5272766.htm;词解.2015年最高人民检察院工作报告[N/OL]2015-04-17. http://www.chinacourt.org/article/detail/2015/03/id/1566191.shtml.

④ 吕忠梅.环境行政司法:问题与对策——以实证分析为视角[J].法律适用,2014(4):3.

255∶38∶1。因此,学者认为我国涉及环境行政纠纷的数量多,但是,环境行政诉讼的案件却呈现数量少、判决少、适用法律少、原告胜诉率低等特点。①

与环境人权保障相关的行政诉讼有着自己的优点:其一,行政诉讼的客体是行政权力,如果不将行政权力关进制度的笼子里,或者虽将行政权力关进制度的笼子里,但制度的笼子存在漏洞,通过环境行政诉讼保障人人享有的环境权就难以实现。其二,行政诉讼是权力制约权力和权利制约权力的制度设计,是重要和关键的人权保障机制。这个制度和机制如果设计不科学,就不能有效发挥保障人权的功能。其三,行政诉讼体制是行政诉讼制度整体有效运作的基础。如果体制有缺陷,行政诉讼在整体上就难以有效运作,其保障人权的功能就难以充分发挥。

2014年4月修改、2015年1月1日生效的《环境保护法》明确规定了程序性环境人权,细化了环境公益诉讼的规定,扩大了诉讼范围,将环境保护范围从"污染环境"扩展至"破坏生态"等损害公共利益的行为,但是"实体性环境权利"在法律上仍未得以确认。2017年6月,《行政诉讼法》作出修改,增加行政公益诉权,环境行政公益诉讼正式展开。2018年3月,我国通过修改宪法,将"生态文明"等内容写入宪法,在采用"国家目标"对国家权力课予不同层次义务保护环境的基础上,进一步充实了我国环境宪法规范体系。接下来,我国行政诉讼将与环境人权发生更多的联系,因此,我们需要在此方面积累更多的经验。

3.《欧洲人权公约》与欧洲人权法院对人权的保护

《欧洲人权公约》(the European Convention for the Protection of Human Rights and Fundamental Freedoms,ECHR,以下简称《公约》)于1953年9月3日正式生效。《公约》除确立了一系列基本权利和个人自由外,还在第19条规定设立欧洲人权委员会、欧洲人权法院和欧洲理事会部长委员会,分别通过准司法、司法和政治机制,保障《公约》及其议定书、《1965年欧洲社会宪章》、《1989年欧洲预防酷刑、有辱人格的待遇或处罚公约》中确认的人权。通常,欧洲人权法院根据《公约》认定主权国家违反人权保障义务,主权国家在总体上尊重该法院作出的判决,并由部长委员会监督欧洲人权法院判决的执行。1998年改革前,欧洲人权法院不是一个独立和全职的司法机构,而是与欧洲

---

① 吕忠梅,等.理想与现实:中国环境侵权纠纷现状及救济机制构建[M].北京:法律出版社,2011.

人权委员会、欧洲理事会部长委员会共同行使人权保护职能的机构。1998年,作为程序改革的组成部分,《公约》第十一议定书用单独的"欧洲人权法院"替代之前的欧洲委员会和人权法院,这次改革明确了个人享有直接向司法机构申诉的权利,简化了申诉程序,缩短了申诉期间,强化了欧洲人权法院的独立性。

欧洲人权法院被认为是目前区域性人权保护制度的典范。不同于其他区域性人权法院,欧洲人权法院自1990年第九议定书批准时起,可以直接受理个人向该人权法院提起的侵权申诉,直接保护个人权利。另外,欧洲人权法院的判决不仅直接拘束责任国,而且对欧洲各国的人权保护、缔约国的国内法、其他国际与国内法院的判决都产生了巨大影响。1995年,欧洲人权法院在洛瓦兹杜(Loizidou)诉土耳其一案的裁决中强调:"《公约》已成为欧洲(法律)体系中具有宪法性质的文件,这使得欧洲人权法院具有与主权国家宪法法院相类似的地位。"① 欧洲人权法院的影响力主要表现在以下五个方面:

一是欧洲人权法院的判决逐渐成为对《公约》成员国具有法律拘束力的判例法。虽然,根据《公约》第42条和第44条之规定,欧洲人权法院的判决仅对责任国产生直接拘束力,并成为其国内司法机关应当遵循的先例,对其他缔约国并没有直接约束力,② 欧洲人权法院也没有明确规定判例法制度,但是,欧洲人权法院在适用《公约》作出判决时可以对《公约》条文的含义进行解释。因此,作为对《公约》条文的解释,欧洲人权法院之前的判例为之后的判决提供参照。事实上,欧洲人权法院几乎一直依照先前判决对后续相似案件作出裁定。如果认为不遵循先前判例,欧洲人权法院须解释不遵循先例的原因。欧洲人权法院的《法院规则》(Rules of Court)③ 第32条规定,欧洲人权法院在判决中,既要考虑案件事实,又要考虑该法院先前的判例,以对《公约》作出解释。实践中,欧洲人权法院对先前的判例给予充分尊重,前后判决对《公约》条文的解释基本一致,典型判例对《公约》条文的解释常常被援引。例如,在环境案件

---

① Loizidou v. Turkey,application no. 15318/89,judgment of 18 Dec. 1996.
② 本书中所提及的"缔约国"主要是指《公约》及其议定书的制定国以及自愿加入或自愿遵守并同意签约的主权国家。"责任国"则是批准《公约》及其议定书的具体条款,需要在未涉及保留条款的具体案件中负责的《公约》及其议定书的缔约国。
③ Rules of Court [DB/OL] 2015-01-11. http://www.echr.coe.int/ECHR/EN/Header/Basic+Texts/The+Convention+and+additional+protocols/The+European+Convention+on+Human+Rights/.

中,欧洲人权法院在洛佩兹(Lopez)案中确立了"严重环境污染"标准,认为"严重的环境污染,即使未严重地危及人的健康,但仍可能影响个人的健康生活,并以影响其隐私和家庭生活的方式,妨碍其享有住宅"①。这一原则在之后的格拉案、麦克金利案等得到遵守和重申。

二是欧洲人权法院的判决影响成员国国内法院的判决,并且导致成员国修改本国法律,或者,审查本国法律确立的标准。为了避免本国在以后类似案件中承担败诉后果,非责任国的成员国有权要求参与案件审理,并对此向欧洲人权法院提出意见。欧洲人权法院如果判处责任国败诉,基于尊重主权之考量,通常不会明确指出违反《公约》的法律本身,成员国有权自行决定修改法律全部或部分、决定修改法律的时间等。然而,欧洲人权法院在某些情况下并不受限于主权,为了建立统一的欧洲人权保护秩序,在典型案例中,它的判决十分强势。在马尔克斯(Marckx)诉比利时案中,欧洲人权法院虽然承认成员国享有是否遵守欧洲人权法院判决的自治权,但仍要求比利时修改法律。② 由于判决的要求十分明确,比利时不得不尽快修改违反《公约》的法律。在后续判决中,欧洲人权法院声明,如果成员国没有保障《公约》确认的权利和自由,则会适用类似的判决。③ 在环境案件的判决中,因欧洲人权法院影响瑞士法院,所以,直接导致瑞士法院造法,确认清洁环境权。④ 2007年,西班牙最高法院依照本国宪法规定,同时援引欧洲人权法院在莫雷诺·戈麦斯(Moreno Gomez)案⑤中的判决,认可原告在涉及噪声污染的案件中享有健康环境权。

三是欧洲人权法院通过程序改革已成为名副其实的"宪法法院"。欧洲人权法院不仅可以在申诉人穷尽国内救济的情况下,作为最后一道防线直接受理申诉人提起的成员国侵犯其享有《公约》权利的案件,规制成员国的权力,保障成员国居民享有相关人权,同时,《公约》第十四议定书新设是否"遭受重大不利"(significant disadvantage)的受案标准。若欧洲人权法院认为申诉人没

---

① Lopez Ostra v. Spain, application no. 16798/90, judgment of 09 Dec. 1994.

② Marckx v. Belgium, application no. 6833/74, judgment of 1979.

③ MERRILLS J. G. The Development of International Law by the European Court of Human Rights (2nd Ed)[M]. Manchester: Manchester University Press, 1993. 104.

④ HOTTELIER and MARTENET V. Le Droit de L'Homme a un Environnrment Sain: Perspectives Suisses[J]. 1 Annuaire International des Droits de L'Homme 427, 2008: 427-447.

⑤ Moreno Gomez v. Spain, application no. 4143/02, judgment of 16 November 2004.

有"遭受重大不利",则有权不受理相关案件。由于申诉人是否"遭受重大不利"由欧洲人权法院自行认定,这就赋予了欧洲人权法院挑选案件的权力。

四是欧洲人权法院的实践推动了欧盟人权保障机制之间的融合。在人权保护领域,欧洲存在多种监督机制,而最主要的是欧洲理事会、欧洲联盟、欧洲安全与合作组织这三大国际组织形成的人权保护机制。其中,欧洲理事会对人权保护最广泛。欧洲人权保护机制既有赖于《公约》和欧洲人权法院,也有赖于欧盟法和欧洲法院,两种机制在很大程度上互相依赖。欧洲法院在创立欧盟基本人权保护框架的过程中,既吸收《公约》的规定,也对欧洲人权法院的判决给予了极大的重视,包括在审理案件中重视对欧洲人权法院判例的研究、在两个法院受理同一事项申诉时主动中止审理、等待欧洲人权法院的判决等。为了保障欧洲理事会和欧盟在人权保护方面的一致性,避免冲突,欧盟25国于2004年10月29日签署《欧盟宪法条约》,明确规定欧盟应加入《公约》。虽然《欧盟宪法条约》最终未获欧盟成员国批准通过,但在某种程度上确立了欧洲人权法院在欧洲人权保护机制中的核心地位。欧洲理事会在2004年5月通过《公约》第十四议定书,明确规定欧洲联盟可以加入《公约》。

五是一些非成员国的国内法院以及其他区域组织法院在司法实践中引用欧洲人权法院的判例作为自己判案的依据。[1] 例如,南非宪法法院在其具有划时代意义的死刑违宪案件的裁决中,援引了欧洲人权法院的判例;[2]美洲人权法院和联合国人权委员会也多次参考欧洲人权法院的判例。[3]

因此,《公约》及欧洲人权法院的判例法已具有"宪法"地位,在欧盟成员国中具有最高法律效力,同时,对其他非成员国的人权保障实践产生域外影响。自20世纪90年代鲍威尔(Powell)和雷纳(Rayner)案开始,在《公约》及其议定书未明确规定环境权利的情况下,欧洲人权法院通过目的解释逐渐扩大环境案件的受案范围,在过去的30余年间,欧洲人权法院发展出了适用于环境案件的受案标准,这对在其成员国保护环境权益、维护环境利益产生了重大影响。

(二)选题意义

第一,丰富基本人权的司法保护理论。根据传统公法理论可知,公民不能

---

[1] 刘晗.宪法全球化中的逆流:美国司法审查中的外国法问题[J].清华法学,2014(2).
[2] S. v. Makwanyane,1995 (3)SA391(CC)(S. Afr.).
[3] See ANNE-MARIE SLAUGHTER. A New World Order [M]. Princeton: Princeton University Press,2004:80-81.

以保护作为公益的环境为标的,直接向司法机构提起诉讼,要求政府履行保护环境的义务。在法理上,不同于可以获得司法救济的"法律上的利益",公民因政府履行环境保护义务而获得的利益属于"反射性利益"。一旦环境权作为基本人权,则强调国家应通过履行尊重、保护、积极提供资源等义务保障环境人权得以实现。基本权利相较于基本原则而言,更具有司法适用性。有学者认为,法律一旦通过,该法律就立即成为保障国民具体权利的工具,任何政权只能往更充分保障的方向修法或立法,不能任意废除或限缩、剥夺国民享有的自由权和社会权,否则,国民可以提起司法违宪审查诉讼。[①] 欧洲人权法院将环境同人权联系起来,一方面,这成为国家公权力行使的方针指示;另一方面,欧洲人权法院以保护环境权为导向,确认公权力应履行保护环境的消极义务和积极义务。

第二,欧洲人权法院受理环境诉讼的实践为我国环境立法和司法提供有益经验。我国的环境立法和司法实践与欧洲人权法院面临着许多相同的问题。首先,法律均没有明确确认环境人权;其次,在环境诉讼案件中均涉及公众参与和正当程序、信赖保护等程序问题。针对公众参与,在中国,夏春官等4人诉东台市环境保护局环评行政许可案和上海市杨浦区正文花园业委会、乾阳佳园业委会诉上海市环保局不服环评报告审批决定案,这两个案子的原告都因对相邻的建设项目的环境影响评价审批决定不服,从而提起行政诉讼。类似的,在欧洲人权法院有诸如塔斯金案等。针对正当程序,在中国,卢红等204人诉杭州市萧山区环境保护局环保行政许可案中,人民法院认为,申请人城投公司在环评报告编制过程中所公示的环保审批公示,不能替代《环境影响评价公众参与暂行办法》所要求的,环保机关在申请人正式报送环评报告及相关申请材料后对环境影响报告书进行公示和公众调查的程序和义务。区环保局存在明显的程序违法情形,判决撤销了被诉行政行为;在佛山市三英精细材料有限公司诉佛山市顺德区人民政府环保行政处罚案中,虽然监测站两次臭气监测频次间隔不足2小时,存在程序瑕疵,但人民法院认为该瑕疵不足以推翻监测报告结论的正确性。类似的,在欧洲人权法院有诸如贾克梅里案等。针对信赖保护,在中国,苏耀华诉广东省博罗县人民政府划定禁养区范围通告案中,苏耀华经营养殖场的行为发生在通告作出之前,已经依法领取了税务登记证、排放污染物许可证和个体工商户营业执照,其合法经营行为应当受到法

---

① 许庆雄.宪法入门[M].台北:月旦出版社股份有限公司,1992:137-138.

律保护。根据《行政许可法》第8条的规定,虽然博罗县人民政府有权根据环境保护这一公共利益的需要划定畜禽禁养区,但应当对因此遭受损失的苏耀华依法给予补偿。类似的,在欧洲人权法院有诸如哈顿案等。

欧洲人权法院自1990年改革后,便可以直接受理个人,即自然人、法人和社会组织直接提起的侵权诉讼,另外,欧洲人权法院受理的申诉针对的是相关缔约国,所以,欧洲人权法院主要受理"民告官"的环境侵权或环境不作为案件。30余年来,欧洲人权法院在实践中积累了大量的受理环境行政案件(包括环境行政公益案件和环境行政私益案件)的经验,这为我国完善环境行政诉讼提供了借鉴。

二、研究现状

通过诉讼方式由司法机关保护环境最早可见诸19世纪的《瑞典环境保护法》,通过司法机构保护人权的方式处理环境纠纷则始于20世纪60—70年代。国际范围内开展环境权司法保护和司法机关处理环境纠纷的研究始于20世纪80年代,到目前为止,研究成果颇多。为分析研究欧洲人权法院处理的环境案件,笔者以中国知网(CNKI)、外文数据库HeinOnline(http://www.heinonline.org/)、Westlaw International (http://www.westlaw.com/)、Google学术(http://www.google.com.hk/intl/zh-CN/)、国际学位论文全文检索平台(http://pqdt.calis.edu.cn/)、斯普林格出版社(http://link.springer.com/)、爱思唯尔出版社(http://www.sciencedirect.com/)、约翰威立出版社(http://onlinelibrary.wiley.com/)、欧洲委员会网站(http://www.coe.int)、欧洲人权网站(http://www.coe.int/human_rights/)、欧洲人权法院判例网站(http:/hudoc.echr.coe.int/)、欧洲人权法院网(http://www.echr.coe.int/)为主要来源,对现有研究成果进行不完全统计,并按照期刊论文统计、博士论文选题分别列表(见表1、表2、表3、表4、表5),另将通过其他渠道收集到的相关出版物一并制表,作为分析欧洲人权法院受理环境案件研究现状的基础。由于分析研究欧洲人权法院受理环境案件的议题同欧洲人权法院的运作方式、环境权的结构和性质、主权国家司法机关和国际裁判机构受理环境案件的一般情况等议题密切相关,所以,笔者在统计整理欧洲人权法院受理环境案件研究现状的同时,收集分析了研究主权国家司法机关和国际裁判机构受理环境案件、研究环境权的结构和可诉性以及研究欧洲人权法院运作方式的成果,以便更好地分析论述主题。

表1 期刊上有关欧洲人权法院受理环境案件的论文统计

检索词	篇名	主题	关键词
环境诉讼	29	241	71
环境案件	7	74	0
环境权	260	858	346
环境人权	5	8	5
欧洲人权	56	180	0
欧洲人权公约	12	125	24
欧洲法院	43	280	156
欧洲人权法院	40	67	29
欧洲人权公约并含环境	1	3	0
欧洲人权法院并含环境	2	2	0

注：(1)检索时间范围为"不限"，匹配为"精确"，期刊类型为"中国期刊全文数据库"，检索截止日期为2018年3月31日。

(2)仅搜索核心期刊、CSSCI、SCI、EI来源期刊。

表2 博士论文选题一览表(15篇)

姓名	学校	学位年度	题名	所属学科	指导教师
任梦华	东南大学	2015	健康权宪法保障研究	法学	龚向和
卓光俊	重庆大学	2012	我国环境保护中的公众参与制度研究	法学	黄锡生
焦传凯	上海交通大学	2011	论欧洲人权机制对欧盟成员国实际拘束力的差异及原因	国际关系	叶江
王兆平	武汉大学	2011	环境公众参与权的法律保障机制研究——以《奥尔胡斯公约》为中心	法学	杜群
葛俊杰	南京大学	2011	利益均衡视角下的环境保护公众参与机制研究——以社区环境圆桌会议为例	环境科学	毕军
崔明伍	华中科技大学	2010	欧洲人权法院表达自由判例研究	新闻学	孙旭培
陈昕	吉林大学	2010	基于有效管理模型的环境影响评价公众参与有效性研究	环境科学	董德明
孙法柏	吉林大学	2010	现代环境法的运行机制——对英国环境法的研究	经济学	那力

续表

姓名	学校	学位年度	题名	所属学科	指导教师
唐 萌	吉林大学	2009	迈向互动式公众参与理念——环境法中公众参与制度化研究	法学理论	邓正来 徐显明
孙晓云	西南政法大学	2008	国际人权法视域下的健康权保护研究	法学	邓瑞平
孔晓明	中国海洋大学	2008	环境信息法研究——以完善立法为目标	环境规划与管理	徐祥民
马彩华	中国海洋大学	2007	中国特色的环境管理公众参与研究	环境规划与管理	李凤岐
王 凤	西北大学	2007	公众参与环保行为的影响因素及其作用机理研究	人口资源环境经济学	白永秀
雄 鹰	南京农业大学	2007	政府环境管制、公众参与对企业污染行为的影响分析	农业经济管理	徐 翔
杜仕菊	华东师范大学	2007	欧洲人权的理论与实践——以欧洲的现代化进程为视角	科学社会主义与国际共产主义运动	范 军

注：检索分别是题名为"公众参与"并含"环境"以及"公众参与"并含"环保"；主题为"环境信息权"，"环境"并含"欧洲人权"，"环境权"并含"欧洲"；检索时间范围为"不限"，匹配为"精确"，期刊类型为"中国博士学位论文全文数据库"，检索截止日期为2018年3月22日。

表3 主要中文出版物一览表(30部)

作 者	编/著	书 名	出版社	出版时间
金自宁	著	风险中的行政法	法律出版社	2014年
刘学敏	著	欧洲人权体制下的公正审判权制度研究：以《欧洲人权公约》第六条为对象	法律出版社	2014年
沈太霞	著	人权的守卫者：欧洲人权法院个人申诉制度	暨南大学出版社	2014年

续表

作者	编/著	书名	出版社	出版时间
崔浩等	著	环境保护公众参与研究	光明日报出版社	2013年
伊丽莎白·费雪	著	风险规制与行政宪政主义	法律出版社	2012年
约瑟夫·绍尔卡	著	法国环境政策的形成	中国环境科学出版社	2012年
珍妮·斯蒂尔	著	风险与法律理论	中国政法大学出版社	2012年
张震	著	作为基本权利的环境权研究	法律出版社	2010年
余俊	著	环境权的文化之维	法律出版社	2010年
蔡定剑	主著	公众参与:欧洲的制度和经验	法律出版社	2009年
史蒂芬·布雷耶	著	打破恶性循环——政府如何有效规制风险	法律出版社	2009年
丹尼尔·H.科尔	著	污染与财产权:环境保护的所有权制度比较研究	北京大学出版社	2009年
王锡锌	主编	行政过程中公众参与的制度实践	中国法制出版社	2008年
吴卫星	著	环境权研究——公法学的视角	法律出版社	2007年
王锡锌	主编	公众参与和行政过程——一个理念和制度分析的框架	中国民主法制出版社	2007年
简·汉考克	著	环境人权:权力、伦理与法律	重庆出版社	2007年

续表

作 者	编/著	书 名	出版社	出版时间
颜厥安、林钰雄	主编	人权之跨国性司法实践:欧洲人权裁判研究(一)	台湾大学人文社会高等研究院	2007 年
凯斯·R.孙斯坦	著	风险与理性——安全、法律与环境	中国政法大学出版社	2005 年
吕忠梅	著	沟通与协调之途——论公民环境权的民法保护	中国人民大学出版社	2005 年
吕忠梅	著	环境法学	法律出版社	2004 年
徐国栋	主编	绿色民法典草案	社会科学文献出版社	2004 年
朱晓青	著	欧洲人权法律保护机制研究	法律出版社	2003 年
周训芳	著	环境权论	法律出版社	2003 年
叶俊荣	著	环境政策与法律	中国政法大学出版社	2003 年
陈泉生、张梓太	著	宪法与行政法的生态化	法律出版社	2001 年
杨成铭	著	人权保护区域化的尝试:欧洲人权机构的视角	中国法制出版社	2000 年
高家伟	著	欧洲环境法	工商出版社	2000 年
爱蒂丝·布朗·魏伊丝	著	公平地对待未来人类:国际法、共同遗产与世代间衡平	法律出版社	2000 年

表4　Westlaw International 上有关欧洲人权法院受理环境案件的论文统计

检索词	篇名（Title）	全文（Unrestricted）
"Environmental Rights"	91	2271
"Right to Environment"	23	1429
"ECHR"	1254	＞10000
"ECtHR"	91	3206
"Environmental Rights"并含"ECHR"	0	163
"Environmental Rights"并含"ECtHR"	0	36
"Right to Environment"并含"ECtHR"	0	19
"Right to Environment"并含"ECHR"	0	186
"Public Participation"并含"ECHR"	0	18
"Citizen Participation"并含"ECHR"	0	94

注：检索时间范围为"Unrestricted"，期刊类型为"WORLD-JLR"，检索截止日期为2017年10月21日。

表5　主要外文出版物一览表（16部）

作　者	书　名	出版社	出版时间
BURNS H. WESTON	Green Governance: Ecological Survival, Human Rights, and The Law of The Commons	Cambridge University Press	2013年
AVI BRISMAN	The Violence of Silence: Some Reflections on Access to Information, Public Participation in Decision-Making, and Access to Justice in Matters Concerning the Environment	Springer Science + Business Media Dordrecht	2013年
DAVID R. BOYD	The Environmental Rights Revolution: A Global Study of Constitutions, Human Rights, and the Environment	UBC Press	2013年

续表

作　者	书　名	出版社	出版时间
THOMAS DIETZ et al.	Public Participation in Environmental Assessment and Decision Making	The National Academies Press	2008年
FRANS H. J. M. COENEN	Public Participation and Better Environmental Decisions: The Promise and Limits of Participatory Processes for the Quality of Environmentally Related Decision-Making	Springer	2008年
HELEN KELLER	A Europe of Rights: The Impact of the ECHR on National Legal Systems	Oxford University Press	2008年
ALASTAIR MOWBRAY	Cases and Materials on The European Convention on Human Rights	Oxford University Press	2007年
CLARE OVEY and ROBIN WHITE	Jacobs and White: The European Convention on Human Rights (4th edition)	Oxford University Press	2006年
HAYWARD T.	Constitutional Environmental Rights	Oxford University Press	2005年
JAMES L. CREIGHTN	The Public Participation Handbook: Making Better Decisions Through Citizen Involvement	Jossey-Bass	2005年
DANIEL GARCIA SAN JOSÉ	Environmental Protection and the European Convention on Human Rights	Council of Europe	2005年

续表

作　者	书　名	出版社	出版时间
BIRNIE and BOYLE A.	International Law and the Environment (2nd ed.)	Oxford University Press	2002年
ALAN BOYLE	Human Rights Approaches to Environmental Protection	Clarendon Press	1998年
TIM JEWELL and JENNY STEELE	Law in Environmental Decision-Making: National, European and International Perspectives	Clarendon Press	1998年
MICHAEL and ALAN BOYLE	Human Rights Approaches to Environmental Protection	Oxford University Press	1996年
MERRILLS J. G.	The Development of International Law by the European Court of Human Rights (2nd Ed)	Manchester University Press	1993年

通过对上述研究成果的阅读与梳理,我们可以对《公约》、欧洲人权法院、环境人权、环境诉讼的总体研究状况作出简要概括,然后在此基础上审视现有欧洲人权法院受理环境案件的研究成果和基本观点。

(一)对《公约》和欧洲人权法院的研究状况

对《公约》以及欧洲人权法院的研究主要以国际法和人权法为视角。学者通常介绍《公约》和欧洲人权法院的发展背景、运作机制和解释技术,论述欧洲人权法院程序改革带来的实际影响,分析其判例以及判例对成员国产生的直接和间接拘束力。

一是对《公约》和欧洲人权法院整体情况的论述和介绍,包括《公约》的制定与完善,欧洲人权法院产生的背景、发展、管辖范围和运行机制等。例如,朱晓青研究员在《欧洲人权法律保护机制研究》一书中介绍了欧洲人权保护机制的建构,描述了欧洲人权保护理念的演变,分析了欧洲人权保护机制的制度创新及其影响。① 杨成铭教授在《人权保护区域化的尝试:欧洲人权机构的视角》一书中运用案例分析方法,从比较法视角考察了欧洲人权保护机制的发展过程,并同美洲和非洲人权保护机制进行分析比较,论述了该机制在人权保护方面的进展。② 沈太霞博士在《人权的守卫者:欧洲人权法院个人申诉制度》一书中详尽地阐述了欧洲人权法院个人申诉机制的概念、运行以及可能存在的问题。③

除专著外,还有部分论文专门研究《公约》和欧洲人权法院在人权保障方面的作用。如《欧洲人权机构处理人权申诉一般方法探析》④《〈欧洲人权公约〉实施机制的发展》⑤《〈欧洲人权公约〉与欧洲人权机构》⑥《欧洲人权法院——强势和有效的国际人权保护司法机构》⑦《欧洲人权法院审理原则——国家裁量余地原则》⑧等均是专门论述《公约》和欧洲人权法院的代表作。

二是以《公约》为依据,分析欧洲人权法院的判例。这方面的学术成果有万鄂湘主编的《欧洲人权法院判例评述》;⑨李步云、孙世彦主编的《人权法案例选编》;⑩刘学敏著的《欧洲人权体制下的公正审判权制度研究:以〈欧洲人权公约〉第六条为对象》;⑪克莱尔·奥维(Clare Ovey)和罗宾·怀特(Robin White)合著的《雅各布和怀特:欧洲人权公约》(*Jacobs and White: The*

---

① 朱晓青.欧洲人权法律保护机制研究[M].北京:法律出版社,2003.
② 杨成铭.人权保护区域化的尝试:欧洲人权机构的视角[M].北京:中国法制出版社,2000.
③ 沈太霞.人权的守卫者:欧洲人权法院个人申诉制度[M].广州:暨南大学出版社,2014.
④ 杨成铭.欧洲人权机构处理申诉一般方法探析[J].人权,2003(4).
⑤ 吴慧.《欧洲人权公约》实施机制的发展[J].国际关系学院学报,2001(1).
⑥ 万鄂湘,陈建德.《欧洲人权公约》与欧洲人权机构[J].法学评论,1995(5).
⑦ 赵海峰,吴晓丹.欧洲人权法院:强势和有效的国际人权保护司法机构[J].人民司法,2005(8).
⑧ 王玉叶.欧洲人权法院审理原则——国家裁量余地原则[J].欧美研究,2007(3).
⑨ 万鄂湘.欧洲人权法院判例评述[M].武汉:湖北人民出版社,1999.
⑩ 李步云,孙世彦.人权法案例选编[M].北京:高等教育出版社,2008.
⑪ 刘学敏.欧洲人权体制下的公正审判权制度研究:以《欧洲人权公约》第六条为对象[M].北京:法律出版社,2014.

European Convention on Human Rights）;①阿拉斯泰尔·莫布雷（Alastair Mowbray）著的《欧洲人权公约案例材料》（Cases and Materials on The European Convention on Human Rights）。② 其中，万鄂湘主编的《欧洲人权法院判例评述》一书，从欧洲人权法院当时 600 多件判决中选取 99 件具有代表意义的判决，按照《公约》及议定书所确认的权利顺序，把判例按照涉及的争议性质归类进行综合评述。李步云和孙世彦主编的《人权法案例选编》选定了 28 项基本权利、11 种与人权有密切联系的问题以及 146 个典型人权案例加以评述。克莱尔·奥维和罗宾·怀特合著的《雅各布和怀特：欧洲人权公约》一书，详细考察了《公约》各个条款所确认的基本权利，研究了欧洲人权保障机制处理侵犯上述权利的申诉所依据的程序。阿拉斯泰尔·莫布雷著的《欧洲人权公约案例材料》则详尽评述了 210 个案例，比较分析了欧洲人权法院判决持赞成意见和反对意见的争议要点。

研究欧洲人权法院判例的论文有：以《公约》第 8 条为依据论述欧洲人权法院对家庭生活权的保护；③以《公约》第 2 条为依据论述欧洲人权法院就死刑存废的实践态度；④以《公约》第 6 条为依据论述欧洲人权法院判例对程序正义条款的发展；⑤还有学者结合欧洲人权法院的相关判决，研究了欧洲人权法院适用《公约》及其议定书时所采用的不同法律解释方法。⑥

三是以国际政治和欧洲一体化进程为背景对欧洲人权保护机制进行宏观考察。罗伯特·布莱克（Robert Blackburn）等主编的《欧洲基本权利：欧洲人权公约与其成员国（1950—2000）》（Fundamental Rights in Europe: the European Convention on Human Rights and Its Member States, 1950—

---

① CLARE OVEY, ROBIN WHITE. Jacobs and White: The European Convention on Human Rights(4th edition)[M]. Oxford:Oxford University Press,2006.
② ALASTAIR MOWBRAY. Cases and Materials on The European Convention on Human Rights[M]. Oxford:Oxford University Press,2007.
③ 杨成铭.论欧洲人权机构对家庭生活权的保护[J].法学论坛,2005(2).
④ 喻贵英.欧洲废除死刑的启示[J].法学评论,2006(3):142-152.
⑤ 徐亚文.欧洲人权公约中的程序正义条款初探[J].法学评论,2003(5):18-25.
⑥ 张德瑞.论欧洲人权法院的"司法造法"[J].法学评论,2013(5);ALASTAIR MOWBRAY. The Creativity of the European Court of Human Rights [J]. 1 Human Rights Law Review 57,2005.

2000)研究了欧洲人权保护机制对当时32个成员国的影响。①海伦·凯勒(Helen Keller)等主编的《欧洲人权公约对国内法律体系的影响》(*A Europe of Rights: The Impact of the ECHR on National Legal Systems*)采用比较的方法,研究了成员国立法机构、政府以及法院等决策机构对发展变化中的欧洲人权法的不同反应。②另有部分论文探讨人权法的地位在欧盟基础条约中得以确立的过程;③有探讨欧洲人权保障机制以及《公约》对其成员国产生的影响。④

总体来说,虽然国内外学者对欧洲人权法院的运作机制在发展历程、保护各项权利和自由方面有一定的认识,但仍存在一些不足:一是由于我国目前对人权法的理论研究仍处于初创阶段,故从人权法角度研究欧洲人权法院及其运行机制还不深入;二是存在大量的重复论证,且论证有时仅涉及个案,缺乏系统的理论研究。

(二)环境人权和环境诉讼研究状况

自20世纪60年代末70年代初,学者认为应存在环境人权开始,围绕"环境人权"的权利结构、性质、实现方式等方面的著述较多。

最初,学者对环境人权本体论展开探讨,从环境人权的享有主体、内容、针对的客体等方面进行论述。

一是环境人权的主体。在学术界,学者对享有环境人权的主体的认识并未达成共识,主要有以下几种论证。第一,最广泛说,其代表是蔡守秋教授。蔡教授认为,作为法律权利的环境权主体包括个人、单位、国家、人类和自然体。⑤第二,相对广泛说,其代表是陈泉生教授。陈教授认为,环境权的主体

---

① ROBERT BLACKBURN et al.. Fundamental Rights in Europe: the European Convention on Human Rights and Its Member States,1950—2000[M]. Oxford:Oxford University Press,2001.

② HELEN KELLER. A Europe of Rights: The Impact of the ECHR on National Legal Systems[M]. Oxford:Oxford University Press,2008.

③ 朱晓青.欧洲一体化进程中人权法律地位的演变[J].法学研究,2002(5):136-151.

④ 傅思明.欧洲人权公约对英国司法审查制度的影响[J].法学杂志,2001(4):64-65;焦传凯.论欧洲人权机制对欧盟成员国实际拘束力的差异及原因[D].上海:上海交通大学,2011年;伯阳,范颖颖.《欧洲人权公约》对德国基本法的影响[J].中德法学论坛,2009(1).

⑤ 蔡守秋.环境资源法教程[M].第2版.北京:高等教育出版社,2010.

主要包括公民、法人及其他组织、国家和人类。① 第三,相对狭义说,其代表是弗莱切特(K. S. Shrader-Frechette)、魏伊丝(Edith Brown Weiss)以及博伊德(Alan Boyd)、吴卫星教授。他们认为环境权的主体是指自然人。他们之间的不同在于弗莱切特和魏伊丝主张当代自然人及其后代共同享有环境人权。② 第四,狭义说,其代表是吕忠梅教授、周训芳和张震等。这派学者均认为公民是环境权的主要主体,不过,张震认为非营利私法人亦为环境权的主体,周训芳亦认为享有良好环境权的"公民"应作扩大解释。③

二是环境人权的客体。第一,一元论。其认为环境权客体是指环境和各种环境要素。④ 第二,多元论。一些主张环境权客体复合性的学者将环境法规定的各种要素以及开发、利用、保护、改善和管理环境的行为,例如,排污、项目建设等作为环境权的客体,其中,环境要素包括自然环境要素、人为环境要素和整个地球的生物圈。⑤

三是环境人权的内容。实体性环境人权得到学者们的一致认同,不过,对实体性权利的内容存在不同认识,大致可以包括个人的健康免受污染损害;合

---

① 陈泉生,张梓太.宪法与行政法的生态化[M].北京:法律出版社,2001:113.
② 克里斯汀·西沙德—弗莱切特.后代人及社会契约[M].北京:清华大学出版社,2002:204;爱蒂丝·布朗·魏伊丝.公平地对待未来人类:国际法、共同遗产与世代间衡平[M].汪劲,等译,北京:法律出版社,2000.16;吴卫星.环境权研究:公法学的视角[M].北京:法律出版社,2007:75-86.
③ 张震.作为基本权利的环境权研究[M].北京:法律出版社,2010:49-51;周训芳.环境权论[M].北京:法律出版社,2003:115-261;吕忠梅.论公民环境权[J].法学研究,1995(6);吕忠梅.再论公民环境权[J].法学研究,2000(6);吕忠梅.环境法新视野[M].北京:中国政法大学出版社,2000;吕忠梅.沟通与协调之途:论公民环境权的民法保护[M].北京:中国人民大学出版社,2005.
④ 周训芳.环境权论[M].北京:法律出版社,2003:193;高家伟.欧洲环境法[M].北京:工商出版社,2000:115;吴卫星.环境权研究:公法学的视角[M].北京:法律出版社,2007.91.
⑤ 陈泉生,张梓太.宪法与行政法的生态化[M].北京:法律出版社,2001:113;蔡守秋.环境资源法教程[M].第2版.北京:高等教育出版社,2010.75;陈泉生.环境时代与宪法环境权的创设[J].福州大学学报(哲学社会科学版),2001(4);谷德近.论基本环境权[J].法律科学,2004(5);吕忠梅.环境法新视野[M].北京:中国政法大学出版社,2000;147-150.

理的环境质量、私人财产免受他人引发的环境损害的侵害、为自己目的而保护环境权。[①] 另外,免受污染的权利;维护空气、土壤、水体和海洋;动植物群落、生物多样性和生态权利;安全、健康的食物和水;充足住宅权;安全健康工作环境权等,构成了宪法上环境人权的普遍内容。[②] 不过,以环境决策公众参与权为核心的程序性环境人权是否是宪法上环境人权的内容一直是学界争论的焦点。叶俊荣主张宪法上应有环境权,确认民众适度参与环境决策的程序权;认为民众是否有权提起诉讼以推进环境保护,与民众是否在宪法上拥有享受清新或安全生活环境的环境权,是两回事。[③] 有学者通过权能说[④]或事前保障说[⑤]否认环境权包含程序性环境人权的面相,建议国家和个人成为实现环境人权的双重义务主体。[⑥]

四是环境权的性质。有学者认为环境权仅是一项法律权利。[⑦] 另一些学者则认为环境权属于基本人权。[⑧] 进一步,在论述环境权是一项基本人权时,有人认为其同生命权、健康权等自由权利密切相关,所以,将环境人权作为一项自由权利对待。但另一些学者则因为环境人权需要政府提供一系列的帮助、政策指引以及环境标准,所以,认为环境人权属于社会权范畴。

除此之外,学者分别从理论上和实践中研究环境人权的可诉性。有学者

---

① DAVID R. BOYD. The Environmental Rights Revolution——A Global Study of Constitutions, Human Rights, and The Environment[M]. UBC Press, 2013:25.

② 简·汉考克. 环境人权:权力、伦理与法律[M]. 李隼译, 重庆:重庆出版社, 2007. 114; SUMUDU ATAPATTU. The Right to a Healthy Life or The Right to Die Polluted?: The Emergence of a Human Right to a Healthy Environment Under International Law[J]. Tul. Envtl. L. J. 2002, 16(65).

③ 叶俊荣. 宪法位阶的环境权:从拥有环境到参与环境决策[M]//叶俊荣. 环境政策与法律. 北京:中国政法大学出版社, 2003:18-32.

④ 邹雄. 论环境权的概念[J]. 现代法学, 2008(5).

⑤ 吴卫星. 环境权研究:公法学的视角[M]. 北京:法律出版社, 2007.

⑥ RICHARD DESGANGN. Integrating Environmental Values into the European Convention on Human Rights [J]. Am. J. Int'l L., 1995, 89(263).

⑦ 徐国栋. 绿色民法典草案[M]. 北京:社会科学文献出版社, 2004.

⑧ 陈德敏. 环境法原理专论[M]. 北京:法律出版社, 2008; 吕忠梅. 沟通与协调之途:论公民环境权的民法保护[M]. 北京:中国人民大学出版社, 2005:26-28.

将环境人权细分为实体性环境人权和程序性环境人权。① 其中,认定程序性环境人权的可诉性始于 20 世纪 90 年代,而承认实体性环境人权的可诉性则经历了比较曲折的过程。有学者以统计现行宪法规定环境保护的类型为基础,通过考察相应国家的司法实践,区别了实体性环境人权适用于诉讼的应然性和实然性。② 有学者以时间为界限,认为实体性环境人权从 20 世纪 80 年代的绝对不可诉性,发展到今天,区别呈现了四种不同的诉讼实践,即根据实践大致可以分为独立的环境人权,如南非、哥斯达黎加、智利、秘鲁、阿根廷、厄瓜多尔、匈牙利;纲领性的环境权,如菲律宾;寄居的环境权(Derivative Environmental Rights),如印度、巴基斯坦、孟加拉国、尼泊尔、哥伦比亚,以及暂时不能进入司法程序的休眠的环境权(Dormant Environmental Rights),如巴西。③ 但凡承认环境权是一项可诉权利的国家均通过司法裁判予以保障。

在我国,到目前为止,法律并未明确规定实体性环境人权,所以,学者对环境诉讼的研究主要集中分析环境公益诉讼以及环境行政诉讼的不足。以环境公益诉讼而言,我国学者主要对环境公益诉讼中当事人适格问题进行研究。例如,有学者认为,由于环境诉讼的预防性功能、公益目的等特点,所以,在解决环境纠纷中保持着一定优势,但我国在当事人适格问题上存在范围偏窄的缺点,因此,我们试图通过介绍美国的集团诉讼和公民诉讼、德国的团体诉讼、日本的选定当事人诉讼与行政机关诉讼等,提出通过扩张解释确立直接利害关系原则,在我国建立团体诉讼、行政机关诉讼和检察院公诉、完善代表人诉讼制度。④ 针对环境行政诉讼,有学者分析了原《行政诉讼法》有关"原告资

---

① PEDERSEN. European Environmental Human Rights and Environmental Rights: A Long Time Coming? [J]. Geo. Int'l Envtl. L. Rev. ,2008,21(73);BURNS H. WESTON et al.. Green Governance:Ecological Survival, Human Rights, and The Law of The Commons[M]. Cambridge:Cambridge University Press,2013;胡婧:作为程序性基本权利的环境权[J].四川师范大学学报,2014(5).

② BOYD. The Environmental Rights Revolution:A Global Study of Constitutions, Human Rights,and the Environment[M]. UBC Press,2012.

③ MAY. Vindicating Fundamental Environmental Rights Worldwide[J]. Or. Rev. Int'L. ,2009,11(365).

④ 宋宗宇,钱静.环境诉讼中的群体诉讼制度:兼论完善我国环境诉讼中的代表人诉讼制度[J].河北法学,2004(12);齐树洁,郑贤宇.环境诉讼的当事人适格问题[J].南京师范大学学报(社会科学版),2009(3);王灿发,程多威.环境公益诉讼面临的困境及其破解[J].法律适用,2014(8):47;郭雪慧.论公益诉讼主体确定及其原告资格的协调:对《民事诉讼法》第 55 条的思考[J].政治与法律,2015(1).

格"的规定,以此作为环境行政诉讼原告资格的取得依据,分析公民、法人或其他组织要取得环境行政诉讼原告资格应同时具备的条件。① 有学者专门分析了环境行政公益诉讼,指出我国相关制度的不足,希望找到环境行政公益诉讼的归位。② 有学者在分析新修订的《行政诉讼法》有关人民检察院提起行政公益诉讼规定的基础上,认为还应该扩大提请主体的范围。

由此可见,国内外学者的研究主要集中在介绍环境人权可诉性及其类型上,缺乏对不同国家典型案件的系统研究。另外,我国学者主要集中介绍了美国、日本、德国等国家的环境诉讼,对欧盟以及《公约》和欧洲人权法院的研究相对薄弱。

(三)欧洲人权法院受理和裁判环境申诉案件的研究状况

由于《公约》及其议定书本身并未明确规定环境人权,环境人权是欧洲人权法院在近30年来通过司法解释和判例,尤其是1994年洛佩兹案以来逐渐确认的。学者的相关研究成果不多,主要散见于一些研究判例的著作和论文中。这些著作和论文可以分为三大类型:

一是介绍并评论环境申诉典型案件。鄢斌在《环境权:通过人权法的实现——从"Guerra案"看环境权在人权诉讼中的具体化》一文中具体分析了洛佩兹案和格拉案,认定环境同人权密切相关,而环境权是通过人权法的实现得以保障。③ 欧联·W.佩尔森(Ole W. Pedersen)教授介绍了洛佩兹案,通过分析欧洲人权法院对《公约》第2条和第8条的解释,认为《公约》成员国公共机构有义务评估环境风险、宣传环境信息,并赋予洛佩兹案以里程碑式的意义。④ 有学者收集整理了欧洲人权法院从1990年至2002年有关个人环境申诉的案件,介绍了鲍威尔案、洛佩兹案、格拉案、莫雷诺·戈麦斯案、哈顿案等典型案件,将欧洲人权法院对待个人环境申诉案件区别为有关环境公益的申

---

① 张梓太.中国环境行政诉讼之困境与对策分析[J].法学评论,2003(5);孙彩虹.我国环境行政诉讼的缺失及其完善[J].河南大学学报(社科版),2005(6);吕忠梅.环境行政司法:问题与对策——以实证分析为视角[J].法律适用,2014(4).

② 颜运秋,张金波,李明耀.环境行政公益诉讼的逻辑和归位[J].环境保护,2015(3-4).

③ 鄢斌.环境权:通过人权法的实现——从"Guerra案"看环境权在人权诉讼中的具体化[M]//吕忠梅,徐祥民.环境资源法论丛:第三卷.北京:法律出版社,2003.

④ OLE W. PEDERSEN. A Bill of Rights, Environmental Rights and the U. K. Constitution[J]. Public Law,2011,3(577).

诉案件和有关环境私益的申诉案件。①

二是分析《公约》及其议定书特定条款,解释其包含的环境权益。其中,学者在解释《公约》保障的权利与自由时,认为"环境人权"被包含在诸如"生命权""健康权""私人生活权"等权利中,认为《公约》的第2条确认的"生命权"以及第8条确认的"私人生活、家庭生活和住宅权"具有生态意义,是欧洲人权法院通过扩大解释保护环境的依据。例如,理查德·德斯冈涅(Richard Desgangne)教授将环境价值整合进《公约》,认为《公约》及其议定书应适应社会发展,通过保障《公约》及其议定书确认的权利和自由,保护环境。② 有学者根据欧洲人权法院适用《公约》第8条之规定,通过洛佩兹案、格拉案、哈顿案、塔斯金案的审判实践,归纳总结欧洲人权法院保护环境的方式。③

三是通过分析成员国应履行的义务,界定《公约》的"绿色"特性。例如,有学者通过欧洲人权法院细分责任国应履行的积极义务和消极义务,认定《公约》承认程序性环境人权。④

由此可见,学者主要集中对欧洲人权法院受理环境申诉进行个案评论,缺乏对欧洲人权法院受理个人环境申诉案件的标准、历史变迁、发展脉络等的系统研究。

三、研究对象与研究框架

本书以《公约》及其议定书为依据,通过分析典型判例对欧洲人权法院受理个人环境申诉案件的历史发展、具体范围、限制原因及其对成员国,尤其是欧盟成员国产生的拘束力等问题加以研究,试图厘清欧洲人权法院通过司法

---

① JOSE. Environmental Protection and the European Convention on Human Rights [M]. Council of Europe Publishing,2005.

② DESGANGN. Integrating Environmental Value into the European Convention on Human Rights [J]. The American Society of International Law,1995,89(263).

③ SAVARESI,ANNALISA. The Approach of the European Court of Human Rights to Environmental Protection[D]. Durham University. http://etheses. dur. ac. uk/2897/; FITZMAURICE. The European Court of Human Rights,Environmental Damage and the Application of Article 8 of the European Convention on Human Rights and Fundamental Freedoms[J]. Environmental Law Review,2011,2(107).

④ KRAVCHENKO,BONIE. Interpretation of Human Rights for the Protection of the Environment in the European Court of Human Rights[J]. Global Business & Development Law Journal,2012,25(245).

保护确认环境人权的方式,分析欧洲人权法院受理个人环境申诉案件对成员国的司法和立法产生的影响。在具体的结构安排上,本书主要由六章组成:

第一章简要论述欧洲人权法院的起源、发展和运作方式。在价值指导下,只有同时满足实体性要件和程序性要件时,欧洲人权法院才能受理环境侵权案件。由于《公约》及其议定书的刚性限制,所以,欧洲人权法院通过审理案件发挥其司法能动性,发展出一系列法律解释方法,从而扩大《公约》及其议定书确认和保障的权利和自由的范围。

第二章分析欧洲人权法院(含欧洲人权委员会)受理个人环境申诉案件的历史变迁。本章主要以时间为轴心,认为欧洲人权委员会在20世纪80年代以前分别以价值考量和不符合实体性要件为由拒绝受理个人环境申诉,而自20世纪80年代以来欧洲人权委员会和欧洲人权法院积极受理个人环境申诉案件,着重论述个人环境申诉第一案——洛佩兹案的里程碑式意义。

第三章分析欧洲人权法院根据《公约》第8条和第2条实体性条款受理产生环境污染和环境破坏的环境损害案件。同时,根据欧洲人权法院的实践,欧洲人权法院针对不同的环境损害案件适用不同的受案标准。在这一过程中,欧洲人权法院虽然未明确确认实体性环境人权的存在,但是,它扩大了"受害人"的范围,间接保护了环境质量。

第四章研究欧洲人权法院判例确认的程序性环境人权,确立环境风险概念,在环境损害发生前,通过受理侵犯个人环境信息权、环境决策参与权、环境诉求等程序性权利的案件,保障个人的环境权、生命权和健康权。

第五章通过分析欧洲人权法院适用并发展的自由判断余地原理,研究欧洲人权法院受理个人环境申诉案件的界限。根据本文第三章、第四章的论述,欧洲人权法院虽然在保护环境方面取得了可喜成绩,但不可否认,欧洲人权法院在受理环境损害案件时,尤其是在受理破坏环境案件时仍然设定了一定的界限。在受理个人环境申诉案件的背景下,欧洲人权法院作为辅助性法院,为了划分同主权国家的权限,尊重缔约国主权,尤其是主权国家司法机构的权威,创设并发展适用自由判断余地原理,以受理不同类型的环境申诉案件。

第六章研究欧洲人权法院审理个人环境申诉案件对欧盟成员国在司法和立法上产生的拘束力。在司法上,欧盟成员国在部长委员会的监督下直接适用欧洲人权法院的相关判决,国内司法机构多参照或直接援引欧洲人权法院的判例。在立法上,虽然,欧洲人权法院一般不直接指明责任国应修改或制定相关法律,但是,在实践中,一些国家通过制定环境宪章、修改宪法或者制定人权法修改法律的形式践行欧洲人权法院对环境权的保障。其中,法国、芬兰、德国和联合王国是代表。

四、研究方法

第一,文本分析方法。法律文本在法学研究中占有重要地位。为了摆脱应然层面出现的"公说公有理,婆说婆有理"的状态,本书从《公约》及其议定书本身的规定以及欧洲人权法院发展的解释技术角度进行研究。

第二,判例分析方法。权利在法律文本上的规定同实践中的可执行性并不是同一回事。欧洲人权法院通过司法判例确认了程序性环境权利,并通过保护现有人权达到维护环境权的目的,间接保障了实体性环境人权。因此,分析欧洲人权法院受理个人环境申诉案件经历的不同阶段,可以了解欧洲人权法院对环境权的司法保护实践。采用判例分析方法,有利于厘清环境权与其他权利之间的关系。

第三,比较分析方法。法律是一种社会现象,它本身不是孤立存在的,有比较,才有鉴别。本书研究的视野基于欧洲人权法院的判例,通过分析不同时期的判例的异同,总结欧洲人权法院保护环境权的方式及其发展规律。

第一章 《公约》与欧洲人权法院对个人申诉案件的受理

第一节 欧洲人权法院及其管辖权

一、欧洲人权法院的设立与发展

基于二战带来的创伤,战后,欧洲各国为了自身的防卫安全和经济发展需要,急于构建一体化的欧洲国家联盟。因此,欧洲各国于 1948 年 4 月在海牙召开了欧洲联合运动大会。与会代表均认为有必要起草一部欧洲人权宪章并由一个欧洲司法机构去执行它。为此,1950 年 11 月 4 日,欧洲一些国家在意大利罗马签订《欧洲人权公约》(以下简称《公约》),该《公约》于 1953 年 9 月 3 日生效,共分为 5 章 66 条。① 另外,在 1950 年制定的《公约》的基础上,《公约》

---

① 依据《公约》及其第一、第四及第七议定书规定,《公约》及其《议定书》保障的权利和自由包括:生命权(第 2 条);免于酷刑与不人道待遇之自由(第 3 条);免于强制或强迫劳役之自由(第 4 条);人身自由及安全权(第 5 条);获得公平审判权(第 6 条);保障罪刑法定原则(第 7 条);尊重私人和家庭生活以及住宅权、尊重通信自由(第 8 条);思想、信仰及宗教自由权(第 9 条);表达自由权(第 10 条);和平集会及结社权(第 11 条);结婚及组织家庭权(第 12 条);有效的国内司法救济权(第 13 条);财产权(第一议定书第 1 条);受教育权(第一议定书第 2 条);自由选举权(第一议定书第 3 条);免于因民事债务而受拘禁之自由(第四议定书第 1 条);迁徙及选择居家之自由(第四议定书第 2 条);离开国家之自由(第四议定书第 2 条);免于受本国驱逐之自由(第四议定书第 3 条);返回国家权(第四议定书第 3 条);禁止集体驱逐外国人(第四议定书第 4 条);非依法定程序不得驱逐外国人(第七议定书第 1 条);刑事上的诉权(第七议定书第 2 条);因错误定罪的赔偿权(第七议定书第 3 条);一事不受二罚(第七议定书第 4 条);配偶平等权(第七议定书第 5 条)。

保障的基本人权和自由的内容经"议定书"的形式获得不断增补。① 除了确认一系列基本权利和自由外,《公约》第19条还规定设立《公约》机构,即欧洲人权委员会和人权法院,负责执行《公约》及其议定书的各项规定。

(一)欧洲人权法院的前身:欧洲人权委员会和人权法院

1950年,《公约》创设的欧洲人权委员会和人权法院是独立的、临时性的、由缔约国律师组成的团体。

欧洲人权委员会接受个人或个人团体提出的、主张成员国侵犯其受保护的权利和自由的诉求。该委员会记录申诉,并决定是否受理申诉,即决定申诉是否是有表面证据证明可以达到立案条件的案件。在受理阶段,大约有90%的申诉被拒之门外,通常的理由是该委员会认为原告不是侵犯《公约》行为的"受害者",或因被控行为侵犯的权利与自由不属于《公约》保护的范围。②

若欧洲人权委员会认为可以受理某一项申诉,则该人权委员会得着手调查案件的事实、查找可适用的法律。同时,欧洲人权委员会试图为申诉者与申诉关涉的国家之间提供友好协商解决的途径。若申诉者与责任国之间不能适用友好协商解决,则该委员会可以评价案件的价值并制作一份报告,说明该案件是否侵犯《公约》及其议定书的规定,并应将该报告提交部长委员会,且在提交后3个月内,该委员会或成员国得将该案件提交人权法院。1990年,第九议定书规定个人亦享有同欧洲人权委员会或成员国类似的提交人权法院的权利。但是,个人得附条件地享有该项权利,即个人向人权法院申诉时须获得3名法官组成的专门小组的许可。若将案件提交人权法院,则人权法院的判决对责任国产生拘束力。

部长委员会负有监督责任国遵守人权法院判决的义务。因此,若权利人未将案件提交人权法院,则部长委员会决定是否发生侵犯《公约》的行为。部长委员会的决定对责任国产生拘束力。

(二)欧洲人权法院:独立的司法机构

1998年之前,向欧洲人权委员会和人权法院申诉的依据只能是成员国政

---

① 至2013年,《公约》的议定书已增至16项,其内容主要涉及两方面:第一,增补《公约》确认的基本权利与自由的类型,使之适应社会发展,成为实质意义上的"活的文件"。第二,改革欧洲人权法院(前身"欧洲人权委员会和人权法院")的程序,使之能以当时的社会要求对《公约》内容加以解释和阐述。

② CAMERON, IAIN. An Introduction to the European Convention on Human Rights(5th)[M]. Uppsala:Iustus Forlag,2006:39.

府和公权力机构违反《公约》及其议定书的行为,人权法院不能处理被告为个人或者公司等私人机构的诉讼。而欧洲人权委员会和人权法院工作的非全时性和审理程序的重复性对问题的解决产生了很大困扰。于是,欧洲理事会对此作出改革。

1994年,欧洲理事会通过第十一议定书对《公约》机构进行了改革。第十一议定书第19条规定,欧洲人权委员会和人权法院合并为一个机构,即独立的"欧洲人权法院"。欧洲人权法院成为常设机构,独立处理人权案件。该议定书于1998年11月1日生效。欧洲人权法院这次改革的目的在于加强对个人申诉案件的管辖,简化申诉制度,缩短程序期间,强化机构的司法性和独立性。从此,任何人,不论其是否是《公约》成员国的公民,也不论是自然人,还是公司、团体等法人,都有权对欧洲理事会成员国在其管辖范围内(通常是指领土范围内)违反《公约》及其议定书的行为提起申诉。

尽管第十一议定书作出变更,欧洲人权法院仍不堪重负,截止到2004年,超过4.4万起申诉提交至欧洲人权法院,为此,2004年欧洲理事会通过第十四议定书,增加了时间限制,欧洲人权法院的法官有权审理产生重大不利的案件,简化了不予受理案件和处理重复案件的程序。

二、欧洲人权法院的管辖权及其类型

迄今为止,《公约》已得到欧洲理事会47个成员国包括欧盟28个成员国批准,其中,欧洲理事会47个成员国均承认个人申诉权并接受欧洲人权法院的管辖。这是继1948年联合国《世界人权宣言》(Universal Declaration of Human Rights)后第一个也是迄今为止最具影响力的保护人权的区域性法律文件。《公约》是为了确保《世界人权宣言》中确认的权利和自由获得普遍且有效的执行而通过的。① 然而,不同于《世界人权宣言》,《公约》在保护人权方面具有法律拘束力和可执行性。

在区域性的人权保障问题上,欧洲人权法院作为独立的《公约》机构,其运行机制和实践都极为有效和丰富。欧洲人权法院主要享有诉讼管辖权和咨询管辖权,其中,对个人申诉案件的管辖权具有自动性和强制性。

一是诉讼管辖权。《公约》第九议定书明确规定,任何自然人、非政府组织

---

① 参见《公约》序言,其明确规定,"考虑到《世界人权宣言》之目标旨在确保其所宣告的权利能够得到普遍且有效地认可与遵守……"。

或个人团体认为自己根据《公约》及其议定书享有的基本人权和自由受到来自国家公权力的侵害时,均有权直接向欧洲人权法院提起诉讼,缔约国不得以任何方式妨碍此项权利的有效行使。同时,《公约》缔约国认为其他缔约国不履行《公约》及其议定书规定的义务时,有权以不履行义务的成员国为被告向欧洲人权法院提起申诉。由此,根据诉讼类型,欧洲人权法院仅受理针对国家提起的"公法"诉讼,包括个人针对缔约国提起的申诉以及缔约国针对其他缔约国提起的指控。

二是咨询管辖权。应部长委员会的请求,欧洲人权法院的大法庭(the Grand Chamber)有权对与《公约》及其议定书相关的法律问题提供咨询意见,但不得根据此项权力确定《公约》及其议定书中确认的权利和自由的内容或范围,亦不得越权处理欧洲人权法院在诉讼中必须予以审议的其他法律问题。不过,欧洲人权法院最终决定对某咨询意见是否享有管辖权。由于前述限制过于严格,长期以来,欧洲人权法院很少行使咨询管辖权。[1]

欧洲人权法院对《公约》及其议定书确认的基本权利和自由的保护是根据辅助原则建立起来的。欧洲人权法院仅在成员国未履行其义务时始得干预。虽然,根据《公约》及其议定书的规定,欧洲人权法院对违反《公约》及其议定书的国家公权力行为享有诉讼管辖权,但由于申诉主体,包括自然人、非政府组织、个人团体,因此,潜在申诉者的范围十分广泛:欧洲约8亿居民以及居住或在其国境的第三国家的国民,包括数百万的协会、政党、公司等。到2010年8月止,欧洲人权法院收到了超过13万件申诉。但是,庞大的案件(超过95%)因不符合《公约》及其议定书规定的受理标准而遭到否决。为了后文做进一步的分析论述,本章节将介绍欧洲人权法院受理个人申诉案件的一般标准。基于欧洲人权法院通过判例法发展成一个以《公约》为核心的完备的法律体系,《公约》第一节里几乎所有条款均生成一种判例法来界定和阐明受保护的权利。[2] 所以,本章以下的论述均围绕《公约》相关规定和欧洲人权法院的典型判例而展开。

---

[1] 到目前为止,仅1例案件由欧洲人权法院履行咨询管辖权,提出咨询意见。2004年6月,应部长委员会请求,欧洲人权法院就关于《独联体人权与基本自由公约》规定的独联体委员会是否符合《欧洲人权公约》第35条第2款第2项的规定,全体一致裁定对该请求无管辖权。

[2] 克莱尔·奥维,罗宾·怀特.欧洲人权法:原则与判例[M].第3版.何志鹏,孙璐,译.北京:北京大学出版社,2006:594.

第二节 欧洲人权法院受理个人申诉案件的一般标准

《公约》第34条规定:"欧洲人权法院接受任何人、非政府组织或个人团体主张其为缔约国侵犯《公约》或其议定书确认的权利的受害者的申诉。缔约国不得以任何方式阻碍其权利的有效行使。"确保个人享有申诉权的第34条赋予个人在国际层面采取法律诉讼的固有权利,是《公约》体系有效性的基本保障。作为一项"活的文件"(Living Instrument),《公约》必须依照当时的条件作出具体解释。这一条款明确指出,欧洲人权法院受理案件的前提须由个人提起申诉,而非欧洲人权法院主动审查;其次,要有"受害者"存在。

一、前提条件

(一)欧洲人权法院受理"个人"申诉

欧洲人权法院受理"个人"申诉,即欧洲人权法院受理的案件应是具有特定身份的主体依据特定理由,对发生在特定地域的侵权行为提起申诉。

一是侵权行为发生在特定地域。申诉者向欧洲人权法院提起申诉所涉及的侵权行为一般应发生在相关成员国,申诉者无须指出《公约》遭侵犯的具体规定。在范·德·唐(Van der Tang)诉西班牙案中,申诉者因驾驶载有1300千克的印度大麻叶的卡车(该卡车由申诉者所有)在西班牙西北岸的巴约纳(Bayona)被警察逮捕。在监禁过程中,申诉者不服警察的逮捕拘留行为,在穷尽国内救济的情况下,向欧洲人权委员会申诉,主张西班牙侵犯了《公约》第5条有关"人身自由及安全权"的规定。欧洲人权委员会将该案件移送人权法院。人权法院在判决中指出,当范·德·唐先生"在西班牙的管辖范围内(尤其是在监禁中)",范·德·唐先生就有权依照《公约》第1条之规定,确保其享有《公约》规定的权利和自由。① 在古扎迪(Guzzardi)诉意大利案中,欧洲人权法院指出,《公约》第25条明确要求个人申诉者主张是侵犯《公约》确认的权利的受害者,但并不要求申诉者明确指出应适用的条、款、项以及希望获得救济

---

① Van Der Tang v. Spain, application no. 19382/92, judgment of 1994, para. 53.

的权利。①

二是享有申诉权的主体身份开放。任何个人或法人团体均有权行使个人申诉权,无论其国籍、居住地、公民身份、年龄、法律能力。例如,在泽恩特纳(Zehentner)诉奥地利案②中,欧洲人权法院认为申诉者是否具备法律能力不是欧洲人权法院受案的强制性要求。虽然,《公约》及其议定书规定,个人申诉主体的范围十分广泛,包括任何自然人、非政府组织和个人团体,但是,在特定情况下,仍有一些主体被排除出去。根据判例法之规定,行使公权力的非政府组织、市镇或市镇的一部分,③在法律上和财政上依附于国家的团体不得行使申诉权。④ 同时,地方机构或其他政府团体亦不得通过承担责任或行使公权力的组成人员或其代表提起申诉。

三是申诉理由具体。在符合《公约》规定的申诉主体资格的情况下,申诉人不得依照《公约》第 34 条之规定,针对国内法不得提起国内抽象立法行为违反《公约》之规定,亦不得根据《公约》规定提出民众诉讼(actio popularis)申

---

① Guzzardi v. Italy, application no. 7367/76, judgment of 1980. para. 61.

② Zehentner v. Austria, application no. 20082/02, judgment of 2009. 本案中,申诉者主张国内法院强制拍卖其住宅侵犯了和平享有财产的权利。而奥地利政府认为,申诉人不具备向欧洲人权法院起诉的法定资格,主张因其多年不能做决定,所以需受监护而不具备行为能力。就此,欧洲人权法院指出,针对诉权,人权法院管制个人申诉的条件与国内的标准无须完全相同。规定诉权的国内规则也许同《公约》第 34 条规定的目的不同,所以,人权法院判决,根据国内法就监护人的指定阻碍缺乏法律能力之人获得《公约》的有效保护。进一步,人权法院指出,根据《公约》第 34 条之规定,人权法院应受理主张其是侵犯《公约》及其议定书确认的权利和自由的任何人的申诉。一般情况下,不得强迫任何人,包括缺乏法律能力之人在初审时须由他人代表。

③ 例如,在神圣修道院诉希腊案中,申诉者是在 9—13 世纪建造的、积累了一定财富的修道院。本案中,希腊 1952 年《宪法》授权政府征收土地,为执行该条款之规定,希腊正教(Greek Orthodox Church)同国家达成协议,并就此通过法令授权政府得征收或强制租赁希腊教堂的财产。欧洲人权法院在审查过程中指出,作为申诉者的修道院不得行使政府权力。the Holy Monasteries v. Greece, application no. 13092/87, judgment of 1994.

④ 例如,在伊朗伊斯兰共和国轮船公司诉土耳其案中,欧洲人权法院在审查申诉者的身份时,认为申诉公司是依照伊朗共和国普通法开展商业活动的法人团体,该公司既不参与政府权力的行使,亦不扮演公共服务的角色,更不是垄断企业。尽管在提起申诉时,申诉公司由国家所有,且到目前为止,仍由国家持有该公司的多数股份,但是,该公司在法律和财政上独立于国家,属于《公约》第 34 条规定的"非政府组织"的范围。Islamic Republic of Iran Shipping Lines v. Turkey, application no. 40998/98, judgment of 2007.

诉。例如，在克拉斯(Klass)等诉德国案中，欧洲人权法院指出，依照《公约》之规定，针对缔约国提起的诉讼，要求个人申诉者必须遭受实质影响，禁止个人提起民众诉讼，禁止个人因其主观认为法律违反《公约》之规定而提出申诉。原则上，个人申诉者不得主张现有法律侵权。①

四是个人自由行使申诉权。个人向欧洲人权法院申诉是一项绝对权利。② 国内任何机构不得以任何形式，包括不得以针对申诉者、潜在申诉者及其家人或法人代表的直接强制、恐吓，或者不得以其他阻碍申诉者寻求欧洲人权法院提供救济的不当间接行为或接触，迫使申诉者撤回或修改诉求。③

五是责任国应履行相关义务。为实现《公约》第34条之规定，应欧洲人权法院之要求，责任国得作出相应的行为，履行相应的义务，执行欧洲人权法院提出的临时性措施。若缔约国机构未采取人权法院规定的措施，则违反《公约》第34条之规定。欧洲人权法院需证明临时性措施得到遵守，即使成员国认为有证据证明人权法院取消临时性措施时亦应通知人权法院。另外，缔约国得为欧洲人权法院的审判提供帮助。若欧洲人权法院负责确认事实，则成员国应通过提供相关资讯给予积极援助。

(二)个人须具备"受害者"(Victim)身份

根据《公约》第34条之规定，只有主观上认为自己是违反《公约》规定之受害者的申诉人有权向欧洲人权法院提出申诉。但是，为实现本条款之目的，申诉人应首先由国内机构予以救济。因此，关键问题在于申诉者是否是侵权事件中的"受害者"，而对"受害者"的认定则是相对的，须根据欧洲人权法院的判例而定。

"受害者"本身是一个独立概念，无须考虑国内规则的具体规定，但是，这并不意味着对"受害者"的认定存在偏见。对"受害者"的解释随着当时社会条件的改变而变化，欧洲人权法院须根据案件特点解决受害者的身份问题。不过，欧洲人权法院认定"受害者"身份时，不得作出过分的形式要求。在格莱

---

① Klass and Others v. Germany, application no. 5029/71, judgment of 1978. para. 33.

② 相关规定可见于《1996年欧洲个人参与欧洲人权法院诉讼协议》(1996 European Agreement relating to persons participating in proceedings of the European Court of Human Rights, CETS No. 161)。

③ Mamatkulov and Askarov v. Turkey, application no. 46827/99, judgment of 2005. para. 102; Petra v. Romania, application no. 27273/95, judgment of 1998. para. 43.

斯·利萨拉加(Gorraiz Lizarraga)等诉西班牙案①中,欧洲人权法院指出,为了适用《公约》第34条之规定,申诉者必须满足两个条件:一是申诉者属于第三十四条规定的申诉者的类型,二是申诉者必须能指出其是侵犯《公约》行为的受害者。依照欧洲人权法院创设的判例法,"受害者"的概念应独立于国内相关利害行为的概念。并且,申诉者同主观认定的侵权行为存在充分的直接联系。在本案中,欧洲人权法院还认为,为了控诉建造大坝对环境和住宅带来的后果,作为申诉者的协会是为实现捍卫其成员的利益而设立的。加之,协会在向国内法院提起诉讼时,不仅提出授权部门发布许可的合法性存在争议,而且强调大坝工程的建造影响协会成员的财产权和生活方式,所以,协会可作为受害者代表提起诉讼。另外,欧洲人权法院在解释"受害者"时,注重具体事实的认定。② 根据欧洲人权法院的判例,我们可将"受害者"分为直接受害者和间接受害者两种。

一是直接受害者。所谓直接受害者,是指受国家行为直接影响的申诉者。但是,这一标准不得以机械的、不可变的方式予以适用。在卡纳(Karner)诉奥地利案③中,欧洲人权法院认为,《公约》第34条的规定存在"侵权受害者",即本人受主张的侵权行为影响的个人申诉者是启动《公约》保护机制不可缺少的要素,然而,这一标准不得以严苛的、机械的、不灵活的方式适用。作为一项规则,尤其是在主要涉及金钱赔偿和可转移支付的案件中,获得赔偿和转移支付之人的存在是一项重要标准,但不是唯一的标准。欧洲人权法院指出,提交本院的人权案件应有一个道德维度,例如,若申诉人死亡,则应考量是否继续申诉。

欧洲人权法院判例法中受理"潜在的"(potential)直接受害者的申诉。在德国电话开发案的判决中,欧洲人权法院认为,《公约》第25条之规定是执行《公约》确认的权利和自由最重要的机制之一。在满足其他受理案件要求的情况下,该机制涉及向欧洲人权委员会主张侵权的可能。本案中,存在的争议是,个人是否被剥夺申诉机会,因为被诉措施的秘密性,申诉者不能指出对其产生具体影响的措施种类。在欧洲人权法院看来,本案中,《公约》的有效性即包括向欧洲人权委员会申诉的可能。若不能向人权委员会申诉,则《公约》执

---

① Gorraiz Lizarraga and Others v. Spain, application no. 62543/00, judgment of 2004. para. 35.

② Id., para. 38.

③ Karner v. Austria, application no. 40016/98, judgment of 2003. para. 25.

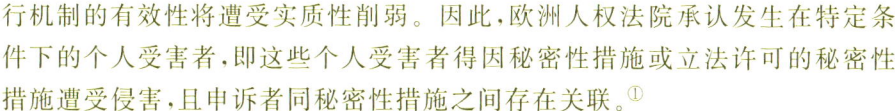

行机制的有效性将遭受实质性削弱。因此,欧洲人权法院承认发生在特定条件下的个人受害者,即这些个人受害者得因秘密性措施或立法许可的秘密性措施遭受侵害,且申诉者同秘密性措施之间存在关联。①

二是间接受害者。若直接受害者同申诉人之间存在人身或其他具体联系,则欧洲人权法院得受理个人申诉,并将之视为间接受害者。例如,根据《公约》第2条之规定,受害者的妻子、死者的外甥;根据《公约》第3条之规定,失踪的被监护者的母亲,但是,失踪者的兄弟不得视作受害者;根据《公约》第5条第5款之规定,监禁于精神病院的申诉者的丈夫均属于间接受害者的范畴。但是,公司股东不得根据第一议定书第1条之规定成为侵犯公司权利行为的受害者。② 不过,存在例外情形的除外。在Camberrow MM5 AD诉保加利亚案中,申诉者是一家注册公司,其持有一家商业银行98%的股份,由于申诉者出现财政危机,故保加利亚国有银行要求商业银行宣告破产。欧洲人权法院认为,解决此案的首要途径是确定申诉者是否属于《公约》第34条规定的"受害者"。申诉者本人认为其持有商业银行98%的股份,存在直接人身关系。本案中,欧洲人权法院重申"受害者"是直接受争议中的行为影响之人,声明只有在不能通过相关机构向人权法院申诉的特定情况下(例如,已破产、清算),始得否定一家公司法人作为受直接影响的"人"的资格。本案中,商业银行由指定的特殊管理者管理和代表,且在宣布破产时,为人权法院指定受托人。此时,欧洲人权法院认为商业银行、管理者以及受托者之间存在利益冲突,且申诉者持有银行绝大多数股份,存在直接的人身利益,所以,申诉人是本案的受害者。③

受害者身份的确认还有一些特殊要求:一是受害者健在。一般情况下,申诉仅得通过健在之人或其代表提出。死者即使获得代表人身份,亦不得提出申诉。不过,受害者的死亡并不当然意味着欧洲人权法院不受理相关案件。总而言之,若原初申诉者在提出申诉后,其家人证明自己有充分的利益存在,则其家人得继续申诉。但是,若提出申诉前,直接受害者死亡的,则一般不得由他人提出申诉。而且,欧洲人权法院有权评估,继续审查以保护人权是否适

---

① Klass and Others v. Germany, application no. 5029/71, judgment of 1978. para. 34.

② Agrotexim and others v. Greece, 15/1994/462/543, judgment of 1995.

③ Camberrow MM5 AD v. Bulgaria (dec.), application no. 50357/99, decision of 01 Apr. 2004.

当。二是未丧失受害者身份。申诉者必须通过诉讼证明其作为受害者的身份。然而,国内机构的减刑、采取有利于申诉者的措施仅在侵权得到明确认可或至少在实质上获得认可,且能获得救济的情况下使申诉人丧失受害者的身份。除此之外,剥夺受害者身份还可依赖被主张受侵犯的权利的性质、作出判决的理由、判决作出后利害关系人遭受不利后果的持续时间、国内法院给付的赔偿数额以及提供救济的有效性(包括及时性)作出个案判断。[①]

二、程序性要求

《公约》第35条第1款规定,"欧洲人权法院依照通常获得认可的国际法规则,仅得在穷尽一切国内救济时,于国内终局裁决作出之日起六个月内始得处理相关事项。"同条第2款规定:"若出现下列情形之一,欧洲人权法院不得根据第三十四条之规定处理申诉:(a)匿名;(b)同欧洲人权法院已审理案件实质上相同的事项或已提交其他国际调查机构进入争端解决程序,且未提交新的信息……"这些规定指出,只有满足程序上的要求:穷尽国内救济、在规定的时效内,且未出现排除适用的情形,欧洲人权法院才有受理案件的可能。

(一)穷尽国内救济

"救济"(Remedy)一词在普通法中有着特定的含义。《布莱克法律词典》(Black's Law Dictionary)将"救济"界定为行使权利或预防、救济损害的方式。[②] 詹宁斯、瓦茨在其修订的《奥本海国际法》中指出,国内救济的切实用尽要求个人不仅采用其能够利用的实质性救济,而且要利用国内法律规定的、在程序上能支配的便利条件。[③]当然,鉴于普通法系法律理论中权利和救济的特殊界限,故本书并不生搬硬套地将"救济"同大陆法系的程序问题作相应的匹配。欧洲人权法院在发展有效与合理的区域性人权保护标准与机制的同时,客观上承认和尊重各缔约国在人权领域内的政治、经济、文化及社会政策的多元性。所以,欧洲人权法院在程序法上适用穷尽国内救济规则。在尊重国家

[①] Normann v. Denmark (dec.), application no. 44704/98, decision of 20 Dec. 2001; Jensen and Rasmussen v. Demark (dec.), application no. 52620/99, decision of 20 Mar. 2003.

[②] BRYAN A. GARNER. Black's Law Dictionary (8th ed.) [Z]. St. Paul, MN: Thomson/West, 2004. 1320.

[③] 詹宁斯、瓦茨. 奥本海国际法(第一卷):第一分册[M]. 王铁崖,译,北京:中国大百科全书出版社,1995. 414.

主权的基础上,为国内机构,主要是为国内法院提供防止侵犯《公约》及其议定书之规定的机会,根据《公约》第 13 条之规定,国内法秩序为救济遭受侵犯的《公约》及其议定书确认的权利和自由提供第一道防线。欧洲人权法院在泽莫普洛斯(Demopoulos)等诉土耳其案①中重申穷尽国内救济规则是根据《公约》保护体系运行不可或缺的组成部分,是一项基本原则。

对此,前欧洲人权法院法官杰瑞夫(Jerrif)在台湾东吴大学所做的讲座《欧洲人权法院和〈欧洲人权公约〉》中指出,欧洲人权法院解释并适用《公约》及其议定书并不意味着就此在欧洲理事会成员国内部创设出统一的法律秩序。即使是针对同一人权问题,由于法律体系与机制本身必然反映出不同的法律文化,所以,运作结果相左便不足为奇。欧洲人权法院所需要做的只是充分考虑到区域人权保护中的这种现实问题,并致力于使相应的权利和救济对受害者来说是切实、有效和迅速的,因此,借助"穷尽国内救济"规则,欧洲人权法院可以在自身管辖权问题上实施适当的自我克制。

《公约》第 35 条的规定指出,"穷尽国内救济"的要求是根据通常获得认可的国际法规则作出。穷尽国内救济的义务组成国际习惯法的一部分,可见于国际法院判例法。该规则亦见于其他国际人权公约,如《公民权利与政治权利国际公约》第 41 条第 1 款第 3 项、《美洲人权公约》第 46 条、《非洲人权和民族权利宪章》第 50 条和第 56 条第 5 款。欧洲人权法院是国家捍卫并保障人权体系的补充,国内法院首先处理同《公约》兼容的与国内法相关的争议是适当的。若申诉者向欧洲人权法院提出申诉,则人权法院有权审查国内法院提供的救济。若救济属于国内救济,则申诉者在提出申诉前应穷尽之。若救济属于国际性质,则应根据《公约》第 35 条第 2 款第 2 项之规定否决相关申诉。而欧洲人权法院在考量法律特点、管辖、地点及事实的基础上有权决定救济的性质。

为了适用穷尽国内救济规则,欧洲人权法院通过判例,确立了一系列标准,即灵活性(Flexibility)标准、可获得性(Availability)标准、有效性(Effectiveness)标准、关联性(Relevance)标准。

一是救济的灵活性。欧洲人权法院指出,考虑到保护人权的目标,适用穷尽国内救济规则时应保障灵活性且不要拘泥于形式。该规则不是绝对的,亦

---

① Demopoulos and others v. Turkey, application no. 21819/04, judgment of 2010, para. 69,97.

不自动适用。为了审查这一要求是否得到遵守,法院应对个案逐一分析。即欧洲人权法院应作出真实考量,不仅考量相关缔约国的法律体系中现有的正式救济方式,而且要考量采取救济时的背景以及申诉者的具体情形。

二是救济的可获得性。一般认为,对申诉人权利的救济,是指申诉人针对所在国国内执法机关作出的对其不利的行为、决定或裁判,而要求另一专门机关予以审查并作出改变决定的诉讼权利,这一权利在国内立法和司法实践中具有高度确定性。救济的"可获得性"事实上决定或影响着申诉人前述权利的行使。可获得的救济,包括法律上可获得的救济和事实上可获得的救济。在法律上可获得的救济,即是指应依照被控缔约国国内的制定法或判例法之规定,特定救济程序必须能够由申诉人本人或其代理人依照自己的意志启动,而无须借助该缔约国国内其他机构。例如,在H诉比利时案①中,申诉者是比利时王国的一名注册律师,因被主管当局认定为恶意提供虚假信息,因此被律师委员会除名。此后,他虽数次向王国的律师委员会提出恢复律师资格的申请,但均遭拒绝,最后他向欧洲人权委员会提出申诉。比利时政府对委员会的管辖权提出异议,认为原告未能向最高上诉法院的检察总长或者司法部申诉,因此,属于尚未穷尽国内救济。对此,人权委员会认为比利时的国内法和相关案例表明,司法部是否启动对律师委员会的司法监察程序,完全由其自身决定,并不受申诉人的意见左右。虽然大量的国内判例说明在多数情况下,会启动这样的程序,但在比利时国内法中,该司法监察程序并不具有强行性。并且在法律上,该程序启动的决定权属于司法部,而非申诉人个人,因此,这种救济措施对于个人来说是无法获得的。针对事实上可获得的救济,欧洲人权法院的司法实践表明,必须结合具体案情,对申诉人当时所处的客观条件和状况加以考查。另外,必须指出的是,国境线、事实或法律不得成为穷尽国内救济的障碍。作为一般性规则,居住在缔约国管辖外的申诉者不得因不便或不情愿而排除适用穷尽国内救济规则。

三是救济的有效性。欧洲人权法院在马尔克斯诉比利时案中创设了"实际有效性"(Practical and Effective)原则,要求缔约国政府必须采取"实际有效的"措施来维护个人权利。该案中,比利时国内法规定,未婚母亲仅得通过法定登记程序始获得亲子关系的认可。作为未婚母亲的申诉人认为,比利时国内法是对其家庭生活权利的不尊重,违反了《公约》第8条之规定。就此,欧

---

① H. v. Belgium, application no. 8950/80, judgment of 1987.

洲人权法院认为,《公约》条款规定的目的本质上在于保护个人免受公共机构的恣意干涉。这一目的不仅要求国家消极尊重,同时,还要求国家通过积极手段有效地保障家庭生活。① 如果在个案中责任国的相关措施或行为有可能造成严重的、不可弥补的后果,那么,有效的当地救济措施仅仅是指可以阻止这些后果发生的救济手段,换言之,有效性只要求国内救济措施具有防御性,而非补救性。

四是救济的相关性。国内救济措施的相关性是指被诉国的国内救济应当同申诉人的申诉请求紧密相关,无须穷尽与此无关的国内救济。若可能获得一种以上的有效救济,则申诉者仅需采取其中一种。即,如果国内法律规定多种同等效力的、但属于不同法律领域的救济时,寻求救济的申诉者只需选取其中一项救济即可。②

虽然,穷尽国内救济是欧洲人权法院受理案件的程序性前提,但是,这一原则不是绝对的,在特定情况下会受到一定限制。

首先,《公约》第35条规定,"穷尽当地救济"是通常获认可的国际法规则。那么,根据"通常获认可的国际法规则"之规定,在特殊情况下,欧洲人权法院可免去申诉者强制运用有利于其自身的国内救济。例如,在斯多韦茨(Sejdovic)诉意大利案③中,申诉者主张在其缺席的情况下被控犯罪,这使得申诉者丧失了提交意大利法院捍卫其权利的机会,因此侵犯了《公约》第6条之规定。国内相关机构提供了一些救济,但欧洲人权法院最终裁决,本案中,由政府提供的救济未成功,申诉者在客观上无法使用国内救济,因此,在特定情况下,申诉者得免于寻求国内《刑事诉讼法》规定的救济。

其次,若要求申诉者运用特定救济途径在现实中属于不合理的范畴,且可能不合理地妨碍行使《公约》第34条规定的权利,则欧洲人权法院有权免除申诉者适用"穷尽国内救济"原则。例如,在加里奥内(Gaglione)等诉意大利案④中,欧洲人权法院裁定,意大利政府要求在国内法院判决生效后的19个月内向申诉人支付赔偿金的过程中,不妨碍申诉人就同一侵权案件向欧洲人权法院提出申诉申请。

再次,在未滥用诉权的情况下,上诉将强加罚款,则可排除使用穷尽国内

---

① Marckx v. Belgium, application no. 6833/74, judgment of 1979.
② Jasinskis v. Latvia, application no. 45744/08, judgment of 2010. para. 50-54.
③ Sejdovic v. Italy, application no. 56581/00, judgment of 2006. para. 55.
④ Gaglione et Autres c. Itali, requête n°45867/072011, décision du 20 Juin 2011.

救济的规定。例如,在普伦西普(Prencipe)诉摩纳哥案①中,申诉人因摩纳哥公国初审法院在宣告其挪用公款的判决书中告知申诉人,若初审判决后申诉人提起上诉,则初审法院将对之另处罚款,故申诉人在未向国内法院提起上诉的情况下,直接向欧洲人权法院提起申诉。欧洲人权法院由此认定,本案可不再适用穷尽国内救济的规定。

若责任国主张申诉者未穷尽国内救济,则由责任国承担证明申诉者未使用有效且可行的救济的义务。所谓可行的救济,是指法律上和实践中充分明确的救济,该救济的基础在国内法中须明晰。救济须为申诉者提供帮助并可能使申诉者因此获得合理的成功预期。救济包括其范围和可获得性,应获明确规定并经确认,并且,在实践或判例中获得补充。若责任国援引国内判例,则需要承担更多的证明责任。若责任国要求申诉人直接依照《公约》之规定由国内法院提供救济,则应通过具体例证说明该救济明确的程度。一旦责任国履行举证责任,申诉者若主张欧洲人权法院受理案件,则须证明:国内救济在事实上已运用;救济因故不充分,或在特定情形下无效;通常情况下,可适用救济,但在类似案件中,救济方式无效;不能直接适用国内法院的申请,或者,存在免除申诉者要求的特殊情形。

欧洲人权法院对是否穷尽国内救济享有最终决定权。审查是否穷尽国内救济通常考量申诉者向人权法院提出申诉之日,国内诉讼呈现的状态。

若欧洲人权法院发现国内法律或实践存在结构或一般意义上的瑕疵,则有权要求成员国考量相关情形,且在必要时,采取有效措施阻止类似案件提交至人权法院。即,成员国应修改现行法律上的救济范围或增补新的救济措施以保障为《公约》确认的权利和自由提供有效救济。若责任国提供新的救济,则欧洲人权法院应确认该救济是否有效。若提供的救济有效,则欧洲人权法院主张类似案件中的其他申诉者使用新的救济方式。此时,欧洲人权法院根据《公约》第35条之规定,应宣告不受理前述申诉者的申诉,即使申诉者于未提供新救济措施时已经提出申诉。

(二)遵守6个月时效②

为了保障争议案件在合理期间内获得审理,并防止相关机构和个人免于在长时期内处于不确定状态,同时,规定相关申诉者有充分的时间思考其提出

---

① Prencipe c. Monaco, requête n°43376/06, décision du 16 Octobre 2009.
② 《第十五议定书》第4条将《公约》规定的"六个月的时效"修改为"四个月的时效",但到目前为止,该项议定书未生效,故仍沿用原规定。

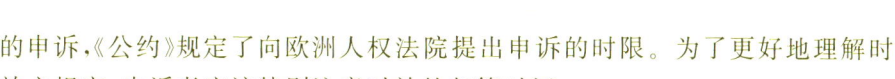

的申诉,《公约》规定了向欧洲人权法院提出申诉的时限。为了更好地理解时效之规定,申诉者应该特别注意时效的起算时间。

通常意义上,国内机构作出决定后6个月的时效,自终局裁决作出之日起算,欧洲人权法院按照《公约》规定的标准,以公历年计算。另外,欧洲人权法院就责任国的不同计算享有最终决定权。[1] 不过,这一规定仅仅是通常且有效的救济措施计算时限,而不得考量因公共机构官员行使自由裁量权使用的、未直接针对申诉者的救济。类似的,不考虑未设立精确时间造成不确定性的救济措施。

作为适用遵守6个月时效的例外,《公约》第35条第1款要求申诉人遵守时效的规定,不要求申诉者适用重新开始诉讼或类似的非常救济,且不得因使用前述救济而延长6个月的时效,因为重新审理并不由申诉者的自身意志决定,程序能否最终启动要依赖国内复审机构对相关案件的看法和评价。但是,若非常救济是适用于申诉者的司法救济,则6个月时效自作出救济裁决之日起计算。若申诉者在未考虑其要求重新开始诉讼的判决作出后6个月内提出申诉,则欧洲人权法院不得受理相关申诉,因该判决不属于"终局裁决"。

在终局裁决确定的基础上,6个月时效应自申诉者或其代表充分知晓国内终局裁决之日起计算。[2] 具体的,若申诉者有权获取国内终审判决副本,则自提供副本之日起算;若申诉者委托律师的,则自申诉者的律师知晓穷尽国内救济的判决作出之日起算。若国内机构未提供裁决后的文书送达服务,则在终局裁决作出之日,即视为6个月时效起算之时。

另外,存在特殊情况的,例如,没有可适用的救济,或者,侵权行为持续发生等。针对前者,侵权行为发生之日,或侵权行为对申诉者产生直接影响之日,或申诉者意识到侵权行为之日,或申诉者了解侵权行为产生不利后果之日,是6个月时效的起算之时。而所谓持续性的侵权行为,是指责任国或其一部分持续性活动对申诉者造成的不间断的影响状态,但是,因一个事件产生的长期重大效果不属于该事件引发的持续性侵权。[3] 此时,6个月时效则应自持续性行为结束之时起算。

---

[1] Ipek v. Turkey (dec.), appication no. 25760/94, judgment of 17 Feb. 2004.

[2] Koc and Tosun v. Turkey (dec.), application no. 23852/04, decision of 13 Nov. 2008.

[3] Iordache c. Romania, requête n° 6817/02, décision du 2009. para. 49.

(三)实名申诉

第三十五条第二款第1项规定:"若出现下列情形之一,欧洲人权法院不得根据第三十四条之规定处理申诉:(a)匿名;……"那么,欧洲人权法院认为的"匿名"是什么,其与"实名"的区别在什么地方?

在布隆代(Blondje)诉荷兰[①]案中,申诉者因被怀疑犯罪而被逮捕。由于申诉者拒绝证明其身份,所以,荷兰当局依照本国刑事诉讼法第六十一A条将之拘留。2008年10月31日,荷兰当局将申诉者释放,并将之移交涉外警察,在同涉外警察会面的过程中,申诉者说明其是荷兰国民,但并未出示护照或其他身份证明文件予以佐证。之后,申诉者向荷兰法院起诉,海牙区法院以及行政审判庭均不受理。最后,申诉者委托律师向欧洲人权法院提出申诉。欧洲人权法院在判决书中明确指出,申诉表格、授权行为、证明文件中均未提及任何有关申诉者的姓名,因此,欧洲人权法院要求申诉者的律师依照国内法之规定,提供能够有效证明其被代理者的身份,然而,申诉者的律师在规定的时间内并未提供有效的身份证明,最后,欧洲人权法院认为案件材料未提及任何要素使得欧洲人权法院能够辨识申诉者,故提交欧洲人权法院的申诉被视为匿名。即,提交欧洲人权法院的表格或文件未包含申诉者姓名,仅包含介绍人姓名和化名,且律师的权力是签署"×",则视为未披露申诉者的身份。

另外,由协会等团体代表申诉者向欧洲人权法院提起申诉,若协会未主张其是受害者,仅代表未披露身份之申诉者主张其《公约》及其议定书确认的权利和自由遭受侵犯,构成协会所代表的申诉者,此时的申诉仍属于匿名申诉。不过,其也存在例外。代表团体属于宗教、哲学等精神领域的团体时,教会或者宗教、哲学协会不披露其申诉者身份,就侵犯《公约》第9条、第10条和第11条之规定,向欧洲人权法院提交申诉的,欧洲人权法院不得仅因其匿名而拒绝受理。[②]

相反,所谓"实名",除了通常情况指明真实姓名的,还包含足以消除申诉者身份疑虑并由申诉者代表署名的申诉。而根据别名、笔名、小说中的人物姓名提起申诉的,若其向欧洲人权法院解释具体的、可谅解的原因,比如,因武装冲突迫使其不得披露其真实姓名以保护其家庭成员和朋友,欧洲人权法院不

[①] "Blondje" v. the Netherlands (dec.), application no. 7245/09, decision of 15 Sep. 2009.

[②] Omkarananda and the Divine Light Zentrum v. Switzerland (dec.), application no. 8118/77, judgment of 19 Mar. 1981.

得因匿名而拒绝受理案件。另外,发现"掩饰其真实身份的技巧在一堆指示信息(而非其真实姓名)中可辨识真实个人,"且"申诉者同争议中的事项存在充分联系",则欧洲人权法院亦不认定该申诉为匿名申诉。①

(四)不是冗余申诉

《公约》第35条第2款第2项规定:"若出现下列情形之一,欧洲人权法院不得根据第三十四条之规定处理申诉:……(b)同人权法院已审理案件实质上相同的事项或已提交其他国际调查机构进入争端解决程序,且未提交新的信息。……"而根据欧洲人权法院在判例中的解释,所谓"实质上相同"(substantially the same)的申诉是指,申诉当事人、提出的诉愿以及事实相同。若在案件中发现前述要素,则欧洲人权法院有权宣布不予受理相关申诉。

一是申诉者相同。就相同的主要争议由个体和协会联合提出的申诉,即使该争议已提交联合国人权事务委员会及其下设机构,或者,经非政府组织提交联合国人权事务委员会及其下设机构,不得视为相同申诉者。而由政府提出的国家间的申诉不得剥夺个体因追求其个人诉愿而提出的申诉。②

二是诉愿(complaints)相同。诉愿是指要求索赔的目的或法律依据,由主张的事实形塑,而不仅仅包括法律理由或依据的争议。③ 不同诉愿之间是否存在实质相同性,则由欧洲人权法院通过对比不同诉愿进行分析,若申诉者重复其之前已提出的诉愿,则属于相同诉愿。同时,若事实相同,且未能提供新的证据,即使针对不同关联人物和事实,亦视为相同诉愿。同时,欧洲人权法院就诉愿是否相同作出判断的依据是人权法院本身对事实的认定,而不是申诉者或责任国的描述。相应的,欧洲人权法院为重新审查申诉,但根据《公约》的不同规定,虽然其事实源于其他申诉,但实属相同诉愿,因此,不予受理。

三是事实相同。此种情况下,同其他事实相同的诉愿,如果没有增添新的事实信息,欧洲人权法院不予受理。

四是实质相同。为了避免就同一案件由多个国际争端组织着手解决,浪费资源,《公约》还规定,申诉不得在实质上与其他申诉相同,即在事实、当事人、诉愿上未与其他申诉相同的情况下,该申诉亦未提交其他国际调查机构启

---

① Shamayev and Others v. Georgia and Russia, application no. 36378/02, judgment of 2005, para. 275.

② Varnava and Others v. Turkey, application no. 16073/90, judgment of 2009, para. 118.

③ Guerra and Others v. Italy, 116/1996/735/932, judgment of 1998, para. 44; Scoppola v. Italy (no. 2), application no. 10249/03, judgment of 2009, para. 54.

动争端解决程序。如果已提交国际调查机构进入争端解决程序,这里的"程序"必须公开,具有国际性、独立性和司法或准司法性。仅具备预防角色的机构不得视为已进入国际争端解决程序。由个体向欧洲委员会提交的针对成员国立法或实践的诉愿不属于国际调查机构争端解决程序。这一认定在于为欧洲人权委员会开展"侵权诉讼"或"诉前程序"提供可能,其目的在于确保成员国自愿遵守欧盟法律要求,而非解决个体诉愿。程序必须能决定国家责任,其目的在于结束侵权行为。其中,已经由欧洲人权法院认定的国际调查机构包括:联合国人权事务委员会(United Nations Human Rights Committee);[①]国际劳工组织结社自由委员会(Committee on Freedom of Association of the International Labour Organisation);[②]联合国任意拘留问题工作组(United Nations Working Group on Arbitrary Detention)。[③]

(五)未滥用申诉权

《公约》第 35 条第 3 款第 1 项规定:"若出现下列情形之一,欧洲人权法院得宣告不受理个体根据第三十四条之规定提交的申诉:(a)申诉同《公约》或其议定书不兼容、证明明显缺乏依据,或滥用个人申诉权;……"其中,"滥用个人申诉权"作为欧洲人权法院法定不予受理案件的程序性理由被规定下来。而对"滥用"的界定成为适用本条款的关键。

通常,《公约》第 35 条第 3 款第 1 项规定的"滥用"应根据一般法理按照语义理解,即"滥用"是指故意且未根据《公约》之规定有害行使权利。经证明,侵犯《公约》规定的个人申诉权的行为、阻碍欧洲人权法院履职行为属于滥用申诉权。[④] 欧洲人权法院认定滥用申诉权有以下五种类型。

一是误解资讯。所谓误解资讯,包括根据错误的身份提交申诉或提交欧洲人权法院的文件存在错误。且误导欧洲人权法院的企图必须充分明确,无须主观恶性。而在欧洲人权法院审理过程中,出现新的、重要的资讯,申诉者

[①] Pauger v. Austria (dec.), application no. 16717/90, decision of 28 May. 1997.

[②] Cereceda Martin and Others v. Spain (dec.), application no. 16358/90, decision of 12 Oct. 1992.

[③] Peraldi v. France (dec.), application no. 2096/05, decision of 07 Apr. 2009.

[④] Mirolubovs et Autres c. Latvia, Requête n° 798/05, décision du 2009. para. 62 and 65.

未向欧洲人权法院披露的,欧洲人权法院有权以滥用申诉权,拒绝受理相关申诉。①

二是申诉文件使用冒犯性言论。所谓"使用冒犯性言论"是指使用侮辱性的、威胁性或挑衅的语言针对责任国、责任国代表、责任国机构、欧洲人权法院、欧洲人权法院法官、书记官或其他成员。② 但是,申诉者的用语仅属于尖刻、可能引起论战、具有讽刺意义的不足以构成冒犯性的言论,只有超过正常的、文明的、合法的评论界限的语言才属于冒犯性言论。

三是违反保密义务。根据《公约》第39条第2款和《法院规则》第62条第2款之规定,当事人违反友好协商解决方式要求的保密义务的故意行为被视为滥用申诉权,欧洲人权法院不予受理。为决定申诉者是否违反保密义务,欧洲人权法院应首先界定保密义务的界限。若告知第三方有关友好协商解决的文件,则在理论上构成滥用《公约》第35条第3款第1项规定的申诉权,但是,这并不意味着绝对和无条件地禁止向第三方出示或论及相关文件。《公约》第39条第2款以及《法院规则》第六十二条第二款禁止当事人的披露行为,主要是禁止其通过媒体或其他方式公开争议中的资讯,以使大量人员知晓争议之信息。另外,为证实滥用申诉,披露秘密资讯应有行为人的主观故意,而仅仅根据怀疑则不得视为滥用申诉权。

四是属于重复申诉或缺乏真实目的。若申诉者重复向欧洲人权法院提出申诉且证实新的申诉缺乏正当理由,则归为之前已提出的不予受理的类似申诉,属于滥用申诉权。若申诉经证实缺乏真实目的,或者仅涉及小额金钱,则属于滥用申诉权。例如,在博克(Bock)诉德国③案中,申诉者主张7.99欧元的赔偿,欧洲人权法院认为,本案构成不成比例的琐碎事实,缺乏真实目的,不予受理。

五是其他。向欧洲人权法院的申诉出于缔约国国内的政治性言论,仅仅因希望宣传而产生的申诉不属于滥用申诉权。但是,因政治利益导致申诉者在出版物或电视访问中表达对欧洲人权法院未决申诉不负责任和轻率态度的言论,则属于滥用申诉权。④

---

① Gheorghe Predescu v. Romania, application no. 19696/10, judgment of 2014, para. 25-27.
② Di Salvo v. Italy (dec.), application no. 16098/05, decision of 11 Jan. 2007.
③ Bock v. Germany (dec.), application no. 11118/84, decision of 29 Mar. 1989.
④ Georgian Labour Party v. Georgia, application no. 9103/04, judgment of 2008.

三、实质性要求

所谓欧洲人权法院受理个人申诉案件的实质性要求,是指欧洲人权法院在判断是否受理案件时,以《公约》第 35 条①、第三十二条②为依据,形成同欧洲人权法院管辖相关的受理或不予受理案件的原则。③ 在实践中,欧洲人权法院发展出了属人管辖原则、属地管辖原则、属时管辖原则、属物管辖原则,若欧洲人权法院认为申诉不符合其中任一原则,则可以宣告不予受理。

(一)符合属人管辖原则

属人管辖原则要求申诉者主张的违反《公约》及其议定书的行为由缔约国作出或可以归咎于缔约国。在实践中,即使责任国未主张欧洲人权法院享有属人管辖权,但欧洲人权法院出于自身的动机,可以审查该原则之适用。④ 不符合属人管辖原则,不当然免除欧洲人权法院审查申诉者是否属于《公约》第 1 条意义上的"一个或以上缔约国的管辖范围内"。理解这一原则的核心在于对申诉者和"缔约国"(即被诉主体)身份的认定。

首先,申诉者身份的认定。通常,经国际人权条约保护的基本权利和自由应由居住在相关成员国领域内的个体享有,即使相关权利和自由之后被取消或被继承。

其次,"缔约国"身份的认定。批准《公约》及其议定书之国家可以成为申诉中的被诉主体,但是,某些特殊的、可以被视为"国家"的主体是否可以作为直接被诉主体?

一是国家机构。国家应对其机构行为负责,无论该机构的行为是否在本国境内作出,只要该行为产生效力。换句话说,若缔约国有效控制一个境外区

---

① 《公约》第 35 条第 3 款第 1 项规定,"若出现下列情形之一,欧洲人权法院得宣告不受理个人根据第三十四条之规定提交的申诉:(a)申诉同《公约》或其议定书不兼容……"。

② 《公约》第 32 条规定,"欧洲人权法院管辖包括同《公约》及《公约》第 33 条、第 34 条、第 46 条和第 47 条提及的议定书的解释和适用相关的一切事项。""若争议涉及欧洲人权法院是否享有管辖权,则由欧洲人权法院决定。"

③ 欧洲人权法院是否享有管辖权是该法院是否受理案件的主要依据之一,而就欧洲人权法院享有管辖权的判断不仅停留在判断是否受理案件这一阶段,还可以贯穿欧洲人权法院审理案件的整个过程。

④ Sejdic and Finci v. Bosnia and Herzegovina, application no. 34836/06, judgment of 2009. para. 27.

域或在境外某区域至少有决定性的影响,则该缔约国须对其本身或其机构在境外相关区域的行为负责。在伊拉斯库(Ilascu)等诉摩尔多瓦和俄罗斯①案中,欧洲人权法院重申,尽管领土原则享有优先效力,但是,《公约》第1条意义上的"管辖"并不必限于缔约国的国内领土。只要缔约国在境外作出行为或国内行为在境外产生影响即属于《公约》第1条意义上的"管辖"。其中,缔约国负责的军事行为(无论合法与否)均属于在实际上对境外产生有效控制。因此,缔约国有义务保护该区域个人享有《公约》及其议定书确认的权利和自由。②

二是国有公司。国有公司负债时,国家是否对作为独立法人团体的国有公司的债务负责?是否对国有公司未支付申诉者以国内判决中的赔偿负责?一般情况下,国家对在结构上和运作上独立于国家的国有公司的行为享有豁免权。③ 但是,负债的国有公司的运营领域属于需要政府高度管制的,则可以对被管制的国有公司所属的缔约国提出申诉。例如,在米哈伊连科(Mykhaylenky)等诉乌克兰案中,负债的国有公司是一家运营核能、需要政府高度管制的主体,该公司在切尔诺贝利区开展建设活动,切尔诺贝利区属于政府在环境和公共健康方面严格监管的地域,同时,政府的监管延伸至申诉者在国有公司的雇佣情况,包括监管该国有公司发放薪金。并且,该国有公司的管理权于1998年移交能源部,所以,在本案中,欧洲人权法院判决,认为有充分的理由将该国有公司的债务视为由国家负责。④

三是私人行为。如果申诉案件涉及《公约》及其议定书确认的个人权利和自由以及保障这些权利和自由而需履行的积极义务,则根据传统意义上属人管辖原则的含义,国家得因其机构默许或纵容私人侵犯《公约》及其议定书确认的权利和自由而负责。⑤ 在格拉案中,申诉者主张的侵权行为本是由意大

---

① Loizidou v. Turkey, application no. 15318/89, judgment of 18 Dec. 1996.

② Ilascu and Others v. Moldova and Russia, application no. 48787/99, judgment of 8 Jul. 2004. para. 314.

③ Radio France and Others v. France (dec.), application no. 53984/00, judgment of 30 Mar. 2004.

④ Mykhaylenky and Others v. Ukraine, application no. 42814/02, judgment of 2005. para. 43-45.

⑤ Siliadin v. France, application no. 73316/01, judgment of 26 Oct. 2005; Ilascu and Others v. Moldova and Russia, application no. 48787/99, judgment of 8 Jul. 2004.

利的一家化工厂排放有毒化合物作出,但是,由于意大利本国法规定意大利政府有义务规制化工厂的设立,保障人人享有健康权等权利,但意大利政府纵容该化工厂的运营,所以,申诉者向欧洲人权法院提出申诉,主张意大利政府侵犯《公约》权利,欧洲人权法院认定,意大利政府因默许并纵容该化工厂的设立与运营而负责。

总的来说,根据欧洲人权法院的判例可知,因存在下列情形之一,欧洲人权法院得因申诉不符合属人管辖原则而宣告不予受理:申诉者缺乏《公约》第34条规定的诉讼资格;申诉者不能证明其是侵权行为中的受害者;申诉针对私主体提出;申诉针对未批准《公约》的国家提出;申诉直接针对未同意《公约》的国际组织提出;申诉涉及《公约》议定书,但被诉国未予缔约批准。

(二)符合属地管辖原则

属地管辖要求被主张的侵犯《公约》及其议定书的行为在缔约国管辖范围内或者在缔约国有效控制的领域内发生。换句话说,若申诉依据的事实在缔约国境外发生,且该事实同缔约国管辖范围内的任何机构都没有联系,则欧洲人权法院有权根据属地管辖原则不受理相关申诉。一般而言,是否符合属地管辖原则主要有以下两个判定要素。

一是诉愿涉及的行为在缔约国境外发生。此时,须由责任国政府对申诉提出初步异议,指明申诉不符合《公约》规定的属地管辖。之后,由欧洲人权法院根据《公约》第1条之规定审查申诉是否符合属地管辖。但是,国家须为其在国外的外交代表或领事的行为负责,对关联的外交使团、在境外的但于本国注册或悬挂本国国旗的航空器或船只的行为负责。

二是仅作申诉者的有利考量。被诉国主张,申诉者在诉讼过程中,居住在其他缔约国,申诉者因被诉国的规则对之更有利而针对被诉国提出申诉,欧洲人权法院可以予以受理。[①]

另外,为实现《公约》第1条之规定,不符合属地管辖原则的不排除欧洲人权法院审查申诉者是否属于缔约国管辖。

(三)符合属时管辖原则

属时管辖是指,依照法不溯及既往的规则,《公约》及其议定书的规定不得拘束《公约》及其议定书生效前已经终止发生的行为或事实。属时管辖仅涉及《公约》或其议定书经责任国批准后的期间。自批准《公约》及其议定书之日

---

① Haas v. Switzerland, application no. 31322/07, judgment of 20 Jun. 2011.

起,缔约国的一切行为必须遵守《公约》及其议定书之规定,且即使作为已存在的情形之延续,延续的事实仍属于欧洲人权法院的管辖范围。另外,为了解批准《公约》及其议定书后继续发生的事实或新发生的事实,欧洲人权法院有权审查《公约》及其议定书批准前的相关事实。适用属时管辖时,确定批准《公约》及其议定书的时间十分关键。

一是批准《公约》及其议定书的日期或接受《公约》机构管辖的日期。原则上,决定欧洲人权法院临时性管辖的日期是《公约》和议定书在该国生效之日。但是,1950年《公约》规定由欧洲人权委员会以缔约国发表具体声明(declaration)作为审查个人申诉以及人权法院管辖的依据。这些声明可能涉及对欧洲人权法院受理案件的限制,但主要是临时性的限制。依据批准《公约》后发表的声明,声明中包含的临时性限制在决定人权法院受理《公约》第34条规定的个人申诉时具有效力,欧洲人权委员会以及人权法院对在《公约》生效至发表声明期间发生的事实接受临时性管辖限制。若声明中没有说明临时性限制(例如,1981年10月2日法兰西宣言),则《公约》机构对声明期间发生的事实具有其管辖权。①

二是申诉时《公约》或声明未生效,但在申诉过程中生效。此时,欧洲人权法院得考量申诉时的救济状态。基于公平原则,欧洲人权法院要审查申诉在《公约》或声明生效之前是否获得国内程序性保障,即国内司法机构对申诉人的权利与自由未能提供充分救济,则欧洲人权法院得受理相关申诉。

(四)符合属物管辖原则

属物管辖源于人权法院的实质性管辖,即主张符合《公约》属物管辖的诉求中,申诉者依赖的权利须由生效的《公约》及其议定书保护。若欧洲人权法院认为,申诉者主张的权利或自由不属于《公约》及其议定书保障的范围,则欧洲人权法院有权不予受理。例如,在X.诉德意志联邦共和国②案中,欧洲人权法院认为申诉者要求保护其获得驾照的权利不属于《公约》及其议定书保护的权利范围,故不予受理。同样的,欧洲人权法院不受理申诉者主张享有自决

---

① X. c. France, requête n° 9908/82, décision du 4 mai 1983 sur la recevabilité de la requête.

② X. v. the Federal Republic of Germany, application no. 7462/76, decision of 7 Mar. 1977.

权、①外国人进入缔约国居住②等案件。尽管欧洲人权法院无权审查由其他国际性文件保护的权利,但在定义《公约》及其议定书的文本用语和概念时,欧洲人权法院须考量国际法要素,考虑主管机构对相关要素的解释、欧洲国家反映普世性价值的实践。但是,欧洲人权法院适用属物管辖原则判断是否受理案件时,存在下列例外情况。

一是缔约国声明保留。申诉中,若责任国声明保留《公约》或其议定书的条文,且欧洲人权法院根据《公约》第57条之规定,将其视为有效保留,则该申诉不适用属物管辖原则。

二是对缔约国不遵守欧洲人权法院判决提起申诉的,欧洲人权法院因不符合属物管辖原则而不予受理。通常情况下,欧洲人权法院不得受理以执行本院判决为诉愿的申诉,但是,欧洲理事会部长委员会监督欧洲人权法院判决执行的权力遭侵犯时,申诉者得以此为诉愿,向欧洲人权法院提出申诉。不过,欧洲理事会部长委员会就此享有的地位,并不意味着责任国对欧洲人权法院认定的侵权行为采取的救济不能产生原判决未决的新问题,不意味着不能形成由欧洲人权法院处理的新申诉。③ 即是说,在责任国内重新开始诉讼以执行判决时引发新的侵犯《公约》及其议定书确认的权利和自由时,欧洲人权法院应受理由此产生的申诉。

四、价值考量

向欧洲人权法院提交的申诉即使符合《公约》及其议定书之规定,满足前文论及的程序性和实质性受理要件,欧洲人权法院仍可因价值考量不予受理。迄今为止,在价值考量方面最常见的不予受理理由是申诉明显缺乏依据(manifestly ill-founded)。另外,根据2004年制定、2010年生效的第十四议定书规定的"是否存在重大不利(significant disadvantage)"的标准现已成为欧洲人权法院决定是否受理案件的又一重要价值准则。

(一)未明显缺乏依据

《公约》第35条第3款第1项规定:"若出现下列情形之一,欧洲人权法院

---

① X. v. the Netherlands, application no. 7230/75, decision of 4 Oct. 1976.
② Penafiel Salgado c. Spain, requête n°65964/01, décision du 16 avril 2002.
③ Mehemi v. France (no. 2), application no. 53470/99, judgment of 10 Jul. 2003. para. 43; Verein gegen Tierfabriken Schweiz v. Switzerland, application no. 32772/02, judgment of 30 Jun. 2009. para. 62.

得宣告不受理个体根据第三十四条之规定提交的申诉:(a)申诉同《公约》或其议定书不兼容、证明明显缺乏依据,或滥用个人申诉权;……"事实上,"明显"本身可能造成歧义,若只考虑字面含义,该条款可被理解为普通人即刻意识到属于牵强且缺乏根据时,即被宣告不予受理。但是,根据欧洲人权法院的判例显示,其对"明显"存在更宽泛的解释。通常,欧洲人权法院在对申诉作初步审查的过程中,如果认定申诉未披露任何表面证据证明侵犯《公约》及其议定书确认的权利和自由,则被认为"明显缺乏依据"。"明显缺乏依据"可适用于案件的全部或特定诉求。

为理解"明显缺乏依据"概念的意义和范围,其应适用辅助原则。对欧洲人权法院而言,这意味着为确保执行《公约》及其议定书确认的权利和自由,应首先考虑缔约国的机构而非欧洲人权法院本身,仅在国内机构未履行义务时,欧洲人权法院始得干预。透过判例可知,明显缺乏依据的诉求可被划分为四类。

一是"第四级"(Fourth Instance)诉求。"第四级"诉求是指,在穷尽缔约国国内司法救济的情况下,个人因侵犯《公约》及其议定书确认的权利和自由的行为向欧洲人权法院提起最后一级诉讼。"第四级"诉讼在《公约》及其议定书中没有获得明确规定,主要通过《公约》机构的判例发展而来。① "第四级"诉讼源于申诉者对欧洲人权法院角色以及《公约》确立的司法机制的错误理解。欧洲人权法院的权力限于监督缔约国依照《公约》及其议定书尊重并保障人权,因此无权直接干预缔约国法律体系,欧洲人权法院须尊重这些法律体系的自治。欧洲人权法院不得处理国内法院在事实上或法律上的错误,除非该错误侵犯《公约》及其议定书确认的权利和自由。欧洲人权法院也不能评价国内法院采取某一决定的事实。

根据上述考量,欧洲人权法院一般不能质疑国内法院就案件事实、国内法的解释和适用、证据的可接受性和评价、民事争议结果的实质公正、刑事诉讼中被告人无罪等事项和结论。作为例外,欧洲人权法院只有在国内法院无视证据且明显专断时,在直面正义和常识、产生侵犯《公约》及其议定书规定的情形时始得质疑国内法院的调查结果。②

---

① Kemmache v. France(no. 3), application no. 17621/91, judgment of 24 Nov. 1994, para. 44.
② Sisojeva and Others v. Latvia, application no. 60654/00, judgment of 15 Jan. 2007, para. 89.

二是明显或表面上未遭侵犯的诉求。欧洲人权法院审查诉求的价值主要有:未有明显的专断或不公正;在目标与手段之间未明显缺乏比例。依照辅助原则之规定,国内机构首先确保尊重《公约》及其议定书确认的基本权利和自由。作为一般规则,案件事实的认定以及国内法的解释仅属于国内法院和国内其他机构。但是,根据《公约》有效性原则,欧洲人权法院须审查申诉者主张的政府决策过程是否公正和专断。

三是未经证实的诉求。欧洲人权法院的诉讼具有对抗性质。因此,当事人,即申诉者和责任国,须证明其主张的事实理由(向欧洲人权法院提交必要的事实证据)和法律理由(主观解释遭侵犯的《公约》及其议定书之规定),否则,欧洲人权法院不予受理。

四是牵强的诉求。欧洲人权法院不受理申诉者在客观上不能阐明事实的申诉,因为此时主张的事实明显违背常理。

《法院规则》第四十七条规定了个人申诉的内容:"(第一款)根据《公约》第34条提出的申诉应填写登记处提供的申诉表,但相关部门主管作出例外规定的除外。在表格中,其应陈述下列事项:……(4)简洁的事实说明;(5)主张侵犯《公约》和相关主张的简明陈述;……(7)申诉的目的;(8)有关申诉表达的司法或其他文件和判决副本。……(第四款)未遵守本规则第一款之要求的,人权法院不审查相关申诉。"

另外,《法院规则》第四十四条第一款规定:"若当事人未增加人权法院要求的证据、信息或泄露相关信息,或未有效参与诉讼的,人权法院可适当干预。"

(二)存在重大不利

在欧洲人权法院案件日益膨胀的情况下,2004年制定并于2010年6月1日生效的第十四议定书增补《公约》第35条之规定。《公约》第35条第3款第2项规定:"若出现下列情形之一,欧洲人权法院得宣告不受理个人根据第三十四条之规定提交的申诉:(b)除非《公约》及其议定书确认的人权需要对申诉进行价值审查,否则,申诉者未遭受重大不利。"依照该议定书第二十条之规定,新规定将适用于提交欧洲人权法院的一切申诉,除非欧洲人权法院宣布受理申诉。该规定由三个要件构成:

一是受案标准本身。若申诉者未遭受重大不利,则欧洲人权法院宣布不受理个人申诉。"重大不利"是由欧洲人权法院判例逐步发展而来。除现有受案标准外,该规定赋予了欧洲人权法院一定程度的灵活性,即侵权应达到最低限度的损害,该标准的用语仍考量申诉者在国内遭受的不利。考虑的要素包括对申诉者产生财产上的影响。但是,欧洲人权法院考量财产利益不是决定申诉者是否遭受重大不利的唯一要素。事实上,侵犯《公约》及其议定书的行为须关注重要的原则问题,以及因此产生的未影响财产利益的重大不利。[①]申诉者对侵权的主观感觉是证成重大不利的理由。

二是如果尊重人权需要对申诉进行价值审查,则欧洲人权法院必须受理申诉。

三是根据新标准,国内机构未审查的申诉,欧洲人权法院不得当然拒绝受理。若案件未经国内法院审查,则欧洲人权法院不得因申诉的琐碎性质而不予受理。在霍勒布(Holub)诉捷克共和国[②]案中,欧洲人权法院明确指出,该法院受理国内法院审查的"案件"(case)而非"申请"(application)。

综上,欧洲人权法院是否受理申诉主要是从申诉者本身、程序性要素、实质性要素、价值要素四个方面进行考量,其中,在秉承辅助原则的观念下,通过《公约》及其议定书不断发展的判例,通过考量申诉者的身份、是否穷尽国内救济、是否满足时效以及价值等因素,欧洲人权法院获得了较大的自由裁量权。适用到具体案件中,欧洲人权法院在一般受案标准的指导下,不断扩张具体案件的受案范围。鉴于欧洲人权法院在区域人权保护方面的作用,以及随着时代不断创新发展的特性,面对日益严峻的环境问题,欧洲人权法院通过扩大管辖权和受案范围监督缔约国履行环境保护义务。故本书将在以后的章节中通过系统分析个人环境申诉案件,总结欧洲人权法院环境申诉案件的受案范围。

第三节 欧洲人权法院解释《公约》及其议定书的原则

《公约》是为了确保《世界人权宣言》获得普遍和有效认可与保障而通过的区域性法律文件。《公约》由两大部分组成,即确认基本权利和自由的主体部分以及十六个议定书。由于尊重规范性文件明确性和稳定性的要求,以及欧洲理事会和部长会议的政治性考量,所以,在过去的六十余年间,《公约》确认的权利和自由极少改动,但是,为了适应时代发展需要,欧洲人权法院现有的

---

① Korolev v. Russia, application no. 25551/05, decision of 1 Jul. 2010.
② Holub v. the Czech Republic, application no. 24880/05, decision of 14 Dec. 2010.

判决足以证明《公约》保障的权利和自由获得了超越文本范围的解释和适用,并要求缔约国作出相应的解释。因此,我们有必要解读欧洲人权法院对《公约》及其议定书的解释原则和规则。

从国际公法的角度看,《公约》是一个多边条约,解释《公约》的原则经1969年《维也纳条约法公约》(Vienna Convention on the Law of Treaties 1969)修改,人权法院全体会议签署并承认适用。在戈尔德(Golder)诉联合王国[①]案中,欧洲人权法院的意见第一次明确提出《公约》的解释原则,尤其是解释《公约》第6条第1款之规定的方式。但《公约》成员国以及欧洲人权委员会和人权法院受1969年5月23日通过的《维也纳条约法公约》第三十一条至第三十三条之约束,要求对《公约》及其议定书的解释必须以《公约》的目的为指导。《维也纳条约法公约》不产生溯及既往的效力,但是,《维也纳条约法公约》第三十一条至第三十三条之规定列举了国际法中普遍接受的重要原则。[②]

一份研究欧洲人权法院1960—1987年判决的报告指出,尽管《维也纳条约法公约》第三十一条至第三十三条的规定很少在人权法院的判决中被引用,但是,这些规定似乎已成为解释的固有渊源。[③] 类似的,梅里尔斯(Merrills)认为,尽管欧洲人权法院的判决受《公约》特定性质的影响,但欧洲人权法院解释《公约》仍以《维也纳条约法公约》为基础。[④]

不同于大多数其他国际协议,作为确认并保障人权的文件,《公约》有其独特的性质。《公约》并不关注相互关系,不涉及同主权国家之间的利益交换。相反,《公约》为缔约国居民享有人道主义对待规定了严格的原则。《公约》是缔约国以及缔约国针对其居民行为的内部规则。欧洲人权法院宣布,"当解释《公约》时,必须考量实现人权和基本自由的条约的特殊性质。"[⑤]因此,除了

---

① Golder v. the U.K., application no. 4451/70, judgment of 21 Feb. 1975.

② MEERSCH. European Court of Human Rights [J]. Encyclopedia of Public International Law, 1985, 8(200).

③ OST. The Original Canons of Interpretation of the European Court of Human Rights [A]. In DELMAS-MARTY. The European Convention for the Protection of Human Rights: International Protection versus National Restrictions [M]. Dordrecht: Martinus Nijhoff, 1992. 288.

④ MERRILLS J.G. The Development of International Law by the European Court of Human Rights [M]. Manchester: Manchester University Press, 1993. 69.

⑤ Soering v United Kingdom, application no. 14038/88, judgment of 07 Jul. 1989. para. 87.

《维也纳条约法公约》规定的原则,欧洲人权法院亦发展了两项反映《公约》实质性质的新的解释原则。

一、"活的文件"原则

欧洲人权法院在早期的诸多判例中表达了它的保守立场,出于尊重人权规范的普世性原则的限制,在解释人权条款时避免从文本以外寻求其他因素,尽量减少司法能动作用。① 但是,由于国际社会广泛认可国际人权规范体现的普适性价值,作为最重要的区域性人权实施机构,欧洲人权法院接受了当代现实主义法学观点,逐步实现立场的转变,在适用人权规范时采取了更为积极的态度,甚至超越文本限制。加之《公约》各条款以开放式的语言作出规定,这使得欧洲人权法院可以使用"进化式解释"的方式扩大《公约》条款的适用范围,"正是由于语言的性质而使得欧洲人权法院有可能扩张解释《公约》的条款。"② 在马尔克斯诉比利时③案以及蒂尔(Tyrer)诉联合王国④案中,欧洲人权法院承认《公约》是一个"活的文件",欧洲人权法院必须根据当代的情形解释。

欧洲人权法院在蒂尔诉联合王国案中明确阐释适用"活的文件"这一原则。在本案中,作为一名十六周岁的儿童,申诉者经司法判决遭受肉刑。根据判决规定,警察遂对这个男孩施以三鞭鞭刑,且鞭刑在男孩背部赤裸的情况下被执行。这一事实对欧洲人权法院而言,需要考虑的基本问题是鞭刑是否构成《公约》第3条规定的"有辱人格的处罚"。施以处罚的马恩岛(the Isle of Man)政府认为,以司法判决的方式处以肉刑获得了该岛上居民的认同。但是,欧洲人权法院认为,"《公约》是一个'活的文件',必须按照当今社会的发展解释《公约》。就本案而言,欧洲人权法院必须依照欧洲理事会成员国在该领域的刑罚政策中所发展和接受的一般标准作出解释。"⑤ 欧洲人权法院表示,欧洲理事会的绝对多数成员国均禁止使用肉刑。因此,欧洲人权法院以6∶1判决对申诉者施以肉刑构成《公约》第3条中禁止的"有辱人格的处罚"。

---

① 张德瑞.论欧洲人权法院的"司法造法"[J].法学评论,2013(5):103.
② PAUL MAHONEY. Judicial Activism and Judicial Self-restraint in the European Court of Human Rights:Two Sides of the Same Coin[J]. Hum. Rts. L. J.,1990,11(57).
③ Marckx v. Belgium,application no. 6833/74,judgment of 1979.
④ Tyrer v. the U. K.,application no. 5856/72,judgment of 25 Apr. 1978.
⑤ Tyrer v. the U. K.,application no. 5856/72,judgment of 25 Apr. 1978. para. 31.

当然,对司法能动主义持批判态度者认为蒂尔案中欧洲人权法院并未详细阐明"活的文件"的含义,亦未对"活的文件"这一原则提供正当性依据,然而,欧洲人权法院避开了抽象的论理,转而支持该原则的不断发展。

尽管欧洲人权法院不愿在理论上证成"活的文件"原则,但在思故都(Sigurdur)诉冰岛[①]案中,欧洲人权法院适用该原则时再次认可《公约》第11条规定的消极的结社权。在本案中,欧洲人权法院重申《公约》是一个"活的文件",应该依据当时社会的情形获得解释。相应的,《公约》第11条之规定应包含消极的结社权。

一些学者认为,"活的文件"的概念不适用于《公约》的制度性条款。例如,在戈尔松(Golsong)看来,《公约》的程序性和组织机构部分条款与其他部分条款在根本上存在差异。在程序性和组织机构部分,在起草之时人们所理解的明确含义仍然应该是优先考虑的解释原则。只有通过修改议定书的形式始得对《公约》监督机构运作的相关程序性条款,或者监督机制结构的条款予以修改。[②]

然而,在洛瓦兹杜[③]案中,欧洲人权法院将"活的文件"原则作了进一步拓展,进而将该项原则同时适用于《公约》规定的制度性条款。本案中,申诉者向欧洲人权法院申诉,主张该人权法院应该保障自己在北塞浦路斯的财产不受土耳其政府干涉。土耳其政府承认欧洲人权委员会和人权法院的管辖,但明确表示其管辖仅限于土耳其境内所发生的行为。因此,土耳其政府认为,申诉者的申诉不应被受理。而欧洲人权法院审判庭(the chamber)认为,《公约》是"活的文件",必须按照当今社会的情形进行解释的规则已经植入欧洲人权法院的判例之中。在欧洲人权法院看来,"活的文件"原则并不限于《公约》的实体性条款,也适用于诸如《公约》第25条、第46条规定的规制《公约》执行机制运作的条款。[④] 最后,欧洲人权法院以16∶2的绝对多数票判决土耳其政府

---

① Sigurdur A Sigurjonsson v Iceland,application no. 16130/90,judgment of 30 Jun. 1993.

② GOLSONG. Interpreting the European Convention on Human Rights beyond the Confines of theVienna Convention on the Law of Treaties[A]. In RONALD St. J. MACDONALD,MATSCHER F. . The European System for the Protection of Human Rights [M]. Kluwer Law International Publisher,1993. 150.

③ Loizidou v. Turkey,application no. 15318/89,judgment of 18 Dec. 1996.

④ Loizidou v. Turkey,application no. 15318/89,judgment of 18 Dec. 1996. para. 71.

第一章 《公约》与欧洲人权法院对个人申诉案件的受理

败诉。

欧洲人权法院审判庭适用"活的文件"原则解释第一议定书第三条之规定。在马修斯(Matthews)诉联合王国①案中,1994年欧洲议会选举时,马修斯向直布罗陀选举办公室提出申请,希望自己登记成为选举人。但办公室驳回了马修斯的申请。之后,马修斯向欧洲人权法院提出申诉,认为英国政府违反《公约》第一议定书第3条所保障的自由选举权。欧洲人权法院在本案中需要解决一个问题,即欧洲议会的选举不是国内选举,而是欧洲共同体范围内的选举,而欧洲共同体并非《公约》的缔约方,《公约》是否适用于欧洲共同体存在较大争议。欧洲人权法院采用"活的文件"原则来解释《公约》及其议定书。欧洲人权法院认为,某一团体不在当初《公约》起草者的设想的规制范围的事实本身并不能阻碍该团体成为《公约》规制的对象。②若缔约国依照国际条约来制定宪法或组织议会框架,那么,欧洲人权法院在解释《公约》及其议定书时必须考虑这些相互承认的结构变迁。所以,欧洲人权法院在适用《公约》时要考量成员国设立的不断发展的超国家的制度构架。

另外,在赛尔穆尼(Selmouni)诉法国③案中,申诉者主张,在3日的拘留审讯期间,警方对他施以一系列的侵犯行为。欧洲人权法院裁定,该法院曾经审查过酷刑案件,但是考虑到《公约》是一个依照当时社会发展的"活的文件",所以,欧洲人权法院认为,过去被认定为"非人道或有辱人格对待"的行为,在未来可能会有不同的归类。所以,为了应对在保护人权和基本自由领域所要求的高标准,我们要对违反民主社会价值准则的行为作更严格的评估。尽管欧洲人权法院在本案中并没有将判决与1987年生效的《联合国禁止酷刑和其他残忍、不人道或有辱人格的待遇或处罚公约》直接联系起来,但是,该规范性文件无疑是欧洲人权法院认识当时政府行为所要求的更高标准之一。欧洲人权法院在赛尔穆尼案中所作的判决表明,"活的文件"可以适用于发展《公约》确认的权利和自由,以使《公约》能够反映成员国在当时的期望。

近年来,欧洲人权法院经常在判决中使用"变化和发展"(dynamic and evolutive)语词以替代"活的文件"来解释《公约》及其议定书。例如,在斯坦福(Stafford)诉联合王国④案中,申诉者在刑期即将届满时,英国政府拒绝将其

---

① Matthews v. the U. K. ,application no. 24833/94 ,judgment of 18 Feb. 1999.
② Id. , para. 39.
③ Selmouni v. France,application no. 25803/94,judgment of 28 Jul. 1999.
④ Stafford v. the U. K. ,application no. 46295/99,judgment of 28 Jul. 1999. para. 68-69.

释放。本案中,欧洲人权法院法庭须解决一个问题,即欧洲人权法院已认定终身监禁是英国法上的一项特定处罚,那么,欧洲人权法院是否有权作出改变?欧洲人权法院认为,由于社会发展的需要,其应该根据当时社会发展的条件重新判断有利于实现《公约》规定的解释,并加以适用。

从这些判例可以看到,"活的文件"以及"变化和发展"原则使得欧洲人权法院从自己过去的限制中脱离出来,不再拘泥于先例,而是根据被控缔约国之外的整个国际范围内的法律发展来作出解释或判决。总之,随着社会发展以及人权观念的转变,司法能动主义已成为欧洲人权法院的主要行动哲学,而欧洲人权法院也在实质上成了欧洲公共政策的重要制定者和执行者。

二、实际有效保护原则

虽然,欧洲人权法院通过"活的文件"以及"变化和发展"原则对《公约》及其议定书进行扩展解释,但这种扩张不是无限的,它受到《公约》及其议定书文本的限制,即欧洲人权法院顺应时势的解释也是为了有效地保障《公约》及其议定书确认的权利和自由最终得以实现。为此,欧洲人权法院在马尔克斯诉比利时案中第一次适用"实际有效"原则,要求缔约国政府采取"实际有效"的措施来保障个人享有的权利和自由,以矫正"活的文件"原则。[①] 在马尔克斯案中,欧洲人权法院认为,《公约》条款的目的本质上在于保护个人免受公共机构的恣意干涉。国家尊重公民在家庭生活中所履行的积极义务,首先要求国家在决定一项法律适用于某些家庭关系时,它必须采取适当的措施让相关公民过上正常的家庭生活。在本案中,欧洲人权法院特别强调国家保护《公约》权利的有效性,要求比利时政府履行积极义务为权利和自由提供有效保障。

在艾雷(Airey)诉爱尔兰[②]案中,欧洲人权法院将"实际有效性"原则适用于国家负有积极义务制定保障个人权利和自由的法律。本案中,申诉人是一位长期遭受丈夫家庭暴力的爱尔兰妇女。申诉人在其丈夫离家出走后,向国内法院提起诉讼,要求同其丈夫分居。由于申诉人无力支付诉讼费用,故无法获得分居判决。虽然爱尔兰地方法院曾判决申诉人的丈夫向她和孩子支付赡养费,但丈夫因失业未履行地方法院判决。申诉人为免受家庭暴力,结束同其

---

① MOWBRAY. The Creativity of the European Court of Human Rights[J]. 1 Human Rights Law Review,2005,1(57).

② Airey v. Ireland,application no. 6289/73,judgment of 6 Feb. 1981.

丈夫的婚姻关系,故向欧洲人权法院提起申诉,认为爱尔兰国家没能保护自己免受其丈夫对她的摧残,从而侵犯了她享有的向法院提起诉讼的权利以及私人生活和家庭生活得到尊重的权利。欧洲人权法院认为,《公约》旨在确保权利成为实际和有效的权利,不至于使权利沦为虚幻。考虑到申诉人的背景以及国内最高法院诉讼程序的复杂性,期望她在没有法律代理人的情况下能够获得分居判决是不现实的。故欧洲人权法院判定《公约》第6条第1款包括保障申诉人向国内法院起诉的权利,以及国家负有在民事诉讼程序中提供律师援助的积极义务。

在1985年X和Y诉荷兰①案中,欧洲人权法院通过"有效地"尊重私人和家庭生活的权利推导出国家尊重个人私人生活的积极义务。本案中,X的女儿Y智力有缺陷,遭受到他人的性虐待。依照荷兰当时的法律规定,只有受害人本人提起正式诉讼,方才可以追究施虐者的责任。本案中的受害人患有精神疾病,故不可能正式起诉,受害人的父母也没有起诉资格。此外,荷兰刑法中存在漏洞,这些漏洞可能导致性虐待智力有缺陷者不构成犯罪。X认为,荷兰的刑法在性虐待方面没能给她女儿提供保护,故以违反《公约》第8条为由,向欧洲人权法院提起申诉。欧洲人权法院认为,国家除了履行不干涉个人自由的消极义务外,还须履行有效尊重私人或家庭生活的积极义务,这些义务包括采取措施确保私人生活得到尊重。荷兰国内法院对于Y的遭遇,通过民法提供的保护并不充分。欧洲人权法院强调国家负有完善刑事法律以履行保护《公约》确认权利的积极义务的责任。欧洲人权法院通过X和Y案的判决确立了国家负有干预私人生活关系的积极义务,强调国家负有完善刑事法律以履行保护《公约》确认权利的积极义务的责任。显然,本案中,Y的《公约》权利没有得到政府机构的"有效"保护。

在格拉案中,欧洲人权法院重申了国家的积极义务,认为《公约》第8条第2款规定的"不干预"不仅强制国家不作为,同时,强调国家在有效尊重个人享有私人和家庭生活权利方面所固有的积极义务。而意大利政府机构未披露化工厂危险性的行为不能说是"干预"了申诉人的私人和家庭生活。相反,意大利地方政府因未履行第175号总统令规定的义务,未采取适当措施而侵犯了《公约》第8条第1款规定的申诉人享有的权利。进一步,欧洲人权法院对《公约》第8条进行扩张解释,认为为了保护第八条第一款规定的实体性权利,申

---

① X. and Y. v. Netherlands, application no. 8978/80, judgment of 26 Mar. 1985.

诉人就生活质量享有获取同环境相关信息的程序性权利。并且，欧洲人权法院根据意大利总统令的规定判定申诉人有权获取环境信息，同时，相关公众亦有权获取此种信息。因此，公共机构负有积极主动披露环境信息的义务。

　　欧洲人权法院是扩大适用《公约》及其议定书的机构，它以《公约》及其议定书的规定为前提，经过对个人申诉案件的价值考量，以及对程序性要素与实质性要素的审查，有效地保障《公约》及其议定书确认的权利和自由。

第二章 《公约》机构受理个人环境申诉案件的历史发展

第一节 "环境"的含义

"环境"一词源于对生命所依赖的自然资源和自然过程的潜在破坏之关心。而要对"环境"这一模糊的语词进行界定或限制,在实践中十分困难。恰如学者考德威尔(Caldwell)所言,"环境"是一个人人都了解,但没有人能够定义的语词。① 因此,在现实中,我们对"环境"的定义难以达成共识,而《公约》及其议定书本身亦没有对该语词加以界定。由于"环境"的这一特点,理论界和实务界一般倾向于描述"环境",界定"环境"的范围,而不是去具体定义"环境"的内涵。

一、法律上的"环境"

在现代的一般社会用语中,"环境"包含三种含义:一是指称周围的地方;二是指代环绕管辖的地区;三是指代周围的自然条件和社会条件。② 在生态学中,"环境"是指特定生物体以外的空间,以及直接或间接影响该生物体生存的一切事物的总和。③ 在环境科学中,"环境"是指围绕人类四周的空间,以及直接或间接影响人类生存和发展的一切自然因素的总和。④ 法律语境中的

---

① CALDWELL. International Environmental Policy and Law[M]. North Carolina: Duke University Press,1980:170.
② 罗竹风,主编. 汉语大词典[Z]. 上海:汉语大词典出版社,1997:2417.
③ 李博,主编. 生态学[M]. 北京:高等教育出版社,2000:11.
④ 《中国大百科全书·环境科学》编委会. 中国大百科全书·环境科学[Z]. 北京:大百科全书出版社,1983:164.

"环境"是指法律条文或法律解释明确规定或阐释的环境范围,它反映的是立法机关认可的范围。[①] 虽然,不同学科对环境的定义存在差异,但它们之间存在一定的共性。法律上的"环境"以生态意义上的"环境"为基础,在法律条文和法院的判例中作出一些明确的界定。例如,《中华人民共和国环境保护法》第二条规定:"本法所称环境,是指影响人类生存和发展的各种天然的和经过人工改造的自然因素的总体,包括大气、水、海洋、土地、矿藏、森林、草原、野生动物、自然遗址、人文遗迹、自然保护区、风景名胜区、城市和乡村等。"美国《综合环境反应、赔偿和责任法》(Comprehensive Environmental Response Compensation and Liability Act,CERCLA)第一百零一条规定:"'环境'是指根据《美国1976年渔业保护和管理法》(Magnuson-Stevens Fishery Conservation and Management Act,MFCMA)在美国专门管辖权下的通航水域、边境水域和海水中的自然资源,在美国或美国管辖之下的其他地表水域、饮用水源、地表或地层或者周围空气;'自然资源'是指土地、鱼、野生动物、生物区系、空气、水、地下水、饮用水源以及其他资源。"智利最高法院在佩德罗·弗洛雷斯(Pedro Flores)诉国有铜公司案中明确表示,作为法律客体的环境、环境遗产和自然保护是指我们周围的、许可发展生命的自然物,包括大气、土壤、水体;动植物群落;组成自然的一切物质以及平衡人类居住的环境和有机体之间的生物体系。[②]

1950年通过的《公约》及现有的十六项议定书中均未明确出现"环境"一词,为了弥补《公约》未明确规定环境事项的缺憾,过去十余年的时间里,欧洲理事会在议会大会(Parliament Assembly)上极力主张欧洲应规定一项可以执行的健康环境权。[③] 欧洲理事会议会曾多次建议制定《公约》增补议定书,以认可健康和

---

① 蔡守秋主编.环境资源法教程(第二版)[M].北京:高等教育出版社,2010:1.

② Pedro Flores et al. v. Codelco, translated in Appeal for Protection. Supreme Court, Chile;1988[J]. GEO. INT'L. ENVTL. L. REV.,1989,2(251).

③ Eur. Parl. Ass.. Drafting an Additional Protocol to the European Convention on Human Rights Concerning the Right to a Healthy Environment, Doc. No. 12003(2009),[DB/OL]. http://assembly.coe.int/Documents/WorkingDocs/Doc09/EDOC12003.pdf.. 过去,议会大会分别通过议会建议1130(1990)、建议1431(1999)、建议1614(2003)正式在《公约》中规定"健康和清洁的环境人权",但部长委员会均否决了三项建议。See Regional Treaties and Legal Provisions,Right to Environment[DB/OL]. http://righttoenvironment.org/default.asp?pid=82,2014-03-21.

可执行的环境权。① 不过,欧洲理事会部长委员会均否决了相关请求。② 2011年,欧洲理事会议会再次主张,作为同生命权直接相关的基本社会权利,保障健康环境权利十分重要。③ 但是,该请求未得到任何正式的回应。以 2003 年 6 月 27 日,欧洲理事会议会提交第 1614 号建议书(Recommendation 1614)为例。该建议书试图以正式的具有法律性质的文件规定保护环境和环境权利。该建议书第十段提及"环境和人权",强调部长会议应"为《公约》起草一个附件议定书,承认个人享有《奥尔胡斯公约》(The Aarhus Convention)规定的程序性权利,以加强环境保护。"④虽然,该建议到目前为止未获得通过,但折射出其试图认可《奥尔胡斯公约》中界定的"环境"。《奥尔胡斯公约》认为,法律上的"环境"包括各种环境要素以及受环境要素影响的人类生活条件、文化遗址和建筑结构,其中,环境要素包括诸如空气和大气层、水、土壤、土地、地形地貌和自然景观、生物多样性及其组成部分,包括基因改变的有机体,以及这些要素的相互作用。⑤

在司法实践中,欧洲人权法院通过受理环境权利受侵害案件,在《公约》及其议定书的基础上解释"环境"。纵观欧洲人权法院受理和裁判的环境案件可知,欧洲人权法院最初主要认可自然环境要素,例如,在鲍威尔和雷纳案中认可声音要素;在詹德(Zander)诉瑞典⑥案中认可水源要素;在帕帕斯塔夫洛

---

① See, e. g. , Eur. Parl. Ass. , Drafting an Additional Protocol to the European Convention on Human Rights Concerning the Right to a Healthy Environment, 32d Sess. , Recommendation 1885(2009) [EB/OL]. http://assembly. coe. int/Main. asp? link=/Documents/AdoptedText/ta09/EREC1885. htm, 2014-03-21.

② 欧洲理事会部长委员会最近一次否决增补确认健康环境权主张发生在 2010 年,详见:Eur. Parl. Ass. , Reply from the Committee of Ministers, 27th Sess. , Doc. No. 12298(2010) [EB/OL]. http://assembly. coe. int/main. asp? link=/documents/workingdocs/doc10/edoc12298. htm, 2014-03-21.

③ Eur. Parl. Ass. , The Role of Parliament in the Consolidation and Development of Social Rights in Europe, Doc. No. 12632(2011) [EB/OL]. http://assembly. coe. int/Main. asp? link=/Documents/WorkingDocs/Doc11/EDOC12632. htm, 2014-03-21.

④ Recommandation 1614 (2003) [EB/OL]. http://assembly. coe. int/ASP/Doc/XrefViewPDF. asp? FileID=17131&Language=EN, 2014-02-11.

⑤ Aarhus Convention, Article 2(3)(a): The state of elements of the environment, such as air and atmosphere, water, soil, land, landscape and natural sites, biological diversity and its components, including genetically modified organisms, and the interaction among these elements……

⑥ Zander v. Sweden, application no. 14282/88, judgment of 25 Nov. 1993.

(Papastavrou)等诉希腊①案中认可森林要素。然而,随着环境侵权案件的不断出现,欧洲人权法院亦不排斥人造环境要素。例如,在洛佩兹诉西班牙②案中,欧洲人权法院在判决中认可"环境"是个整体而非某一具体自然环境要素。

二、"环境"的基本法律特征

环境要素可以分为两类:第一类是自然环境要素,如大气、水、土地等;第二类是人造环境要素,如文化遗址等。然而,不是所有的环境要素都在国家或国际机构中受到法律和司法机关保护,法律和司法实践仅以保障人类的生存与发展相关的环境要素为目标。所以,"环境"主要是指关联人类生存和发展的各种环境要素。这使得作为受保护的环境要素应同时具备两个特点:一是具有整体性,即法律上的"环境"是自然或人为环境不可分割的组成部分,从而排除诸如家中栽种的植物、家养宠物等"环境"要素。有学者认为,环境包容许多自然因素这个事实并不意味着环境是一定数量的自然因素的简单叠加,而是由一定数量、结构和层次等自然因素所构成的具有一定生态功能的物流和能流的统一体,即"环境"是一个整体的概念。③ 二是具有价值。在塞拉俱乐部(Sierra Club)诉莫顿(Morton)④案中,美国联邦最高法院在确认诉讼资格时提出了"实际损害"原则,在阐释"实际损害"的含义时,该法院承认"实际损害"不仅包括对经济利益的损害,还包括对美学、娱乐和环境价值等环境舒适性的非经济利益的威胁和损害,强调审美和优美的环境如同优裕的经济生活一样,是社会生活质量的重要组成部分。因此,法律上的"环境"还应具有一定

---

① Papastavrou and Others v. Greece, application no. 46372/99, judgement of 10 Jul. 2003. 本案中,申诉人就土地所有权同希腊政府存在长期争议。申诉人主张,1934 年农业部决定使雅地加(Attica)广泛区域的森林再造,其中,再造林涉及争议土地。1994 年 10 月 10 日,雅典行政长官决定包括争议土地在内的区域应实施森林再造。1994 年 12 月 23 日,申诉人向议会主张 1994 年 10 月 10 日的决定无效的诉求遭驳回。之后,申诉人向欧洲人权法院提起诉愿。本案的争议在于雅典行政长官森林再造的决定涉及公益,因为根据申诉人的申诉,整个区域的地理环境不适合用于森林再造。根据欧洲人权法院的意见,其指出这是一个复杂的问题,但希腊政府未在公益与保护申诉人个人权利之间作出合理平衡。欧洲人权法院认为,自 1994 年 10 月 10 日,雅典行政长官仅根据农业部的决定作出决策开始,希腊政府作出错误的命令影响了申诉人以及主张财产权遭受侵犯的其他人的权利。基于前述理由,欧洲人权法院一致认为希腊政府侵犯了《公约》第一议定书第 1 条的规定。

② Lopez Ostra v. Spain, application no. 16798/90, judgment of 09 Dec. 1994.
③ 邹雄. 论环境权的概念[J]. 现代法学, 2008(5):39.
④ Sierra Club v. Morton, Secretary of the Interior et al. , 405 U. S. 727 (1972).

的生态、审美和文化方面的价值。

第二节 拒绝受理个人环境申诉阶段：20 世纪 80 年代以前

20 世纪 50 年代，环境问题并未引起立法者的广泛关注，1950 年通过的《公约》并未确认环境权。直到 1972 年斯德哥尔摩大会的召开，环境问题才在国际上引起广泛关注。因此，20 世纪 80 年代以前提请欧洲人权委员会审查的个人环境申诉案件均因不符合属物管辖原则以及"明显缺乏证据"而遭到驳回，且不符合属物管辖原则与"明显缺乏证据"在欧洲人权委员会的决定中常常交替出现。

一、明显缺乏证据

（一）S. 医生诉德意志联邦共和国案

S. 医生诉德意志联邦共和国①案是个人向《公约》机构提出的第一个环境申诉案件，本具有划时代的意义，但该案未获公开且最终以驳回申诉而终结。20 世纪 60 年代初，一名德意志联邦的医生向欧洲人权委员会申诉，认为德意志联邦的核试验、安装核武器发射台、储存核材料以及向北海倾倒核废料的行为威胁到人类生命。欧洲人权委员会因申诉者提交的诉愿未披露任何明显侵犯受保障的权利，即《公约》第 2 条保障的生命权，遂以明显缺乏证据为由宣告不予受理。

（二）X. 诉德意志联邦共和国案

时隔十余年，欧洲人权委员会仍未改变 20 世纪 60 年代对个人环境申诉所持有的保守立场。在 X. 诉德意志联邦共和国②案中，欧洲人权委员会仍以"明显缺乏证据"拒绝受理环境协会提出的质疑建造核电站之决定的申诉。

本案中，申诉者是一个以阻止核电站的设立为特殊目的的协会。当时，联邦德国的主管机构选择在某一适当的地方建造核电站，但是协会申诉者向德

---

① Dr. S v. the Federal Republic of Germany, application no. 715/60, judgment of 5 Aug. 1960, unpublished.

② X. v. the Federal Republic of Germany, decision of 14 Jul. 1981 on the admissibility of the application.

国行政法院提起诉讼。起诉时,该协会主张保护环境和公共健康,但并未主张其自身的权利。地方行政法院初审认为,健康危险仅能由自然人提起,该案因协会不享有起诉权而遭驳回。申诉人上诉至上级联邦行政法院,上级联邦行政法院认为该协会未主张其自身享有合法利益,且地方行政法院的判决未影响该协会追求其法定目的,故不予受理。最后,申诉人以侵犯结社自由为由上诉于德国联邦宪法法院,宪法法院在考量协会申诉者未以保护其成员的权利起诉的情况,认定行政法院的决定并未侵犯结社自由。

在穷尽国内救济后,协会申诉者向欧洲人权委员会提起申诉,主张德国法院驳回其起诉权的行为违反了《公约》第11条保障的结社自由。在欧洲人权委员会审查是否受理协会申诉的过程中,协会并未否认在国内法院起诉时未主张其自身的法律权利遭受侵害这一事实,转而,该协会主张其有权就其法定活动范围内的一切事项享有向国内法院提起诉讼的权利,而不论自身是否存在合法关联利益。一方面,欧洲人权委员会认为,结社自由并不包括或隐含协会申诉者主张的该项权利。《公约》第11条仅要求私人协会能够通过合法手段追求其法定目标,除非证明符合《公约》第11条第2款之规定,否则,不得干预协会的合法活动。另一方面,《公约》的相关规定亦不要求国家采取积极的措施和特定的方式确保协会追求其目标。除非该协会能证明其自身享有合法利益,并且同其他原告一样享有起诉权。本案中,协会申诉者并未主张其自身享有合法利益,故其不享有起诉权,在不考虑合法利益的情况下,起诉的可能不是结社自由固有的必要的因素,亦不是本案中有效享有自由不可或缺的条件。综上,欧洲人权委员会根据《公约》第27条第2款之规定,认为协会申诉者明显缺乏证据。

二、不符合属物管辖原则

1976年,欧洲人权委员会正式处理并公开第一个环境申诉决定。在X.与Y.诉德意志联邦共和国案中,两名申诉者是某保护自然个人团体的成员,该团体拥有一片土地用于研究自然环境。另外,两名申诉者居住的村落距离用于研究环境的土地很近。基于环境方面的考量,两名申诉者向欧洲人权法院提出申诉,控诉联邦政府将临近的湿地用于军事目的的行为。根据《公约》第25条第1款之规定,个人、非政府组织或个人团体仅在《公约》确认的权利和自由遭受侵犯时始得申请救济。所以,欧洲人权委员会认为,本案中,《公约》所保护的权利和自由,特别是申诉者主张的《公约》第2条、第3条和第5条规定的权利,均不包括保护自然的权利(right to nature conservation)。因此,欧洲人权委员会根据属物管辖原则,认为本案不属于《公约》第 27 条第 2 款规定的保护范围,宣告不予受理。

第三节 受理个人环境申诉阶段:
20 世纪 80 年代以来

为了应对不断增加的环境诉求,适应保护环境和个人健康的需要,自 20 世纪 80 年代伊始,欧洲人权委员会和人权法院开始转变保守立场,受理个人环境申诉案件,以保障《公约》及其议定书所确认的权利与自由。欧洲人权委员会和人权法院通过对《公约》作扩大解释,重新界定属物管辖原则以及明显缺乏证据的含义。本文对欧洲人权委员会受理个人环境申诉以及人权法院受理个人环境申诉分别予以阐释。

一、欧洲人权委员会对个人环境申诉的受理

虽然早在 1980 年欧洲人权委员会就承认噪声污染同人权存在关联,并通过阿诺德(Arrondelle)诉联合王国①案首开受理个人环境申诉之先河,但是,从阿诺德案开始往后的近十年间,欧洲人权委员会对受理个人环境申诉案件的态度一直处于不稳定状态,环境利益以及同环境利益相关的人权保护仍不充分,对环境损害产生的伤害未提供有效的救济。

(一)阿诺德诉联合王国案

1960 年,申诉者同其丈夫(1979 年年底过世)在英格兰萨里郡(Surrey)的霍利(Horley)购得住宅,该住宅距离盖特威克机场(Gatwick Airport)东部跑道尽头仅一英里左右(约 1.61 公里)。1969 年和 1973 年,政府先后延伸东部跑道和西部跑道,并于 1975 年建成 M23 高速公路,该高速公路距离申诉者住所约 500 英尺(约 152.4 米)。

自 1969 年起,申诉者即开始出售其所有的住宅。为获得财产应有的市场价值,申诉者向萨里郡议会申请,要求改变住宅附近土地用途。尽管地方的咨询意见指出,申诉者及其丈夫所有的住宅不再适合良好居住,噪声也可能对其

---

① Arrondelle, E. A. v. the U. K., application no. 7889/77, decision of 15 Jul. 1980 on the admissibility of the application; report of the Commission, 13 May 1982.

健康造成损害,但依照规划局的政策,政府仍拒绝申诉者改变规划许可的要求,继续维持机场建设。

1973 年,当地居民向政府提交覆盖整个区域的规划申请。1975 年秋,申诉者委托一地产公司出售其住宅。该地产公司随后建议委托人同民航局以及交通部协商,试图通过咨询要求政府部门接受"损害通知"(Blight Notice)并以足额的市场价购买其住宅,但徒劳无功。

1976 年,申诉者再次提交新的规划申请,仍遭到政府机构的否决。因此,申诉者根据 1971 年《市镇和郡规划法》第三十六条之规定提起上诉。调查上诉的调查员认为,申诉者及其丈夫因飞机低空飞行产生频繁而持久的噪声,面临无法容忍的压力,不能舒适地享有住宅和花园。并且,相较于 1972 年的情况,现在申诉者的居住条件更加糟糕。但调查员转而建议,个人的困难不能改变土地发展规划,因为如若上诉成功,则其他地方居民亦可提出类似的规划许可。

环保部秘书同意调查员的结论,接受其建议,并于 1978 年 1 月 26 日驳回上诉。寻求国内救济未果,申诉者向欧洲人权委员会提交申诉。申诉者主张,严重的航空噪声以及 M23 高速公路产生的噪声,使其住宅遭受严重损害,申诉者本人及其丈夫的健康亦受不良影响。申诉者主张,因政府拒绝变更规划许可,导致其不能以合理价格出卖所有的住宅。最后,申诉者主张,因国内法院不能受理其案件,依照《公约》第 6 条、第 8 条、第 13 条以及第一议定书第 1 条之规定,于 1976 年 8 月 20 日向欧洲人权委员会提起申诉。

欧洲人权委员会于 1978 年 12 月 4 日审查是否受理申诉,并依照《程序规则》(Rules of Procedure)第四十二条第二款第 2 项之规定,决定邀请责任国就受理问题提交书面评论。双方当事人均提交了评论。其中,责任国主张,申诉不符合《公约》规定的属物管辖原则,因《公约》既不保护个人出售财产的权利,亦不保护自然的权利以及获得充分居住条件的权利。1980 年 5 月,欧洲人权委员会审议(consider)后决定以口头方式审理(hearing)案件。1980 年 7 月,欧洲人权委员会通过考量本案的价值,认为英国民航局虽然未直接引起噪声,但是,应对机场的规划决定负责,所以,欧洲人权委员会决定受理该案件。

虽然,阿诺德案是欧洲人权委员会决定受理的首个个人环境申诉案件,但是,该案件并未由欧洲人权委员会移交人权法院通过司法程序裁决,而是由责任国同申诉者之间通过友好协商的形式获得解决。

第二章 《公约》机构受理个人环境申诉案件的历史发展

阿诺德案之后,在沃恩康布(Vearncombe)等诉联合王国与联邦德国①案中,申诉者主张军事射击场发出的噪声构成污染,因此侵犯了《公约》及其议定书确认的权利,但欧洲人权委员会因噪声频率和程度低于阈值,无须适用《公约》第8条和第一议定书第1条之规定,以"明显缺乏证据"以及"不符合属物原则"为由,宣告不受理本案。

(二)S.诉法国案

在 S.诉法国②案中,欧洲人权委员会又因故宣告该案明显缺乏证据而不予受理。

申诉者是一名法国国民,在卢瓦河边(Loire River)拥有一套住宅,距离申诉人所有的住宅不足 300 米之处,建有一座核电站,核电站是由钢筋混凝土建造的工业建筑物,其中包括 120 米高的冷却塔。以申诉者住宅为中心点,这一工程沿卢瓦河绵延 2000 米,设有 4 个核反应堆。核电站的建设改变了土地规划性质,将申诉者所有的乡村财产转变成工业园区,因此带来了一系列不便:高塔遮挡了申诉者的视野;将卢瓦河及其沿岸塑造的自然景观一次性完全改变;核电站昼夜不停地运作,产生 50 分贝到 55 分贝的噪声,而这一数值早已超过乡村地区许可的正常值;夜晚伴有工业照明;小气候发生改变,包括丧失了直接日照,增加了空气湿度,降低了申诉者财产的市场价。

为此,申诉者向当地行政法院提起诉讼,1987 年,行政法院判决核电站所有者法国电力(Electricité de France)赔偿 30 万法郎,其中,25 万法郎用于赔偿财产市价的下降,5 万法郎用于赔偿环境破坏。法国电力向宪法委员会提起上诉,宪法委员会虽然认定法国电力应对噪声以及产生的风险负责,但是,将原 30 万法郎赔偿额度降至 25 万法郎。申诉者认为国内司法、行政机构未能对其权利给予充分救济,遂向欧洲人权委员会提起申诉,认为《公约》第 8 条以及第一议定书第 1 条保障的权利遭受侵犯。申诉者主张,距离其住宅很近的核电站的建立和运作损害其健康。近距离的工程成为风险来源,尤其是申诉者已届年老。另外,房屋的居住者将永远遭受云雾、非自然的噪声、夜晚光照、气候变化的影响,因而不再享有其财产,因为财产的价值已经丧失。

欧洲人权委员会在适用第一议定书第一条时指出,该规定不得被解释为

---

① Vearncombe v. the U. K. and the Federal Republic of Germany, application no. 12816/87, judgment of 1989.

② Spire v. France, Application no. 13728/88, decision of 17 May 1990 on the admissibility of the application.

保障特定的环境质量;大量的噪声干扰可能严重影响财产的价值,甚至妨碍财产流通,构成不公正的征收。伴随着财产价值的下降,大量的噪声侵害申诉者充分享有所有物的权利。财产价值的丧失成为是否适用第一议定书第一条的排除标准,将"保护个人享有所有物"排他地置于经济领域。①

欧洲人权委员会在适用《公约》第 8 条解决此争议时,指出大量的噪音不仅影响个人的身体健康,同时亦妨碍其安逸地享有住宅。为了认定这一事实,欧洲人权委员会应通过《公约》第 8 条第 2 款之规定审查民主社会中国家干预行为是否必要。所以,欧洲人权委员会首先应解决本案的诉愿同核电站的合法利益之间是否成比例。欧洲人权委员会认为,授权国家限制《公约》保障的权利和自由时,比例原则要求不得强迫个人履行不合理的义务。本案中,国内行政法院和宪法委员会在作出判决时均考虑了核电站产生的噪声和其他损害,申诉者未因工程、永久照明或水蒸汽等可见的因素遭受特殊损害,并且,国内裁判机构判定法国电力承担一定的赔偿责任。所以,欧洲人权委员会认为申诉者遭受不同种类的损害已获得合理救济,故申诉明显缺乏依据,依据《公约》第 27 条第 2 款之规定不予受理。

综上,欧洲人权委员会在这一时期主要集中受理噪声是否构成对个人健康和财产产生的损害案件,而且只有在申诉者暴露于"不可忍受且异常的噪声损害中",欧洲人权委员会始得受理。② 通过分析欧洲人权委员会不予受理案件的理由可知,欧洲人权委员会并不受理纯粹的环境质量损害案件,只有当缔约国的行为导致持续且过分的噪声干扰,申诉者因此根据《公约》及其议定书的相关规定提起申诉,欧洲人权委员会才能受理。

二、欧洲人权法院对个人环境申诉的受理

自《公约》机构创设至 1990 年,《公约》的司法机构一直没有机会处理环境纠纷。直至 1990 年鲍威尔和雷纳诉联合王国案,欧洲人权法院才得以表明其可以处理环境问题的立场和依据。

环境对人类可以抽象为两项基本功能:一是生存性功能。即满足人类生理需要和基本生存的功能;二是生产性功能,即为人类经济活动提供生产资

---

① WEBER. Environmental Information and the European Convention on Human Rights[J]. H. R. L. J. ,1991,12(177).

② Vearncombe v. the U. K. and the Federal Republic of Germany, application no. 12816/87,judgment of 1989. para. 196.

料,同时也提供一定的容纳、分解、净化废弃物的功能。① 前述两种功能的内在矛盾外在地反映在人类自身两种相互冲突的环境权益上:一方面,人类享有适宜生存与发展的环境权益,它为不特定的多数人享有,通常称之为"环境公益";另一方面,个人享有利用环境发展生产、改善生活以增进自身福利的权益,它为特定的少数人享有,通常称之为"环境私益"。从人的主体角度看,"环境私益"主要代表个体利益,而"环境公益"则代表整体利益,突出公共环境资源本身的重要性。在鲍威尔案后很长一段时间内,欧洲人权法院主要将保护环境视作一种公益,人们在行使《公约》及其议定书确认的权利和自由时,因保护民主社会中的公益而允许政府限制环境私益,此时,保护环境是限制《公约》及其议定书确认的权利和自由尤其是财产权的一种手段,并且赋予缔约国以广泛的自由裁量权。直到1994年,欧洲人权法院才在洛佩兹诉西班牙案中第一次支持个人环境申诉,并且首次将保护环境质量作为个人享有的一种私益,洛佩兹案因此成为欧洲人权法院处理个人环境申诉案件的里程碑。

(一)鲍威尔案及相关案件

在鲍威尔案中,第一申诉人理查德·约翰·鲍威尔是采矿企业的主管。1957年,鲍威尔同家人在联合王国萨里郡的伊雪尔(Esher)购得一处房产用于居住。该房产坐落于伦敦西斯罗机场几英里开外。自1972年起,西斯罗机场有大量航班起落,且通常集中在夏季。考虑到居民对噪声的抗议,1975年,机场将航班飞行计划分为白天和黑夜两部分。但至少到1984年,鲍威尔及其家人每日生活在噪音指数(Number Noise Index)为35分贝的环境中,而该指数被认为产生了低噪音污染。另外,大约有50万人口亦处于该噪声干扰之中。第二申诉人米歇尔·安东尼·雷纳同其家人在祖传的位于科恩布鲁克村(Colnbrook)的农场从事农耕。雷纳结婚后居住在其家人于1952年获得的平房中,该平房位于西斯罗机场北部跑道西向约一又三分之一英里(约2.14公里)处,该农场日夜暴露在噪音指数为60分贝的环境中。(声音指数60分贝在英国被视为对居住者造成高噪音干扰。)另外,在西斯罗机场附近居住的大约6500名人口暴露于高于雷纳及其家人遭受的噪声干扰中。故鲍威尔和雷纳主张西斯罗机场的运作产生了大量噪音,且噪音指数超过了正常人所能承受的范围,根据《公约》第6条第1款、第8条、第13条以及第一议定书第1条之规定,向欧洲人权委员会和人权法院提起申诉。

欧洲人权委员会在审查该申诉后,首先认为申诉明显缺乏证据,且并未侵

---

① 周晨.环境损害的法律定义研究[J].中国人口·资源与环境,2006(6):198.

犯《公约》第 6 条第 1 款之规定。欧洲人权委员会裁定,根据联合王国法对航空器造成噪声损害赔偿之规定,申诉者并不享有任何《公约》上确认的公民权利。其次,欧洲人权法院根据《公约》第 8 条之规定,认为西斯罗机场航空运输造成的噪音侵犯了鲍威尔和雷纳根据《公约》第 8 条保障的权利。欧洲人权法院认为,第一申诉人和第二申诉人遭受不同程度的噪声污染,因此,两位申诉人私人生活的质量以及享有其舒适住宅的权利遭受到不利影响。

但是,欧洲人权法院同时指出,国际大型航空场所的存在为一个国家,特别为一个人口密度大的城镇化国家经济发展所必需,本案中的西斯罗机场于 1946 年 5 月正式运营,是世界上最繁忙的国际机场之一,每年超过千万的乘客在该机场出入。考虑到责任国已经与不同利害关系人进行协商,并向相关利害关系人支付一定数额的赔偿,并且责任国根据国际民航组织颁布的标准以及欧盟的相关指令,逐步采取措施控制、减少西斯罗机场产生的噪音污染,欧洲人权法院一致裁决联合王国政府并未滥用自由判断余地,因此,未违反《公约》第 8 条之规定。

鲍威尔案为早期欧洲人权法院受理个人环境申诉案件解决了许多悬而未决的问题。一是明确了欧洲人权法院可以适用《公约》特定条款处理环境申诉案件。实践中,欧洲人权法院可以适用《公约》第 8 条和第一议定书第 1 条之规定处理环境申诉案件,但第一议定书第一条之规定主要涉及对财产施加的恣意征收,原则上不适用于保障舒适环境中和平享有所有物的权利。[①] 二是确立了环境申诉案中的公正平衡原则。欧洲人权法院认为,在个人环境申诉案件中,为明确责任国的义务,应公正平衡环境方面的私人利益同社区整体利益之间的关系。在本案中,欧洲人权法院接受为了国家的经济和利益而损害环境可以成为不构成环境侵权的理由。三是"自由判断余地"原则可以适用于环境申诉案件。欧洲人权法院在环境损害案件中多适用"自由判断余地"原则,裁定由缔约国政府自行处理。

鲍威尔案之后,一系列适用第一议定书第一条的案件亦表明欧洲人权法院认可适当保护环境,即同环境保护相关的社区利益以及个人财产权上的利益将因环境考量的适用而受到限制。这些案件承认在特定条件下,环境公益高于私人利益。

---

① RICHARD DESGANGNE. Integrating Environmental Value into the European Convention on Human Rights[J]. The American Society of International Law,1995,89(263).

第二章 《公约》机构受理个人环境申诉案件的历史发展

继鲍威尔案后很长一段时间里,欧洲人权法院在受理、裁判有关个人提起侵犯财产权的申诉中,将环境视为公益,而公益是限制个人享有财产权的手段。在哈坎森(Hakansson)和斯图尔森(Sturesson)诉瑞典①案中,欧洲人权法院首次将保护公益作为限制《公约》第一议定书保障的财产权的理由。

1979年12月4日,申诉人哈坎森和斯图尔森在拍卖会上,以24万瑞典克朗购买了位于马卡吕德市镇(Markaryd)的一块名叫"Risboke"的农业用地。拍卖过程中,拍卖方将1979年《拍卖法》第二条第十项和第十六条之规定告知公众,该规定指出,购买者应在拍得财产后两年内出卖相关财产,除非其在拍卖的同时获得财产所在地郡农业委员会颁发的保留相关财产的许可,但财产属于许可中列明例外情况的除外。1980年2月5日,郡农业委员会通知本案申诉人在拍卖会上购得的土地是一个"合理化的单位"(rationalisation unit),指明为了进一步开发,该土地应用于巩固该区域的其他财产。郡农业委员会还指出,相邻者有权取得该土地利益的要求可能因1979年《拍卖法》第四条第一款第三项的规定遭到拒绝。于是,申诉人向国家农业委员会提起上诉,但国家农业委员会分别于1980年9月5日和1981年2月26日驳回了上诉。

1985年,申诉人向欧洲人权法院提起申诉,主张瑞典拒绝授予其许可以及强制其出售拍得土地的行为是对《公约》第一议定书第1条保障的财产权的严重侵犯。但欧洲人权法院裁定:"毫无疑问,为实现第一议定书第一条之规定,合法的'公共利益'包含强制个人将财产转移给其他人的含义。"②同时,针对申诉人认为政府行为违反比例原则的诉求,欧洲人权法院认为比例关系在本案中得到了维护。在欧洲人权法院看来,1979年的《拍卖法》明确规定在法定拍卖会上购买农业用地之人为了保有相关土地超过一年,需获得政府许可。购买人不可能在拍卖前获得任何有拘束力的宣告,同样的,亦不能事先获得许可。有远见的购买人因此应兼顾1979年《拍卖法》的规定,承担再次出卖相关土地的风险。所以,欧洲人权法院判决本案未违反第一议定书第一条之规定。

1991年发生的弗勒丹(Fredin)诉瑞典案③中,欧洲人权法院明确指出保护环境作为一种公益,是限制个人享有财产权的一种方式。本案中,安德斯·

---

① Hakansson and Sturesson v. Sweden, application no. 11855/85, judgment of 21 Feb. 1990.

② Id., para. 44.

③ Fredin v. Sweden (No. 1), application no. 12033/86, judgment of 18 Feb. 1991.

弗勒丹(Anders Fredin)先生及其妻子玛丽亚·弗勒丹(Maria Fredin)对布特许尔卡(Botkyrka)市镇几片土地拥有所有权,其中,一片土地为农业用地和重要的煤矿。1960年,弗勒丹的母亲购买了该片土地,之后,她卖给了其儿子,自20世纪50年代以来,煤矿用地并未进行商业开发。1963年,其通过修订1952年《自然保护法》(Nature Protection Act)增补一条规定,未经许可不得开采重要煤矿资源。尽管1963年12月11日斯德哥尔摩郡行政委员会授予弗勒丹先生的父母以必要的许可,但是,根据1964年《自然维护法》(Nature Conservation Act)之授权规定,斯德哥尔摩郡行政委员会有权撤回发放超过十年的许可,1980年,郡行政委员会就开发许可向申诉人发放了一定数量的补偿,但申诉人未接受。1983年,郡行政委员会通知申诉人,因维护自然环境之需,重要煤矿的开发应在1987年终止,届时,该区域应恢复原状。申诉人就该决定向政府提出申请,但未获成功。申诉者遂向欧洲人权委员会和人权法院提出申诉。本案中,欧洲人权法院承认,在当今社会,环境保护的重要性不断增强,认为申诉人根据1963年的许可开发重要煤矿的权利遭受实质性的损害。但是,在1973年修订1964年法案第十八条规定(即自1973年7月1日起算,十年期限届满即撤回现有许可)的修正案生效后第七年,申诉人才开始投资开发。因此,因保护自然而撤销申诉者采矿许可的行为并不违反《公约》第一议定书第1条之规定。

之后,在松树谷(Pine Valley)发展有限公司等诉爱尔兰[①]案中,申诉人是两个在土地买卖和开发上有重要商业往来的松树谷公司和希利公司(Healy Holdings),其中,希利先生为希利公司的主管和唯一持股人。1978年11月15日,松树谷公司同意在都柏林的克朗多金(Clondalkin)购买市值55万英磅的土地。其购买行为依据该区域的工业发展计划许可大纲作出。在官方规划上作出登记的该许可已由当地政府的部长于1977年3月10日,授予当时的所有者派屈克(Patrick)先生。但派屈克先生不能行使土地上的权利。1976年4月26日,派屈克先生的上诉遭计划许可的规划机构驳回,其理由是该区域是作为未来农业发展的保护绿地。1980年9月15日,都柏林委员会否决了1981年7月17日松树谷公司将该土地出卖给希利公司的计划。因此,申诉者主张第一议定书第一条之规定受到侵犯。欧洲人权法院经审理认为,政

---

① Pine Valley Developments LTD and Others v. Ireland, application no. 12742/87, judgment of 29 November 1991.

府措施是为了确保土地的使用遵守相关规划法,且土地仍由希利公司持有,其就该土地享有的决定权未受影响。所以,这并不违反《公约》第一议定书第1条之规定。

综上,20世纪90年代早期,人权法院主要将环境作为公益,国家为了保护环境可以限制私人财产权的行使。至1993年,洛佩兹向欧洲人权法院申诉时,《公约》机构仅受理因噪声和辐射侵犯《公约》及其议定书保护的权利的环境案件,并取得了一定成绩,但欧洲人权法院并未倾向保护个人申诉者的环境利益。

(二)洛佩兹案

洛佩兹案之前,欧洲人权法院仅受理因噪声和辐射侵犯《公约》及其议定书保护的权利的环境案件,洛佩兹案之后,欧洲人权法院为保护人权,为受理几乎所有的环境污染侵权案件打开了大门。①

案件中,西班牙公民格里高利·洛佩兹·奥斯特拉女士居住在罗卡(Lorca)。罗卡是一个皮革工业高度集中的城镇。一家名叫Sacursa的有限公司雇佣的几名制革工人设立了一个获得国家补贴的处理废水和固体废物的工厂,该工厂距离申诉者的住宅12米开外。该工厂于1988年7月开始运营,运营之初未获得市镇当局许可。因该工厂的不当运作产生了大量的油烟气、有毒气体和污染给罗卡居民,尤其是给居住在申诉者居住区域的居民带来了健康问题和损害。为此,市镇议会将当地居民迁出工厂所在区,并在市镇中心为之提供3个月的免费住房。1988年9月,根据大量的诉愿以及健康机构和环境、自然机构提交的报告,市镇议会命令中止该工厂的一项活动:在水槽中处理化学和有机物残渣,但是,仍许可工厂继续处理遭铬污染的废水。之后,根据政府和申诉者提交欧洲人权委员会的1991年、1992年和1993年专家意见和书面证据显示,废物处理工厂在该区域造成的特定损害仍在继续,且可能危及附近居民的健康。为了保护基本权利,洛佩兹女士依据《西班牙宪法》《1978年保护基本权利法》、环境保护条款、《刑法》中规定的生命权、身体和精神完整权、自由与安全权、隐私权、迁徙自由以及环境权,先后向地方行政法庭、最高法院、宪法法院起诉或上诉,各级法院分别因废物处理工厂未构成严

---

① MOA OSTBERG. The Role of the European Court of Human Rights in Enforcing Environmental Norms and Principles(master's degree thesis)[D]. Lund:Faculty of Law University of Lund,2006:52.

重的健康风险、市镇机构无须负责、明显缺乏证据而不受理洛佩兹女士的诉求。另外,同申诉者居住在同一建筑物中的申诉者的妯娌根据《刑法》提起环境健康刑事诉讼。

在西班牙宪法法院裁定洛佩兹女士败诉后,洛佩兹女士于1990年5月向欧洲人权委员会提出申诉,主张罗卡市镇当局未采取措施解决废物处理厂产生的污染。根据《公约》第8条第1款和第3条之规定,申诉人认为,政府和废物处理厂侵犯住宅权利、私人生活和家庭生活权利,自己从而成为遭受有损人格对待的受害者。

针对诉愿,西班牙政府提出抗辩:一是申诉者未穷尽国内救济手段;二是申诉者不是受害人。欧洲人权委员会针对西班牙政府的抗辩指出,由于地方行政法庭提供的保护基本权利的特殊申诉是获得有效且快速的救济的手段,故申诉者不必提起普通刑事和行政诉讼。另外,申诉者亦不必等待其妯娌向刑事和行政法院提起诉讼的审判结果,因为申诉者不是这些诉讼中的当事人,且他们起诉的主要事由亦不完全相同。欧洲人权委员会认为,既然申诉者能寻求有效和适当的救济,那么,申诉者就没有义务提起其他较慢的诉讼。所以,申诉者在本案中已穷尽国内救济手段。针对申诉者的身份,欧洲人权委员会指出,无论申诉者搬迁抑或废物处理厂关闭,均不能改变申诉者及其家人已在制造有毒气体和噪声的地区居住了12年的事实。申诉者在关闭工厂的决定作出后能够返回其原有住所,这仅能作为评估其获得损害赔偿的一个因素,但不能否定其作为《公约》第25条规定的受害者的身份。最终,欧洲人权委员会于1992年7月宣告受理洛佩兹女士提交的申诉,并在报告中指出西班牙政府侵犯了《公约》第8条之规定,而未侵犯《公约》第3条之规定。之后,案件被移交欧洲人权法院审理。

欧洲人权法院在案件的判决中承认,"自然地,严重的环境污染可能恶化个人的生活安宁(well-being),对其私人生活和家庭生活造成不利影响,使其不能享有住宅,即使这些影响未严重危害健康。"[①]欧洲人权法院强调,该案件的争议不在于申诉人女儿的健康是否已遭受影响,而在于责任国是否在个人利益与社会利益(即废物处理工厂是为了解决严重污染问题而设立的)之间达致平衡。

---

① Lopez Ostra v. Spain, application no. 16798/90, judgment of 09 Dec. 1994. para. 51.

根据责任国和申诉者提交的专家意见和相关报告,争议中的废物处理工厂由一家有限公司建于1988年,其目的是为了解决罗卡地区因制革工厂密集带来的严重污染问题。但是,废物处理工厂的设立本身就给当地居民带来了损害和健康问题。当然,欧洲人权法院亦承认,西班牙政府,尤其是罗卡市镇,在理论上并不对争议中的排放问题负直接责任。但是,正如欧洲人权委员会指出的,当地政府许可工厂建在当地所有的土地上,并且国家对工厂的建设支付补贴,故国家有积极作为的义务以保护当地居民享有的权利。事实上,市镇议会已及时采取了一些措施应对侵权行为,如迁移受影响的居民并为之提供3个月的免费住房;在3个月期满后,关停工厂的部分活动。然而,议会议员也意识到1988年关停部分活动的措施仍未阻止环境恶化的继续。

在欧洲人权法院看来,当地议会虽然能够意识到尊重住宅和私人生活及家庭生活的权利,但是,并未产生尊重的效果,且在3年的时间里,当地政府并未给申诉者的不便提供救济。另外,国内机构,尤其是国内法院有解释并适用国内法的义务,但是,并未履行该项义务。最后,欧洲人权法院在尊重责任国享有一定自由判断余地的基础上,认为本案中的责任国并未在市镇的经济福利与申诉人有效地享有其权利之间达致公正的平衡。因此,欧洲人权法院宣告市镇当局的不作为违反了《公约》第8条之规定。但欧洲人权法院认为,尽管申诉人及其家人近年来的居住条件十分困难,但是,并未达到《公约》第3条规定的"有辱人格"的程度,所以,本案不适用《公约》第3条之规定。

纵观洛佩兹案的判决可知,其判决第五十一段第一部分是整个判决中唯一提及"环境"的段落,指出:"自然地,严重的环境污染可能恶化个人的生活安宁,对其私人生活和家庭生活造成不利影响,使其不能享有住宅,即使这些影响未严重危害健康。"就此,学者作出两种理解:一是"逐步"(progressive)的用语暗示欧洲人权法院认同即使申诉人的健康未遭受影响,但因有害的环境侵犯其和平享有住宅权造成有损其安宁的事实即违反《公约》第8条之规定;二是以更为严格的解释为前提,诉讼中,须提交大量的医学文件证明对申诉人及其家人健康存在重大威胁。[①] 此种严格解释,又可以分为两个方面:一方面,欧洲人权法院拒绝说明环境严重退化的含义,也没有说明环境严重退化须影响申诉人安宁,并严重威胁健康;另一方面,考虑到不同权利处于环境损害的

---

① JOSE. Environmental Protection and the European Convention on Human Rights [M]. Council of Europe Publishing,2005.

危险之中,例如,鲍威尔和雷纳案中涉及"安宁",而洛佩兹案中涉及"健康"。因此,裁决环境污染是否侵犯《公约》之规定应考量《公约》保障的权利的性质,尤其是,考量相关权利对个人的重要性。

尽管欧洲人权法院根据《公约》第 8 条作出的判决较为简洁,且涉及的实体性问题较少,但欧洲人权法院通过洛佩兹案为之后受理个人环境申诉提供了基本指导。① 具体来说,它包括七个方面。

一是承认直接受影响的申诉人享有"受害者"身份。一般来说,欧洲人权法院在救济侵权案件时,遵守直接损害原则。② 但在洛佩兹案中,欧洲人权法院突破了该原则。欧洲人权法院承认当排放的有毒物质因风向、水流、土壤沉淀等自然因素作用影响缔约国邻国时,受影响之人在穷尽国内救济手段后,可向欧洲人权委员会和人权法院寻求救济。

二是重新界定"合法利益"。环境案件中的申诉者在提交申诉时通常很难表达清晰的合法利益。传统上,至少在英国法上,证明个人或财产遭受损失是必要的条件。但是,欧盟成员国的国内法院均接受个人或个人团体在规定的条件下,在环境争议中享有合法利益,即使其财产或私人利益未受影响。例如,在联合王国,绿色和平组织因其成员居住的区域以及其关注点,就核废物处理厂的延长享有起诉权。③ 不过,国际法院仍保留传统做法。在洛佩兹案中,欧洲人权法院并未肯认合法利益的具体种类,但特别强调申诉者居住在距离废物处理厂 12 米的事实。这一做法同欧洲人权委员会和人权法院早期承认居住在环境损害活动较近的,但不是存在关键距离之人可能为受害者的判决一致。④ 但是,欧洲人权法院定义"受害者"的方式以及承认存在合法利益的不仅仅限于明显的地理位置。欧洲人权法院认为,未对健康或财产造成严重损害但仍认定侵犯《公约》第 8 条之规定时,欧洲人权法院适用更广泛的方

---

① PHILIPPE SANDS. Human Rights, Environment and the Lopez-Ostra Case: Context and Consequences [J]. European Human Rights Law Review,1996,6(597).

② MARIANA T. ACEVEDO. The Intersection of Human Rights and Environmental Protection in the European Court of Human Rights [J]. New York University Environmental Law Journal,2000,8(437).

③ R. v. H. M. Inspectorate of Pollution, ex p. Greenpeace [N]. The Independent, Sep. 30,1993.

④ Vearncombe v. the U. K. and the Federal Republic of Germany, application no. 12816/87,judgment of 1989.

式认定存在合法利益。欧洲人权法院认可环境舒适,诸如免于特定有毒气体的权利的丧失构成对《公约》的侵害。这一举措扩大了"合法利益"的范围。

三是须提供证据来源。证明环境损害,包括环境损害的来源,在法律上是十分困难的,通常要求法院用有限的专业知识对抗专家评估。依赖欧洲人权委员会及国内法院的发现,欧洲人权法院得避免证据上的困难。在洛佩兹案中,欧洲人权委员会及国内法院提供的证据同欧洲人权法院的结论相关,但是,其他环境案件的证据并不清晰,欧洲人权法院不能就环境损害的程度提供指导。所以,欧洲人权法院为了处理环境案件,希望获得进一步的信息或专家意见。1994年2月1日生效的《法院规则(A)》明确许可其"获得足以厘清案件事实的证据",并"要求其选择的任何人或机构提供信息,发表意见,提交报告。"

四是确定环境损害可适用的标准和阈值。欧洲人权法院处理环境问题的另一个难题涉及决定是否发生损害时所适用的标准以及损害程度超过法律规定之必要的阈值。通过洛佩兹案,欧洲人权法院为之提供了一般指导,但是,仍得依个案而作出具体规定。① 欧洲人权法院认为,只有严重的环境污染才能构成申诉依据,但是,污染不必严重到危及人的健康。而且,遵守国内环境标准不一定能对抗《公约》第8条之规定:依照欧洲人权法院的判例,其并不审查国内机构履行国内法指定其履行的义务,而是审查国内机构是否根据《公约》第8条之规定,采取必要的措施保护申诉者的权利。在洛佩兹案中,欧洲人权法院依赖欧洲人权委员会的结论,证明工厂排放超过许可限度,且受申诉者及其家人遭受三年损害之事实的影响。这表明相对低程度的损害只有在合理长的时间内持续发生,始得侵害《公约》第8条确认的权利。不同于雷纳和鲍威尔案,欧洲人权法院在本案中试图用自己的观点替代国内机构的观点。实际上,欧洲人权法院试图通过审查评估国内机构的作为或不作为。

五是平衡个人和社区利益。欧洲人权法院试图审查国内机构是否在个人的环境利益同社区利益之间达致平衡,以作为自由判断余地的审查基准。欧洲人权法院在雷纳和鲍威尔案中以及欧洲人权委员会在S.诉法国案中均运用过这一审查基准。但是,洛佩兹案是欧洲人权法院第一次认定国内机构未

---

① FABRA. Indigenous Peoples, Environmental Degradation and Human Rights: a Case Study [A]. In ALAN BOYLE et al.. Human Rights Approaches to Environmental Protection[M]. Oxford:Clarendon Press,1998:259.

在二者之间做到公正平衡的案件。而且,该案中,欧洲人权法院试图修正在雷纳和鲍威尔案中认定的缔约国享有"广泛"(wide)的自由判断余地,取而代之的是缔约国仅享有"特定"(certain)的自由判断余地。

六是可归咎于国家的行为。环境案件中的另一个难题是判定私主体(包括法人)的行为是否应由国家负责。在洛佩兹案中,废物处理工厂是一家私人所有的有限责任公司,欧洲人权法院承认西班牙政府,尤其是罗卡市镇当局在理论上无须就争议中的排放行为负直接责任。但是,欧洲人权法院认定,市镇许可废物处理工厂建于市镇所有的土地上,且国家对该厂的建造支付补贴,另外,还认定议会议员已经意识到持续存在的环境问题,而国家是持续性环境问题的制造者之一,故认为西班牙政府应对私人的排放行为负责。当然,仅仅依赖国家授权建造私有公司或补贴建设行为并不足以认定国家应承担责任,更多的,欧洲人权法院依赖于国家对损害所造成的影响判定国家是否应就私主体的行为负责的具体情况,洛佩兹案中即认定政府未采取措施阻止损害结果发生,故应归责于西班牙政府。

七是支付损害赔偿。国际法认定环境损害赔偿是一个较为困难的问题。欧洲人权法院也很难决定支付给申诉者以适当的赔偿额度。事实上,欧洲人权法院只能以利益平衡为基础,判决支付合理的赔偿。但是,欧洲人权法院在洛佩兹案中列明了赔偿时应考量的因素,包括损害的性质、程度、遭受损害的时间以及国家采取的补偿措施。

经过洛佩兹案,欧洲人权法院确信,即使《公约》及其议定书未明确确认环境权,但这并不影响个人申诉者提起环境申诉。

第三章 欧洲人权法院根据《公约》实体性条款受理个人环境申诉案件

虽然,《公约》及其议定书并未明确确认个人享有健康环境权,亦没有明确规定个人享有任何环境利益,但是,随着时代的发展,作为对现实社会的回应,欧洲人权法院在属物管辖原则的指导下,通过认定《公约》为"活的文件"以及适用"有效保障"《公约》权利的原则,扩大解释《公约》及其议定书,认为《公约》是一部"绿色人权法"。[①] 根据本文第二章的论述可知,洛佩兹案之前,《公约》机构受理个人环境申诉案件时主要将环境视作一种公益,是限制《公约》确保的权利和自由的手段,而洛佩兹案的成功受理以及申诉者的胜诉打开了潘多拉的盒子,为欧洲人权法院受理环境侵权案件铺平了道路,同时,为欧洲人权法院扩大受理个人环境申诉案件范围奠定了基础。欧洲人权法院根据《公约》及其议定书确认的实体性权利条款以及程序性权利条款受理个人环境申诉案件。

第一节 "环境损害"的含义

通常,一项申诉之所以能构成司法意义上的案件需要争议的存在,而在环境申诉案件中存在环境损害成为认定环境申诉案件的关键。

一、"环境损害"之学理界定

学术界通常将"环境侵权""环境侵害""环境损害"视为三个不同的概念。

---

① BOYLE. Human rights or Environmental Rights: A Reassessment [J]. Fordham Environmental Law Review, 2007, 18(471).

就环境侵权而言,有学者认为,危害环境的侵权行为,是一种特殊的侵权行为。其侵犯的客体包括个人享有的人身权、财产权和环境权。① 有学者进一步将环境侵权分为广义环境侵权和狭义环境侵权,前者包括环境污染和生态破坏两个方面,后者仅为环境污染现象。② 其中,环境侵权是因产业活动或其他人为原因,导致自然环境的污染或破坏,并进而对他人人身权、财产权、环境权或公共财产已造成或可能造成损害的事实。③ 另外,很多学者研究环境侵权的路径是从一般侵权行为开始的,从侵权行为与环境侵权的一般与特殊的关系中着手研究,讨论侵犯"环境私益"的行为,尽管也提到了"环境权"和"环境权益",但大都比较简略,没有对环境公益损害进行学理研究。所以,环境侵权侵犯的客体是人身权和财产权等"环境私益"。④

有学者认识到"环境侵权"的局限性,进而提出了"环境侵害"的概念,认为环境侵害是人为活动导致损害一定区域内不特定多数人环境权益的事实,包括环境破坏和环境污染所致损害。⑤ 有学者主张,环境侵害是因人为的活动致使生活环境和生态环境遭受破坏或污染,从而侵害该地区多数居民的生活权益或其他权益的事实。⑥ 尽管表述不同,但环境侵害主要是指对"环境公益"的损害,多数人的"环境公益"损害无法特定化为少数人的"环境私益"损害,难以在传统侵权行为法的框架内得到解决,而必须求助于环境法。

环境污染与破坏事故和人们日常生产生活活动所引发的环境损害事件,对环境私益和环境公益往往都会造成损害并且存在竞合,但"环境侵权"和"环境侵害"两个概念均不能准确全面地涵盖受损的环境权益。为此,有的学者将环境污染和环境破坏结合,提出了"环境损害"的概念。

学者们主要在两个层面上使用"环境损害"这个概念:第一,从损害产生的方式和根源角度定义环境而使用环境损害概念。环境损害是与环境侵害相对应的概念,是指以环境为媒介的侵害行为所引起的一切客观损害结果。⑦ 此处不问损害的具体对象和内容,且在此层面使用环境损害概念比较普遍。例

---

① 马骧聪.环境保护法[M].成都:四川人民出版社,1988.
② 曹明德.环境侵权法[M].北京:法律出版社,2000.
③ 王明远.环境侵权救济法律制度[M].北京:中国法制出版社,2001.
④ 周晨.环境损害的法律定义研究[J].中国人口·资源与环境,2006(6):199.
⑤ 李艳芳.环境侵害的民事救济[J].中国人民大学学报,1994(6).
⑥ 陈泉生.环境侵害概念初探[J].科技与法律,1994(3).
⑦ 徐祥民,巩固.环境损害中的损害及其防治研究[J].社会科学战线,2007(5):204.

如,有学者认为,所谓环境损害,系指人为日常的、反复的活动所产生破坏维持人类健康与安适生活的环境,而间接损害公众之权利或利益或有损害之虞的事实,亦即以环境作为媒介,损害人民健康或有危害之虞者。① 第二,从损害对象的角度定义环境而使用环境损害概念。这种观点认为,环境侵害的后果有两种:一是以环境为媒介导致的人身、财产、精神等传统利益的损害;二是环境媒介本身遭受的损害,并认为只有后者,也即"对环境的直接损害,不考虑对人身和财产的间接侵害"才是所谓的环境损害。欧盟的欧洲委员会于2000年2月9日提出了《环境民事责任白皮书》(White Paper on Environmental Liability),该文件区别了环境损害和传统损害,认为通过环境对诸如健康或财产的损害属于传统损害范畴,而对环境本身的损害则属于环境损害范畴,并提出了环境损害的两种具体形式:对生物多样性的损害和以污染场所形式表现的损害。② 《1992 年国际油污损害民事责任公约》(International Convention on Civil Liability for Oil Pollution Damage,1992)明确将环境损害列为船舶污染损害中的一种。这两种不同"环境损害"概念的差别是显而易见的。就其范围而言,第一种环境损害概念既包括环境侵权所致的传统损害,又包括了传统损害以外的其他利益损害。第二种环境损害概念特指环境侵害致传统损害之外、超出侵权法调整范围的其他利益损害。此时,环境损害有两种表现形式,即环境污染和环境破坏。

汪劲教授指出,"环境污染"的定义最早在 1974 年由经济合作与发展组织(OECD)环境委员会提出。③ 经济合作与发展组织环境委员会《关于跨界污染原则的建议》(Recommendation of the Council on Principles concerning Transfrontier Pollution)的附件《有关跨界污染的一些原则》(Some Principles Concerning Transfrontier Pollution)的标题 A 项第三自然段指出:"污染是指人直接或间接将物质、能量引入环境,导致对自然的有害影响,以致因生活在有害资源和生态系统而危及人类健康,损害或者妨害人类舒适利用环境和其

---

① 陈慈阳.环境法总论[M].北京:中国政法大学出版社,2003:238.
② 蔡守秋,海燕.也谈对环境的损害——欧盟"预防和补救环境损害的环境责任指令"的启示[J].河南省政法管理干部学院学报,2005:(3).
③ 汪劲.环境法学[M].北京:北京大学出版社,2006:325.

他合法利用的行为。"①经济合作与发展组织的前述定义直接影响了环境法学者对"环境污染"的界定。在此基础上,汪劲教授还概括了环境污染行为的四项特征,包括"须为物质、能量从一定的设施设备向外界排放或者泄漏",其中,"排放是指人类主动并有意识地利用环境容量,而向环境倾倒、流放、散发污染物质的行为;泄漏则是指在人为活动中因疏忽大意或管理不善,导致物质和能量直接或间接进入环境的行为。"②竺效教授认为,前述特性是污染(环境)行为区别于破坏(生态)行为的本质特征。③

吕忠梅教授主张,污染环境行为与破坏生态行为是两种相关但不同类的行为,并分别从原因行为和损害形式两方面区别这两种行为,认为在原因行为方面,污染环境行为是人们不合理地利用资源,从而致使有用的资源变为废弃物进入环境的各种活动。生态破坏行为则是人们超出环境生态平衡的限度开发和使用资源的各种活动。在损害形式方面,污染环境行为和生态破坏行为引起的损害是环境污染和生态破坏,即环境污染是指人类活动向环境排放超过环境自净能力的能量或物质,从而导致自然环境的物理、化学、生物学性质发生变化,产生不利于人类及其他生物正常生存和发展之影响的一种现象。而生态破坏则是指人类不合理地开发利用环境的一个或数个要素,过量或不适当地向环境索取物质和能量,使它们的数量减少、质量降低,以致破坏或降低其环境效能、生态失衡、资源枯竭而危及人类和其他生物生存与发展的一种现象。④ 环境污染和生态破坏不仅内部表现形态多样,而且两者不能截然分开,常常互为因果,经常发生转化。⑤ 这两类行为的相关性主要表现在严重的环境污染可能导致生物死亡以致破坏生态平衡,使生态环境遭受破坏;生态环

---

① Annex. Some Principles Concerning Transfrontier Pollution, Recommendation of the Council on Principles Concerning Transfrontier Pollution, OECD C (74)224 [EB/OL]. http://acts.oecd.org/Instruments/ShowInstrumentView/aspx? InstrumentID=12,2015-04-22.

② 汪劲.环境法学[M].北京:北京大学出版社,2006:329.

③ 竺效.论环境侵权原因行为的立法拓展[J].中国法学,2015(2):260.

④ 吕忠梅.论环境法上的环境侵权——兼论《侵权责任法(草案)》的完善[A].载高鸿钧,王明远主编.清华法治论衡(第13辑).环境法:挑战与应对[M].北京:清华大学出版社,2010:247.

⑤ 吕忠梅.环境侵权的遗传与变异——论环境侵害的制度演进[J].吉林大学社会科学学报,2010(1).

境破坏又降低了环境的自净能力,加剧了污染的程度。①

综上,"环境损害"是由于环境污染或环境破坏导致环境要素受到损害,进而作为"媒介"导致人的身体健康和公私财物受到损害。

二、"环境损害"之法律界定

各个国家和国际组织在环境损害赔偿方面的立法是我们界定"环境损害"的法律依据。

早期的立法仅规定传统损害,即环境污染与破坏导致的人身伤害和财产损失,自然环境要素和人文环境要素的损害并没有被纳入环境损害的范畴。1986年的《瑞典环境损害赔偿法》以及1990年的《德国环境责任法》是其中代表。《瑞典环境损害赔偿法》第一条第一款规定:"本法所称损害赔偿,是指对于基于不动产的人为活动通过环境造成人身伤害、财产损害以及由此导致的经济损失所给予的赔偿。"

1993年6月21日在洛迦诺(Locarno)签订的《欧洲理事会关于危害环境活动造成的民事损害责任公约》(简称《洛迦诺公约》,Convention on Civil Liability for Damage Resulting from Activities Dangerous to the Environment)第二条第七款对"损害"作了定义,规定"环境损害"(Environmental Damage)包括对动植物、土壤、水源、大气、风景、文化遗产等的伤害(harm)。其中,"伤害"又包括人身伤亡、财产损害、预防措施的成本以及其他因环境损害带来的损失。欧盟《环境民事责任白皮书》提出的环境损害不仅包括对人、财产和场所污染的损害,而且也包括对自然的损害,特别是对那些位于共同体内、从生物多样性保护观点看是非常重要的自然资源。欧盟于2004年3月10日通过了一项《预防和补救环境损害的环境责任指令》(Directive 2004/35/CE of the European Parliament and of the Council on Environmental Liability with Regard to the Prevention and Remedying of Environmental Damage),该指令规定:"环境损害指的是对受保护物种和自然栖息地的损害……。" 2009年9月24日至25日,联合国环境规划署在日内瓦举行了"《关于有害环境活动所造成损害之责任、应对行动和赔偿的国内法的编制准则草案》专家协商会议"(Experts Meeting on the Draft Guidelines for the Development of National Legislation on Liability, Response Action and Compensation for Damage Caused by Activities Dangerous to the

---

① 汪劲.环境法学[M].北京:北京大学出版社,2006:248.

Environment)。该《准则》界定了"环境损害"的概念,规定"环境损害"包括对环境的伤害以及环境伤害对生命、人身、财产造成的伤害。

综上,"环境损害"是一个复杂的过程和现象,由于自然原因或人为原因引起环境污染与破坏,对环境要素造成损害,从而导致"环境公益"损害,大部分时候也通过"环境"这一媒介造成人身财产等"环境私益"损害,既包括已经造成的损害也包括现实的危害性,而且这两种损害都包含于同一过程之中,难以截然分开。

欧洲人权法院认可缔约国签署的国际法律文件以及国内法中对"环境"和"环境损害"的界定,在参考其他国际法律文件和国内立法的基础上,通过判例界定"环境损害"(具体的参见本章以下部分以及第四章),在区分"环境公益"损害和"环境私益"损害的基础上分别受理个人环境申诉案件。司法实践中,就实体性权利的保障,欧洲人权法院多通过解释适用《公约》第8条之规定受理环境申诉案件,将之作为阻止环境污染或环境退化、裁决损害赔偿的法律依据。当然,亦有为数不多的环境案件适用《公约》第2条之规定解决环境纠纷。

第二节 《公约》第8条之适用

二战期间,欧洲各国人目睹了各种大规模侵犯人权的恶行。因此,二战结束后,《公约》的起草者吸取二战之教训,主要确认基本的、同民主直接相关的权利。① 所以,《公约》主要参照1948年通过的《世界人权宣言》,希望为基本人权的确认和保障加入欧洲色彩。事实上,《世界人权宣言》第十二条就是《公约》第8条的蓝本。②

1949年8月,欧洲理事会咨询大会成立法律与行政事务委员会以拟定《公约》。在大会上,调查专员泰特根(Teitgen)提交了《公约》大纲,其中,该大纲第八条规定:"依照《世界人权宣言》第十二条的规定,保障个人的私人生活、

---

① TEITGEN. Introduction to the European Convention on Human Rights[A]. In MACDONALD R. St. J. ,MATSCHER F. & PETZOLD H. . The European System for the Protection of Human Rights[M]. Dordrecht:Martinus Nijhoff Publishers,1993:10.

② OLE W. PEDERSEN. The Ties that Bind:The Environment, the European Convention on Human Rights and the Rule of Law[J]. European Public Law,2010,4(571).

住宅、通讯和家庭不受侵犯"。① 在表决该项大纲时,英国代表否决了泰特根就第八条的大纲,要求将之修改为包括"专断干预"②在内的条款,即第八条应该规定:"依照《世界人权宣言》第十二条的规定,保障个人的私人生活、住宅、通讯和家庭不受侵犯。缔约国应承担保障私人和家庭生活、住宅和通讯免受专断干预的义务。"同时,英国代表建议在制定《公约》第8条时,制定者应该根据人们对纳粹种族限制的厌恶,将该条款的核心内容界定为不侵犯结婚自由权。③ 1950年夏,在高级官员大会上,根据英国代表提议修改的《公约》第8条草案获得通过。但是,该条款在1950年11月获得最终通过前,英国代表要求再次修正其之前的建议。英国代表认为,《公约》第8条第2款的限制没有解决国家以经济福利作为合理干预理由的问题,因此,建议第二款应作出相应修改。之后,英国代表的提议获通过。现行《公约》第8条明确规定,"人人享有使自由的私人和家庭生活、住宅以及通信获得尊重的权利""公共机构不得干预上述权利的行使,但是,依照法律规定以及基于民主社会的国家安全、公共安全或者国家的经济福利之利益考量,为了防止混乱或犯罪,为了保护健康和道德,或者为了保护他人的权利与自由之必要所为的干预,不受此限。"

一、《公约》第8条的实体意义

从《公约》第8条第1款的规定来看,其适用的范围十分广泛,主要保护个人自由的四个方面,即保护私人生活、家庭生活、住宅和通讯的自由,而这四种自由相互联系。一项措施可能同时干预私人生活和家庭生活。然而,从语义上说,《公约》第8条并未出现任何同"环境损害"相关的语词。那么,从实体方面来看,我们应如何理解个人享有的"私人和家庭生活"?如何解释环境损害对私人和家庭生活构成不尊重?如何将"尊重个人的住宅"变成可适用的免于污染的衡量标准?这一条款是否包含个人不受其他私主体、政府机构的侵犯?欧洲人权法院对《公约》第8条的扩大解释使受理个人环境申诉成为可能。

(一)"私人生活""家庭生活"和"住宅"的含义

一是"私人生活"的范围。对"私人生活"概念和范围的界定迄今为止仍未

---

① Council of Europe. Travaux Preparatoires [EB/OL]. www.echr.coe.int/Library/COLENTravauxprep.html,2015-03-16.

② Id.

③ Id.

有权威答案,欧洲人权法院承认"私人生活"是一个不能穷尽的、宽泛的概念。① "私人生活"涉及诸多领域,欧洲人权法院早期在解释《公约》第 8 条"私人"语词时,通常集中在同个人事务密切相关的领域,例如,未婚母亲同其子女之间的关系、②要求犯人验血、③对非婚生子女或因私通而出生的子女的探视权、④保障尊重性取向的案件、⑤父母取得子女监护权的案件、⑥犯人通讯案件、⑦质疑窃听案件。⑧ 鉴于该语词范围之宽泛,许多学者认为将该条款适用于环境污染也就顺理成章。⑨ 欧洲人权委员会和人权法院在具体案件中对此作出了回应。

在 S. 诉法国案中,欧洲人权委员会指出,《公约》第 8 条不仅可以适用于国家机构对个人的私生活和住宅进行直接干预的行为,同时,还可以适用于对私人生活产生不可避免的间接侵入的行为。欧洲人权法院重申,国家不仅有根据《公约》履行消极的尊重义务,同时,还应履行积极的保护义务。因此,欧洲人权法院裁定国家必须尊重、保护并实现特定人权。在洛佩兹案中,欧洲人权委员会的报告指出,健康问题同废料处理工厂的排放之间存在因果关联。在哈顿案中,大法庭持反对意见的法官科斯特(Coster)指出,若整日整夜不断地或断断续续地出现航空器的噪声,那么,同住宅的私密相关的人权的意义何在? 哈顿案中的多数决违反了世界范围内的发展对环境问题的持续关注,《公

---

① Peck v. the U. K.,application no. 44647/98,judgment of 28 Jan. 2003. para. 57. 该案涉及将 CCTV 镜头披露给媒体。

② Marckx v. Belgium,application no. 6833/74,judgment of 1979. para. 8.

③ X. v. Austria,application no. 8278/78,18 Eur. Comm'n H. R. Dec. &.Rep. 154,judgment of 1979.

④ Jolie&Lebrun v. Belgium,application no. 11418/85,47 Eur. Comm'n H. R. Dec. &.Rep. 243,judgment of 1986.

⑤ Dudgeon v. the U. K.,application no. 7525/76,judgment of 22 Oct. 1981.

⑥ X. v. the Federal Republic of Germany,application no. 2699/65,decision of 1 Apr. 1968.

⑦ Golder v. the U. K.,application no. 4451/70,judgment of 21 Feb. 1975.

⑧ Malone v. the U. K.,application no. 8691/79,judgment of 02 Aug. 1984.

⑨ OLE W. PEDERSEN. The Ties that Bind:The Environment,the European Convention on Human Rights and the Rule of Law[J]. 4 European Public Law 571,2010.

约》第 8 条事实上规定了健康环境权。① 之后,欧洲人权委员会按多数意见,主张健康是作为完整的身心和社会福利状态时享有的有意义的私人生活的前提条件。

二是"家庭生活"的范围。"家庭生活"本身是一个自治的概念。② 因此,是否存在"家庭生活"是一项依赖亲近的人身纽带真实存在的重要的事实问题,是人与人之间的情感关系以及希望追求这一关系的一种状态。③ 欧洲人权法院在认定"家庭生活"时将考虑真实的家庭关系,例如,在缺乏法律对家庭生活的规定时,居住在一起的申诉者即构成家庭生活关系。④ 其他考量因素包括涉及夫妻关系的,审查其夫妻关系存续时间之长短。另外,"家庭生活"不仅包括社会、精神和文化关系,亦包括物质利益,例如,在多数缔约国的国内法律中,由维系土地制度而发生的关系构成了家庭生活关系。但是,"家庭生活"的概念不得适用于针对申诉者的未婚妻死亡后的第三方提起的赔偿诉讼。⑤

三是"住宅"的范围。"住宅"也是一个自治的概念,因此,特定住所是否构成由《公约》第 8 条保护的"住宅"须依赖的事实条件,特别是同具体地点有充分且连续不断的联系存在。⑥ 并且,欧洲人权法院对英语中"住宅"(home)一词不作狭义解释,但认为法语中的"住所"(domicile)具有更广的含义。⑦ 在早期,欧洲人权法院在解释"住宅"时多涉及搜查和没收领域。⑧ 之后,在具体案件中,欧洲人权法院扩大了"住宅"的范围,首先认为若在一年中的重要期间,某所有的房子处于占有状态,则申诉者无须证明其是该住宅的所有者;其次,住宅不限于合法建造的居住地,也不限于传统居住地,因此,住宅包括大篷车

---

① LOUCAIDE L. Environmental Protection through the Jurisprudence of the European Convention on Human Rights[J]. British Yearbook of International Law 75,2004.

② Marckx v. Belgium,application no. 6833/74,judgment of 1979. para. 31.

③ Odievre v. France,application no. 42326/98,judgment of 13 Feb. 2003. para. 26.

④ Johnston and Others v. Ireland, application no. 9697/82, judgment of 18 Dec. 1986. para. 56.

⑤ Hofmann v. Germany,application no. 1289/09,judgment of 23 Feb. 2010.

⑥ Prokopovich v. Russia,application no. 58255/00,judgment of 18 Feb. 2005. para. 36;Gillow v. the U. K. ,application no. 9063/80,judgment of 24 Nov. 1986. para. 46.

⑦ Niemietz v. Germany, application no. 13710/88, judgment of 16 Dec. 1992. para. 30.

⑧ See,e. g. ,Smirnov v. Russia,application no. 71362/01,Eur. Comm'n H. R. ,2007. para. 49.

以及其他非固定的住所;①第二居住地或度假所用的住宅;在个人办公室与私人住所或者私人活动与商业活动之间不存在清晰界限时,包括商业场所。在环境案件中,噪声、气味、光照以及类似的干预若妨碍舒适地享有住宅,则可能构成对尊重住宅权的侵犯。②

综上,从环境角度看,《公约》第8条保障的权利和自由包括但不限于以下三个方面:一是个人在身心上的完整权。在环境损害中,环境权之所以被纳入"私人生活或家庭生活"中,是因为其可能影响人的身体健康。在洛佩兹案中,欧洲人权委员会根据医疗报告确认排放的污染物同申诉人家庭的健康损害之间存在联系,该委员会裁决污染损害足以构成对《公约》第8条保护的权利的侵害。③ 除此之外,"私人生活"还包括身份,例如,在SH等诉奥地利案中,其重申尊重"私人生活"要求人人能确认其作为人的身份情形。④ 二是私人空间。诉愿涉及环境损害,既涉及《公约》第8条之规定,又涉及私人空间利益。洛佩兹案即是典型。⑤ 在S.诉法国案中,欧洲人权委员会在适用《公约》第8条解决争议时,指出大量的噪音不仅影响个人的身体健康,同时亦妨碍其享有住宅的安宁权。⑥ 三是包含人类生活和天然的周遭环境。以人类生活和天然的周遭环境区别《公约》第8条保护的范围显得过于武断。天然的环境仍对人类的发展作出贡献,并成为私生活的重要组成部分。⑦ 所以,欧洲人权法院承认整合更大范围的环境的生活模式是"私人和家庭生活"的组成部分。⑧ 但是,当申诉人主张人类生活和天然的周遭环境遭受破坏而侵犯其享有的基本人权时,对环境范围的界定以及同其他利益产生的冲突,则须由欧洲人权法院

---

① Chapman v. the U.K., application no. 27238/95, judgment of 18 Jan. 2001. para. 71-74.

② Hatton and Others v. the U.K., application no. 36022/97, judgment of 8 Jul. 2003. para. 96.

③ Lopez Ostra v. Spain, application no. 16798/90, judgment of 09 Dec. 1994.

④ SH and Others v. Austria, application no. 57813/00, Judgment of 1 Apr. 2010. para. 17.

⑤ HARRIS et al.. Harris, O'Boyle and Warbrick: Law of the European Convention on Human Rights(2nd ed.) [M]. Oxford: Oxford University Press, 2009. 365.

⑥ Spire v. France, application no. 13728/88, Decision of 17 May 1990 on the admissibility of the application.

⑦ RICHARDi DESGANGNE. Integrating Environmental Values into the European Convention on Human Rights [J]. 89 Am. J. Int'l L. 263, 1995: 267-269.

⑧ G. and E. v. Norway, application no. 9278/81, judgment of 03 Oct. 1983.

作出进一步解释。

(二)缔约国"不干预"的含义

《公约》确认的基本权利和自由的保护体系根据辅助原则建立起来。欧洲人权法院仅得在缔约国未履行义务时始得介入。通常,国家首先应对其国家机构的行为负责。欧洲人权法院认为,只要国家机构的行为发生效力,则无论该行为是否在本国境内作出,国家均需要负责。但是,在本国境外作出的行为由本国负责仅属于例外情形,即若缔约国有效控制一个区域或在某区域有决定性的影响。另外,缔约国对私人行为应负的责任,根据属人管辖原则,应依据《公约》中确认的个人权利以及附着于这些权利之上的积极义务的范围而定。根据《公约》的一般规定,国家应对国家机构默许或纵容私人侵犯其他个人在《公约》上享有的权利承担责任。

《公约》第8条第2款规定,公共机构不得干预该条第一款中确认的权利的行使。显然,《公约》第8条第2款的本质目的在于保护个人不受公共机构的专断干预。这种"不受干预"首先表现为公共机构的消极不作为。消极义务是国家负有的不得侵犯个人权利和自由,或对个人权利和自由施加过多限制的义务。欧洲人权法院曾经指出,"第八条的根本目的,是为了防止个人私生活权利受到公权力的恣意侵犯。"① 因此,保证国家不违反自身的消极义务,是《公约》第8条要求国家履行的主要义务。

但这种"不受干预"不仅表现为公共机构的消极不作为,同时还表现为要求公共机构履行积极义务。1979年,在马尔克斯案中,欧洲人权法院判决公共机构的积极义务是确保有效地保护私人和家庭生活权的重要方式。在X. & Y.诉荷兰② 案中,欧洲人权法院将这些积极义务延伸至采取旨在保护《公约》第8条第1款确认的个人享有的权利不受侵犯的措施。

在环境案件中,欧洲人权法院在确定国家是否违反了《公约》要求履行的积极义务时,需要审查国家是否有效地保护了居民的私人生活和家庭生活。比如,对于设立在居民区的废物处理厂(噪声污染和排放有毒气体),政府有没有禁止该工厂继续生产;对一家化学工厂的投产,政府是否向当地居民提供相关的风险信息;设立于居民区的酒吧和俱乐部,引发了严重的噪声污染,政府

---

① Van Kück v Germany, application no. 35968/97, judgment of 12 Jun. 2003, para. 70.

② X. and Y. v. Netherlands, application no. 8978/80, judgment of 26 Mar. 1985.

是否采取相关的预防和制止措施；政府许可企业使用危险物质进行金矿的开采，国内法院宣告该许可无效，但是，该判决在国内是否得到有效执行。在这些案件中，欧洲人权法院重点审查国家是否违反了《公约》第 8 条要求履行的积极义务。

从欧洲人权法院公布的判决看，涉及积极义务的案件主要是一些国家的不作为案件，以及一些涉及私人领域诉讼而国家没有给予公正救济的案件。不过，欧洲人权法院在判决中也承认，"《公约》第 8 条赋予国家的积极义务和消极义务之间并没有精确的界限。"①

二、私人生活、家庭生活和住宅权与环境污染案件

自 20 世纪 90 年代欧洲人权法院受理涉及环境私益的案件开始，有大量的环境污染案件被提交到欧洲人权法院，主要涉及噪声污染和工业污染。其中，鲍威尔和雷纳案、哈顿案、特雷弗·艾伦（Trevor Allen）等诉联合王国②案、控诉车间发出的噪声侵害《公约》权利的案件、③主张风车发出的噪声侵权的案件④是噪声污染案的典型。而工业污染案件又可以分为水污染案件、大气污染案件和核污染案件。例如，储存并处理家庭和工业废料的公司在废料倾倒过程中，因拒绝处理有毒氰化物而污染当地饮用水的詹德案；化工厂排放的不知名化学物质和有毒物质污染空气的格拉案；采矿使用的氰化物对周边空气产生污染的法德耶娃案；申诉者暴露在核试验中的麦克金利和伊根诉联合王国案，等等。然而，并不是一切涉及环境污染的案件都属于欧洲人权法院适用《公约》第 8 条之规定受理案件的范围，根据欧洲人权法院的判例可知，只有在具备特定条件、满足特定标准的情况下，欧洲人权法院才能受理环境污染案件。

（一）严重的环境污染案件

通过《公约》本身以及欧洲人权法院发展的判例来看，欧洲人权法院并不

---

① See, e. g., Rees v. United Kingdom, application no. 9532/81, judgment of 17 Oct. 1986. para. 37; Gaskin v. United Kingdom, application no. 10454/83, judgment of 07 Jul. 1989. para. 42.

② Trevor Allen and Others v. the U. K., application no. 5591/07, decision of 6 Oct. 2009.

③ Borysiewicz v. Poland, application no. 71146/01, decision of 1 Jul. 2008.

④ Fagerskjold v. Sweden, application no. 37664/04, decision of 26 Feb. 2008.

受理琐碎的申诉。所谓"琐碎"是指很小的、零乱的事。在欧洲人权法院实践中,其发展出几个标准。

一是原则上小额赔偿申诉属于琐碎申诉,欧洲人权法院不予受理。在博克诉德国案中,申诉者主张 7.99 欧的赔偿。欧洲人权法院认为这构成不成比例的琐碎事实。另外,作为一种法定方式的回应,2010 年 6 月 1 日生效的第十四议定书,确定"重大不利"标准,以增补《公约》第 35 条有关欧洲人权法院受理案件标准之规定。依照该议定书第二十条之规定,新规定将适用于提交欧洲人权法院的一切申诉。该规定由三个要素构成:第一,受案标准本身。若申诉者未遭受重大不利,欧洲人权法院不予受理;第二,根据尊重人权原则要求从价值角度审查个人申诉,则欧洲人权法院必须受理该申诉;第三,国内机构并未审查和救济,根据新标准不得拒绝受理。"重大不利"标准通过欧洲人权法院的判例逐步解释而发展,除现有受案标准外,该规定赋予了欧洲人权法院一定程度的灵活性。新标准认为,侵权行为应达到最低限度的严苛。该标准的用语仍考量申诉者在国内遭受的不利,即应考虑对申诉者产生财产上的影响。据欧洲理事会的统计数据显示,最近欧洲人权法院处理的案例因数额小而被宣告不予受理。

二是缺乏真实目的或者证明申诉人的申诉属于琐碎申诉,欧洲人权法院不受理相关申诉。虽然欧洲人权法院将财产利益作为判断是否受理案件的一项标准,但财产利益不是决定申诉者是否遭受重大不利的唯一要素。事实上,侵犯《公约》的行为得关注重要的原则问题,并受理因此产生的未影响财产利益但产生重大不利的申诉。① 申诉者就侵权产生影响的主观感觉是申诉的理由,但是,若申诉者重复向欧洲人权法院提出琐碎申诉且证明缺乏正当理由,之前已提出类似申诉不予受理,则属于欧洲人权法院不予受理的范围。适用于环境污染案件,判断案件是否琐碎的阈值在于污染是否达到最低的严重程度。欧洲人权法院在洛佩兹案中首次概括性地指出,根据《公约》第 8 条之规定只受理对环境产生严重污染的案件。

在洛佩兹案中,洛佩兹女士在穷尽了国内救济的情况下向《公约》机构提出申诉,主张罗卡市镇当局未采取措施解决因坐落在洛佩兹女士住宅不远处的废物处理工厂产生的损害。根据《公约》第 8 条第 1 款和第 3 条的规定,申诉人断言其住宅权利、私人生活和家庭生活遭受侵犯,因此是权利不受尊重和

---

① Korolev v. Russia, application no. 38112/04, judgment of 21 Oct. 2010.

遭受有损人格对待的受害者。在是否适用《公约》第3条时,欧洲人权法院认为,《公约》第3条规定"任何人不得遭受酷刑、不人道或有辱人格的对待或处罚"。"酷刑""不人道""有辱人格"本身有着不同的含义,故在适用《公约》第3条时需要判断不同的阈值。但是,即使侵权行为满足最低阈值——"有辱人格"的对待,相关行为仍须达到"最低限度的严重"。① 所以,这不适用《公约》第3条受理琐碎的诉愿,欧洲人权法院亦不得因此受理非法但未造成严重后果的申诉。在对有关案件进行价值审查中,欧洲人权委员会未发现存在构成侵犯《公约》第3条的国家干预行为,但存在侵犯《公约》第8条的行为。

虽然洛佩兹案的争议不在于申诉人女儿的健康是否已遭受影响,而是责任国是否在个人利益与社会利益(即废物处理工厂是为了解决严重污染问题而设立的)之间作出平衡。尽管洛佩兹案并未明确说明责任国是否履行积极义务以保护申诉人的权利,但是,欧洲人权法院明确表达国家有积极义务以保护洛佩兹女士,而责任国并未提供保护。欧洲人权法院并未审查国内干预的合法性,因为国内诉讼在欧洲人权法院判决时仍处于未决状态。然而,欧洲人权法院认定申诉人因工厂的运营承担了不成比例的负担,而这未得到国内机构的合理赔偿,因此,责任国的行为构成侵权,应适用《公约》第8条之规定。

本案不同于欧洲人权法院之前处理的案件,洛佩兹女士能证明国内机构未采取充分措施以保障其权利。同时,申诉人的私人领域遭受了更严重的侵害,其女儿的健康遭受到损害。证据显示,医疗机构指出,工厂附近的住宅汇聚的气体超过了许可的限度。申诉者的女儿以及其侄子呈现出典型的长期吸入刺激性有毒气体的慢性综合征。而科学数据显示,儿童疾病同气体中有毒物质的含量之间存在一定的关联。同样的,依照小儿科医生的诊断,申诉者女儿的诊断报告表明,申诉者女儿出现的"呕吐、过敏反应、厌食等症状均源于其居住在被严重污染的环境中"。② 故欧洲人权法院简明扼要地指出,"自然地,严重的环境污染可能恶化个人的生活安宁,对其私人生活和家庭生活造成不利影响,使其不能享有住宅,即使这些影响未严重危害健康。"③

之后,在格拉案中,欧洲人权法院重申了洛佩兹案确立的"严重环境污染"标准,再次肯定了严重的环境污染同《公约》保障的人权之间存在密切关联。

---

① Tyrer v. the U. K. ,application no. 5856/72,judgment of 25 Apr. 1978. para. 30.

② Lopez Ostra v. Spain, application no. 16798/90, judgment of 09 Dec. 1994. para. 47.

③ Id. , para. 51.

在格拉案中,意大利埃尼(Enichem)农业公司在距意大利福贾市(Foggia)曼弗雷多尼亚镇(town of Manfredonia)约1公里处建造了一间化工厂。该化工厂在生产人造纤维(如尼龙)的过程中,因使用棉纶等原料产生肥料和己内酰胺而排放大量可燃、高危有毒气体,如二氧化硫、一氧化氮和氨等。1978年,该化工厂排放的有害物质导致当地150名居民入院治疗。1985年11月13日,曼弗雷多尼亚镇420名居民(包括之后向欧洲人权委员会和人权法院提出申诉的申诉人)向福贾治安法庭起诉,认为该化工厂排放的不知名化学物质和有毒物质污染了空气。同时,曼弗雷多尼亚镇的居民对该化工厂的7名主管提起了刑事诉讼。1991年,福贾治安法庭作出有罪判决,但被告人多通过赦免或支付罚金等形式而免受监禁。期间,意大利政府于1988年5月18日通过第175号总统令规定有毒物质的排放标准,并要求相关地区的市长和警察局长应就当地工业活动的危险性、采取的安全措施以及在可能发生的事故中制定的紧急计划通知当地居民。根据总统令规定的排放标准,该化工厂被列为"高危"产业。1989年,政府机构组成专家小组对该化工厂进行技术性调查,根据调查结果,专家小组建议福贾市长和警察局长应制定并执行安全措施和紧急计划,努力减少有毒气体排放量。1994年,该化工厂永久性地停止生产肥料,但是,热电站以及处理饲料和污水的工厂仍继续运作。因此,原在意大利国内提起诉讼的420名居民中的40名居民认定其环境和健康权利在国内未受到合理保护,遂向欧洲人权委员会提起申诉,主张意大利政府机构未采取适当的措施减少污染风险,从而侵犯了《公约》第2条确认的生命权和身体完整权。同时,申诉人还认为当地政府未按照第175号总统令第十一条第三款和第十七条第二款之规定披露化工厂的危险性,亦未通知其在事故发生时的处理方式,从而侵犯了《公约》第10条确认的信息自由权。欧洲人权法院依法审查了欧洲人权委员会的裁决,并最终以18:2否定了欧洲人权委员会的决定,认为格拉案不适用《公约》第10条的规定,裁决意大利政府侵犯了《公约》第8条确认的健康与道德权利,从而侵犯了公民的环境权,判处意大利政府支付申诉人每人1亿里尔的"生物"损害赔偿。

不同于洛佩兹案中使用"严重损害"这一模糊用语,欧洲人权法院在格拉案中使用了更为具体的语词,论证了申诉人遭受的损害同化工厂生产之间的关系,认为化工厂排放的有毒物质对申诉人享有的私人和家庭生活获得尊重的权利产生直接影响,指出当损害达到干预享受家庭生活所要求的程度时,应当支持申诉人享有免受环境损害的权利。①

在洛佩兹案中,欧洲人权法院确认严重的环境污染成为其受理环境污染案件的标准,认为政府干预必须直接影响申诉者的住宅、家庭或私人生活;环境污染的不利影响必须达到最低限度时才可以根据《公约》第8条之规定受理环境污染案件。欧洲人权法院进一步阐明最低污染限度不是绝对的,而是相对的,依照具体案件而定,可以损害以及损害对身心造成影响的强度、持续时间为依据。如果申诉人主张的损害可以忽略不计,那么,不得根据《公约》第8条之规定受理个人环境污染申诉。在格拉案中,"严重的环境污染"标准获得重申。经过后续发展,在实体权利方面,欧洲人权法院进一步发展了环境污染案件的受案标准,不断扩大受理环境污染案件的范围。到目前为止,其主要发展和形成了三个标准,由欧洲人权法院选择适用。

1. "存在因果关系的有形损害(material prejudice)"标准

所谓"有形损害",是指对人身、财产等已经发生真实的伤害。欧洲人权法院在适用《公约》第8条受理环境污染案件的早期,主要受理已发生真实损害的案件,即受理对《公约》第8条确认的权利产生直接不利影响的案件。例如,在洛佩兹案中,洛佩兹女士的女儿和侄子的健康均遭受到不利影响。在格拉案中,申诉人提供的医学报告指出,其健康处于危险之中。

仅存在有形损害不足以使欧洲人权法院受理环境污染案件,只有在证明环境污染同损害事实之间存在因果关系时,欧洲人权法院始得受理相关案件。在洛佩兹和格拉案中,欧洲人权法院均明确指出,只有申诉者能够证明相关活动违反国内标准,且对其财产和健康产生一定(Some)损害,才可以提供救济。

在阿塞尔堡(Asselbourg)等诉卢森堡②案中,78名卢森堡公民与绿色和平组织主张新建钢厂产生的损害侵害了《公约》第8条保障的权利。申诉者首先向国内法院主张禁止钢厂开办,但未获国内法院支持。之后,申诉者向欧洲人权法院申诉,他们主张钢厂的运营产生了不同形式的损害,包括不可忍受的气味、重金属对土地的污染等。申诉者认为,引发的环境损害影响其生活质量,剥夺其和平享有住宅的权利。

欧洲人权法院认为,绿色和平组织不能作为侵犯《公约》第8条的"受害

---

① Guerra and Others v. Italy,116/1996/735/932,judgment of 1998.

② Asselbourg and Others v. Luxembourg,application no. 29121/95,judgment of 29 Jun. 1999.

第三章 欧洲人权法院根据《公约》实体性条款受理个人环境申诉案件

者",因为该条款不适用于协会。而对其他申诉者,欧洲人权法院认为,其主张的是预防侵害,而非终结侵害,故重申,除特殊情况外,申诉人应提供合理的、有说服力的证据,证明已经发生侵权行为。如果个人申诉仅在于预防对《公约》的违反,或怀疑和推测环境损害,则不足以让欧洲人权法院受理相关案件。① 本案中,欧洲人权法院判定,仅提及污染风险不能证明申诉者的主张。相反,欧洲人权法院要求申诉者能够提供更加具体的证据,证明因缺乏国家提供充分的预防措施,构成对权利的侵害。通过对阿塞尔堡案的审理,欧洲人权法院对"受害者"的概念作出严格限制,证明标准也非常高,要求申诉人对主张的损害提交具体证据,证明环境损害同申诉人的生活质量之间存在密切的因果联系。

在塔塔尔②案中,欧洲人权法院根据案件事实以及之前一系列的判例,认为该案应适用《公约》第 8 条之规定。但欧洲人权法院认为,在暴露于特定剂量的氰化物中的事实同哮喘恶化之间不存在因果关联,③因此,未判决赔偿损害。

2."即刻且重大损害"标准

环境污染引发的实际损害往往具有较长的潜伏期,而一旦爆发环境危机则可能产生严重的、不可逆转的后果。所以,欧洲人权法院为了适应环境损害的特性,在适用《公约》及其议定书的基础上对最初适用的存在"有形损害"标准作出调整,认为只要存在即刻的、重大的环境污染损害时即纳入欧洲人权法院的受案范围。以时间为轴,欧洲人权法院首先在巴耳末-夏夫劳斯(Balmer-Schafroth)等诉瑞士④案中首先提出将存在"即刻且重大损害"适用于环境污染案件。在巴耳末-夏夫劳斯案中,欧洲人权法院大法庭认为申诉者没有将电厂的运营同《公约》第 8 条保障的权利之间建立起直接的联系。多数意见认为,申诉者主张的人身危险应该在认定侵害前存在"严重、具体且即刻"的危险

---

① Asselbourg and Others v. Luxembourg,application no. 29121/95,judgment of 29 Jun. 1999, para. 1.

② Tatar and Others v. Romania,decision as to the admissibility of application no. 67021/01,judgment of 06 Jul. 2009.因本案主要涉及程序性环境人权以及风险预防原则,故将在本书第四章具体论述,在此不再赘述。

③ Id., para. 106.

④ Balmer-Schafroth and Others v. Switzerland,67/1996/686/876,judgment of 26 Aug. 1997.由于该案主要涉及风险规制问题,故将之放在第四章进行详细论述。

即可。

3."精神损害"标准

无论适用"存在因果关系的有形损害"标准还是"即刻且重大损害"标准,均是以已经发生或即将发生物质性损害为前提,直至2006年,在奥斯肯(Ockan)等诉土耳其①案中,欧洲人权法院在处理环境污染案件时确认可以适用"精神损害"标准。从此,欧洲人权法院在受理环境污染案件时可以依据个案而选择适用不同的标准。

在奥斯肯案中,申诉者是居住在土耳其的柏加马(Bergama)及附近村落奥瓦哲克村(Ovacik)的315名居民。他们主张位于奥瓦哲克的金矿的运营侵犯了《公约》第8条确认的权利。

由于本案事实同2004年塔斯金案中的事实相同,故欧洲人权法院认可在塔斯金案中已获得受理的诉愿,认为仅对申诉者的健康和财产构成损害威胁即足以构成对其享有权利的侵害。② 欧洲人权法院在塔斯金案中,判决申诉者每人获得3000欧元的赔偿,且明确指出,违反《公约》无疑对申诉者造成很大程度的损害,使得他们不得不忍受不利的居住条件。③ 但在奥斯肯案中,欧洲人权法院并未审查侵权行为同不具体的有形损害或身体伤害之间存在因果联系。④ 因此,并未要求国家机构给予物质损害赔偿,但是,每名申诉者可获得3000欧元的精神损害赔偿。⑤ 在奥斯肯案中,欧洲人权法院明确指出,本案中不存在任何身体或有形伤害,但是,因申诉者遭受压力而产生精神损害,应予赔偿。在环境案件中,因环境损害产生的压力可以在欧洲人权法院获得赔偿。奥斯肯案的判决再次对"受害者"进行扩大解释。本判例还对国内法规范的执行产生重要影响,它激励国内机构采取切实可行的措施预防环境损害。

---

① Ockan and Others v. Turkey, application no. 46771/99, judgment of 13 Sep. 2006.

② Ockan and Others v. Turkey, application no. 46771/99, judgment of 13 Sep. 2006. para. 43,46.

③ Taskin v. Turkey, application no. 46117/99, judgment of 30 Mar. 2005. para. 140.

④ Ockan and Others v. Turkey, application no. 46771/99, judgment of 13 Sep. 2006, para. 61.

⑤ Ockan and Others v. Turkey, application no. 46771/99, judgment of 13 Sep. 2006, para. 62.

第三章　欧洲人权法院根据《公约》实体性条款受理个人环境申诉案件

"精神损害"标准在杜贝斯加（Dubetska）诉乌克兰①案中得到重申。杜贝斯加案中，申诉者杜贝斯加和其他十名人员的住宅位于乌克兰里沃夫（Lviv）区，该区是开采煤矿的重镇。1960年，第8号煤矿投产，因此产生的废料堆距离申诉者的住宅仅100米远。1979年，国家在临近该区域设立煤处理厂。该工厂运营期间，垒起了一座高60米的新的废料堆，废料堆距离申诉者的房屋约430米。

根据政府和非政府机构提供的一系列研究报告显示，该工厂的运作以及煤堆对环境造成了不利影响。煤矿和工厂的废料堆不断地渗入地下水，引发洪涝灾害。依照国家地理和矿藏资源使用委员会提供的评估结论，该工厂对地下水污染产生重大影响。评估者特别指出，废料堆中的碎石包含多种有毒重金属，该工厂在该区域开采煤矿已逾40年，对环境产生了消极影响，土壤下陷70平方公里。煤炭处理厂以及第8号煤矿废料堆附近出现了严重污染。②

申诉者认为其住宅因采矿活动引发的土地下沉而遭受损害。该矿场许诺为申诉者修复住宅支付赔偿金，但是，该工厂最终并未支付。申诉者还主张其持续遭受缺水危机，地方政府直到2009年才提供最低限度的饮用水，而当地的井水和蒸馏水用于洗澡和烹饪引发了皮肤瘙痒和肠道感染。申诉者提出，因工厂运作产生的污染，尤其是空气污染，诱发慢性疾病，且提供医学证明以作佐证。同时，申诉者主张煤矿开采造成的环境损害影响家庭成员、配偶、子女之间的通讯，从而侵犯《公约》第8条的规定。申诉者进而提出，政府未采取措施保护其住宅、私人和家庭生活免受国家所有的工厂产生的严重污染。国家未履行积极的义务规制工厂的危险活动。③

欧洲人权法院在审查大量的证据，包括摄影证据的情况下，根据《公约》第8条之规定受理了本案。在判决中，虽然欧洲人权法院拒绝为申诉者提供物质损害赔偿，因为，申诉者主张其住宅丧失了市场价值，而这不适用《公约》第8条之规定，④但是，欧洲人权法院判定政府全额支付非物质损害赔偿，因为申诉者居住在不安全的环境中遭受身体和精神方面的压力。⑤

---

① Dubetaka and Others v. Ukraine, application no. 30499/03, judgment of 10 May. 2011.
② Id., para. 13-15.
③ Id., para. 72.
④ Id., para. 160-161.
⑤ Id., para. 163.

(二)质疑环境政策合理性的案件

根据前一部分的论述可知,欧洲人权法院在适用《公约》第 8 条受理环境污染案件时,主要审查污染排放机构的排放行为是否违反了相关国家的法律或政策标准,若污染物的排放值超过了国内法、政策、国际法等规定的最低阈值,那么,欧洲人权法院认定其达到了一定的严重程度,可以成为受理相关案件的依据。而规定排污标准的政策是否合理,在欧洲人权法院受理环境污染案件的十多年间并未成为其考量的因素,直到审理哈顿①案时,欧洲人权法院才将责任国的环境政策是否合理作为其审查的因素,自此,判断责任国环境政策的合理性被纳入欧洲人权法院受理环境污染案件的范围之内。并且,在法德耶娃案中得到重申。

在哈顿案中,包括哈顿在内的 8 名申诉者居住在西斯罗机场附近。1993 年 10 月之前,因西斯罗机场航空器夜间飞行产生的噪声已通过限制飞机的起降数量得到控制,之后,为了推出新的规定,当地政府做了一系列调查研究和咨询,发现夜间飞行仅使居住在机场附近的很少一部分人遭受实质的睡眠干扰。因此,当地政府于 1993 年公布了一项新规,要求噪音通过一个噪音配额系统监控,该系统为每一类型的飞行器指定一个类型的"配额值",噪音越大,飞行器的"配额值"越高。这一制度使得飞行员更愿意选择较为安静的飞行器或者产生更小噪音的飞机。新制度规定,飞行噪音在夜晚 11 点半到第二日早晨 6 点获得严格控制,而上午 11 点至夜晚 11 点半以及上午 6 点至上午 7 点之间,这一控制较宽松。就此,申诉者认为,1993 年新规执行后,夜间的噪声因此增加,从而影响其睡眠。

新规施行后,当地政府申请司法审查,提出政府大臣使用全额噪声水平作为许可飞行的标准,而没有根据 1982 年《民航法》第七十八条之规定②直接控制飞机运行数量,故该新规应被宣告无效。为此,地方政府在夜间限制了飞机运行的数量。1995 年 8 月 16 日,政府大臣宣布噪声配额以及其他限制夜间飞行的制度继续保留,1996 年 7 月,上诉法院认定 1993 年新规的合法性。在国内寻求救济未果,申诉人遂根据《公约》第 8 条之规定,向欧洲人权法院提起申诉。在 2003 年的判决中,大法庭以 12∶5 的结果认为本案没有侵犯《公约》

---

① Hatton and Others v. the U. K., application no. 36022/97, judgment of 8 Jul. 2003.

② 《英国民航法》第七十六条第一款规定:"任何行为均不得仅因飞行器在其财产上空飞行或正常的飞行事故而遭受侵犯或损害。"

第三章　欧洲人权法院根据《公约》实体性条款受理个人环境申诉案件

第 8 条之规定。因此,许多评论者认为,相对于洛佩兹案和格拉案,本案是一种退步。① 然而,笔者认为,欧洲人权法院大法庭对哈顿案的判决并未关上个人环境污染的申诉之门,相反,它为欧洲人权法院受理个人环境申诉案件打开了另一通道,即欧洲人权法院可以审查国内环境政策的合理性。

哈顿案之前有关环境污染的案件中,申诉人的主张通常依照责任国是否采取适当的、合理的措施确保申诉人享有《公约》第 8 条第 1 款确认的权利得到或未得到支持。作为一般规则,欧洲人权法院主张:"在涉及环境保护这类特别的敏感领域,仅诉诸国家的经济福利不足以抗衡其他权利。"②

在哈顿诉联合王国案中,欧洲人权法院认为无须审查哈顿案的事实,转而仅考虑联合王国根据《公约》第 8 条第 2 款采取的措施是否成比例。由于联合王国采取的具体措施减少并缓解噪音侵扰属于以适度的方式改善夜间噪音环境,所以,不属于保护申诉人的必要措施。欧洲人权法院因此判定,联合王国政府未在申诉人有效享有尊重其住宅和家庭生活与其经济福利之间作出公正权衡:缺乏对干扰影响申诉人睡眠严重程度的事先调查和具体评估。③ 因此,欧洲人权法院判决联合王国政府虽然履行了积极义务,且联合王国享有正当的广泛的自由判断余地,即与夜间飞行相比,不存在其他更小损害的方式以保障国家福利,但是,被损害的权利的性质和其对个人的重要性起关键作用。判决理由指出,关联性不在于个人遭受的损害的客观严重性,而在于受损害的权利对个人的重要性。④ 正如欧洲人权法院在松树谷发展有限公司案中指出,即使未造成损害,也可能存在侵权。⑤

---

① HYAM J. Hatton and Others v. the U. K. in the Grand Chamber: One Step Forward, Two Steps Back [J]. European Human Rights Law Review, 2003, 6(640).

② Hatton and Others v. the U. K., application no. 36022/97, judgment of 8 Jul. 2003, para. 97.

③ Id., para. 106.

④ 在不涉及环境的案件中也有类似表述:被监禁者同其律师通讯的权利(e. g., Golder v. the United Kingdom, application no. 4451/70, judgmentof 21 February 1975; Campbell v. the United Kingdom, application no. 13590/88, judgment of 25 March 1992); 律师同其监禁以外被代理人之间的关系 (e. g., Niemietz v. Germany, application no. 13710/88, judgment of 16 December 1992);就公众关注的问题,保障记者的表达自由,即使一项象征意义的罚款也侵犯了公约第十条的规定(e. g., Jersild v. Denmark, application no. 15890/89, judgment of 23 September 1994)。

⑤ Pine Valley Developments LTD and Others v. Ireland, application no. 12742/87, judgment of 29 November 1991. para. 53.

在哈顿案中,欧洲人权法院认为,不仅尊重私人生活和家庭生活的权利,而且申诉人在夜间休息的权利同其健康权密切相关。因此,欧洲人权法院以5∶2多数决支持适用《公约》第8条之规定。2001年12月19日,联合王国政府向欧洲人权法院大法庭提起上诉,2003年7月8日,大法庭作出判决,以12∶5认为联合王国政府不违反《公约》第8条之规定。大法庭认为,一个案件关联国家决策影响环境问题,则欧洲人权法院应从两方面调查:一是评估政府决策的实质价值,以确保遵守《公约》第8条之规定。此时,国家享有广泛的自由判断余地。例如,在鲍威尔案中,欧洲人权法院认为,欧洲人权委员会和人权法院不得代替国家机构就不同社会和技术领域的最优政策作出评价,也就是说,对航空器噪声的规制以及在国内法律体系中为个人提供救济的方式属于国家政策。而在其他涉及环境政策问题的案件中,欧洲人权法院亦认为国家享有广泛的自由判断余地。二是审查决策过程,以确保适当地平衡个人的不同利益。

在法德耶娃案中,欧洲人权法院列举根据《公约》第8条提起环境污染申诉的标准,这些标准包括环境损害的强度、持续时间;环境污染产生的身体和精神损害;一般的环境背景,提出环境退化同现代城市中对生命健康固有的环境危害相比是显著轻微的,则申诉者的主张不具有争议性。① 另外,在本案中,欧洲人权法院还审查公共机构行为的合法性,从而扩大哈顿案中的标准。

欧洲人权法院在哈顿案和法德耶娃案中同时认为,在决定一般政策对特定区域之人产生影响时,应考虑个人离开该区域的能力是合理的。进而认为,若一个区域的有限人口受一般措施影响,则其能够选择搬离该区域且没有财产损失的事实是证明一般措施合理的重要理由。② 在哈顿案中,欧洲人权法院在判决中指出,大法庭在否决申诉者的主张时提到,申诉者所在区的房屋价格没有因夜间航空器发出的噪声而遭受不利影响,且搬迁是一个现实的、经济的提议,申诉者无疑能够以折扣价搬迁。而增加的夜间噪声仅对房屋价值产生微弱的影响,且不妨碍申诉者选择可以容忍噪声的买家。所以,哈顿案的自由选择十分明显:在个人能够合理选择搬迁并避免污染时,欧洲人权法院不认

---

① Fadeyewa v. Russia, application no. 55723/00, judgment of 30 Nov. 2005. para. 69.
② Hatton and Others v. the U. K., application no. 36022/97, judgment of 8 Jul. 2003. para. 61-62.

为该污染侵犯了个人享有的权利。[1] 而在法德耶娃案中,欧洲人权法院认为,如果搬迁在经济上显得不合理,则该污染侵犯了个人享有的权利。

根据学者的归纳总结,若个人环境申诉起因于国家对环境作出的决策,则欧洲人权法院处理个人环境申诉时应采取双重审查标准,即分析国内决策的价值以及评估相关个人的利益是否获得平衡。[2] 其中,第一重审查标准即是本部分论及的在实体上审查环境政策在经济上的合理性,第二重标准主要涉及程序性要素的案件,将在本文第四章作出具体论述。

三、私人生活、家庭生活和住宅权与环境破坏案件

虽然,在满足环境污染"严重性"的前提下,欧洲人权法院通过审查环境污染同损害事实之间的关系,并根据《公约》第8条之规定扩大了受理个人环境污染申诉案件的范围,但是,除了环境污染案件外,还存在一类案件即环境破坏案件。由于此类案件同个人享有的健康环境权密切相关,鉴于政治机构对实体性环境人权的保守态度,以及《公约》明确规定的属物原则的适用,欧洲人权法院在受理环境破坏案件时设置了更多的限制。一是欧洲人权法院区别了自然现象导致的环境破坏和人为危险活动引发的环境破坏。其中,欧洲人权法院受理的根据自然现象导致的环境破坏案件主要根据《公约》第2条之规定作出,故不在本部分作出论述。二是受理的两类环境破坏案件均与《公约》保障的权利与自由之间存在一定的关联。三是涉及两类环境破坏案件,尤其是人为活动引发的环境破坏,欧洲人权法院又根据国内法确认的权利类型以及遭受或可能遭受损害的权利本身的性质决定是否受理人为的环境破坏案件。

自欧洲人权法院开始受理个人环境申诉案件开始,其法官总在判决书中有意或无意地指出《公约》及其议定书并不确认健康环境权本身,所以,其不受理单纯的因人为活动导致的环境破坏案件,即由于《公约》及其议定书具有较强的个人主义性质,故原则上欧洲人权法院不受理环境公益诉讼。[3] 即使是

---

[1] MILLER C.. Environmental Rights in a Welfare State? A Comment on DeMerieux[J]. OJLS,2003,23(111).

[2] PEDERSEN. The Ties that Bind: The Environment, the European Environmental Human Rights and the Rule of Law[J]. European Public Law,2010,16(571).

[3] Klass and Others v. Germany, application no. 5029/71, judgment of 06 Sep. 1978. para. 33; Balmer-Schafroth and Others v. Switzerland, 67/1996/686/876, judgment of 26 Aug. 1997; FRANCESCO FRANCIONI. International Human Rights in an Environmental Horizon[J]. European Journal of International Law,2010,1(41).

环境污染案件,也因其侵犯了《公约》及其议定书保障的权利与自由时才成为欧洲人权法院受理的对象。故多年来,因人为危险活动引发的环境破坏案件一直是欧洲人权法院的禁区。然而,近年来,欧洲人权法院的司法能动促使其形成《公约》及其议定书的"绿色"面向,故在满足一定条件时,欧洲人权法院仍可以受理因人为活动引发的环境破坏案件。

(一)健康环境权未得到国内法院保护的案件

根据《公约》签署国宪法和法律之规定,47个缔约国中共有26个国家[①]的宪法和法律承认人人享有健康、清洁的环境权。若国内法没有确认健康环境权,则欧洲人权法院在受理人为因素造成的环境破坏时,要求申诉者证明在私人领域存在损害,且这种损害是对重要的、具体的权利产生了影响,而非仅对某类利益产生影响。卡塔多斯(Kyrtatos)诉希腊[②]案是此类案件的典型。

在卡塔多斯案中,两名申诉者居住在德国慕尼黑(Munich),其中,第一申诉者是第二申诉者的母亲。申诉者在希腊帝诺斯岛(Tinos)东南部拥有财产。而帝诺斯岛由阿约斯·伊安尼斯(Ayios Yiannis)海岸的沼泽组成。第一申诉者是一所房屋和一片土地的所有者,该房屋和土地临近沼泽。该妇女同其儿子不时在该地度假。自1984年12月4日起,锡克拉底斯(Cyclades)的行政长官不断重新规划了阿约斯·伊安尼斯的边界。之后,希腊赛洛斯(Syros)镇规划机构发布相关建造许可,许可开发该沼泽区域。于是,1993年7月,申诉者以及希腊环境和文化遗产保护社团就地方行政长官的两项决定以及建造许可向希腊国内法院提起诉讼。由于关联的区域存在沼泽,且根据《希腊宪法》第二十四条保护环境条款之规定,申诉者主张相关决定以及许可违法,认为不得开发该区域。1995年7月,希腊最高行政法院因诉讼未在规定的时间内提起,故判定不直接审理行政长官的一项决定。但是,欧洲人权法院在审查根据该项决定发布的建造许可时,认为有义务审查行政长官决策的合宪性,提出重新分区的决定使得沼泽处于危险之中,从而,违反了《希腊宪法》第二十四条保护环境的规定,同时,建造许可亦因此违法。另外,另一项行政决定因其未在

[①] 这些国家分别是:阿尔巴尼亚、安道尔、白俄罗斯、比利时、保加利亚、克罗地亚、捷克、芬兰、法国、希腊、匈牙利、拉脱维亚、马其顿、黑山、荷兰、挪威、波兰、葡萄牙、罗马尼亚、俄罗斯、塞尔维亚、斯洛伐克、斯洛文尼亚、西班牙、土耳其、乌克兰。David R. Boyd. The Environmental Rights Revolution——A Global Study of Constitutions, Human Rights, and The Environment [M]. UBC Press, 2013.

[②] Kyrtatos v. Greece, application no. 41666/98, judgment of 22 Aug. 2003.

第三章 欧洲人权法院根据《公约》实体性条款受理个人环境申诉案件

政府公报上公布,故亦被宣告无效而终止。但是,1997 年 4 月,法院专门委员会发现,希腊相关机构未遵守欧洲人权法院的判决。他们没有拆除根据违法许可建造的两栋建筑物,且仍继续使用相关许可。根据《公约》第 8 条之规定,申诉人指出,在帝诺斯岛东南部的城市发展导致物质环境的破坏,并影响其生活。

在审理申诉人诉求的过程中,欧洲人权法院区别了两种不同的诉求。一方面,申诉人主张城市发展破坏了其财产附近的沼泽,因此,其住宅区域丧失了其原有的景致;另一方面,申诉人主张因该区域的公司活动引发的噪音和夜晚灯光造成了环境污染。① 对申诉人的第一个主张,欧洲人权法院重申洛佩兹案中的判决,认为严重的环境污染可能影响个人的生活安宁,对其私人生活和家庭生活造成不利影响,使其不能享有住宅,即使这些影响未严重危害健康。对申诉人的第二个主张,欧洲人权法院认为,决定污染是否对《公约》第 8 条第 1 款保障的权利产生不利影响的关键要素在于对人的私人或家庭领域是否产生有害效果,而不仅仅是一般意义上的环境恶化。《公约》任意条款均不提供一般的环境保护。②

欧洲人权法院在本案中指出,无法想象对湿地上生存的物种造成的损害能影响申诉者的福利。所以,即使环境因城镇发展遭受严重的损害,申诉者也不能证明在沼泽区域居住的鸟类和其他受保护的生物遭受的损害直接影响其享有的权利。但是,欧洲人权法院指出,若申诉人主张的环境退化是因申诉者住宅附近的林区破坏而造成的,则对申诉者的福利产生了更直接的影响。③

虽然有法官反对这样的认定,认为即使《公约》未明确保护环境本身,但环境退化可能侵犯《公约》确认的具体权利。本案中,申诉者住宅附近的环境质量已明显恶化,且毫无疑问,新的城镇化发展对沼泽附近的动物栖息造成损害,很难说环境退化未导致申诉者生活质量发生相应的损害。并且,少数法官尤其批判将沼泽和森林作出区别,认为在森林破坏和申诉者住宅附近能享有的特定沼泽环境的破坏之间并不存在重大的差异。④

总而言之,不论欧洲人权法院是否受理破坏森林的案件,就现有的欧洲人

---

① Kyrtatos v. Greece, application no. 41666/98, judgment of 22 Aug. 2003. para. 51.
② Id., para. 52.
③ Id., para. 53.
④ Kyrtatos v. Greece, application no. 41666/98, judgment of 22 Aug. 2003, dissenting opinion, para. 4.

权法院的判例来看,在国内法院没有给予保护的情况下,欧洲人权法院不能认定动物生活条件遭受干扰构成对申诉者私人或家庭生活的侵害,此时,欧洲人权法院不能根据《公约》第 8 条之规定受理申诉者提出的环境破坏对《公约》确认的权利带来损害的案件。

(二)健康环境权得到国内法院保护的案件

若国内法院确认保障健康环境权,则欧洲人权法院不要求申诉者证明环境破坏存在严重的、具体的和即刻的危险即可以受理相关案件。

在塔斯金诉土耳其案中,申诉者向欧洲人权法院证明国家机构制定使用氰化物开采金矿的决策对其生命权和尊重私人与家庭生活的权利产生影响,且已经被国内司法机构判决确认。所以,申诉者根据 2001 年伊兹密尔行政法院的判决认为,"重金属或氰化物累积相关的风险可能在 20 年到 50 年间持续发生,很可能侵犯该区域居民享有的健康环境权。"[①]而健康环境权本身由《土耳其宪法》第五十六条作出了明确确认。

欧洲人权法院在塔斯金案中指出,国内行政机构发放开采金矿许可的决定已由国内最高行政法院宣告无效,而最高行政法院裁定认为许可未满足公共利益。所以,欧洲人权法院根据最高行政法院的判决,无须审查自由判断余地的合理性,而留待欧洲人权法院审查的只是决策制定过程中相关机构是否遵守《公约》第 8 条第 2 款的程序性规定。换言之,只要国内法院保护健康环境权,欧洲人权法院即可以受理相关的环境破坏案件,在具体案件中责任国是否应承担责任应根据其他事实而定,但这并不妨碍欧洲人权法院对环境破坏案件的受理。

另外,在塔塔尔案件中,罗马尼亚政府使用危险物品氰化钠采矿,欧洲人权法院认为罗马尼亚宪法和法律确认了环境权,并赋予环境权以宪法价值。[②]同时,《罗马尼亚环保法》亦规定了保护环境的原则。因此,欧洲人权法院受理此案,以裁决罗马尼亚政府没有履行告诫受氰化物分离过程不利影响的潜在公众的义务,侵犯了申诉者在国内法上享有的健康和受保护的环境权。

---

① Taskin and Others v. Turkey, application no. 46117/99, judgment of 30 Mar. 2005. para. 48.

② 《罗马尼亚共和国宪法》第三十五条规定:"国家承认每个人享有健康、良好保护和生态平衡的环境的权利。""国家为上述权利的行使提供立法保障。""任何个人和法人组织都有义务保护和改善环境。"

第三节 《公约》第 2 条之适用

《公约》第 2 条规定,"人人享有的生命权受法律保护。除非因处罚法律规定的犯罪行为执行死刑的,不得任意剥夺人的生命。""若出现下列情形之一,使用的暴力未超出绝对必要的限度,则不得将剥夺生命的行为视为违反本条规定:(1)预防他人非法暴力;(2)为有效的执行合法的逮捕或防止被合法拘留者逃逸;(3)采取合法行为镇压暴乱或暴动。"虽然,欧洲人权法院根据本条款规定的"生命权"受理个人环境申诉案件的数量不多,但对保护环境仍起了一定作用。

一、《公约》第 2 条的实体意义

(一)"生命权"的含义

众所周知,为了实现人类的基本需求,我们不得不依赖许多环境要素:需要空气以满足呼吸,需要水源以供饮用,需要食物以果腹,需要遮蔽物以保护……环境质量因此同充分享有生命权息息相关。正如,印度最高法院在判决中指出,生命权是《印度宪法》第二十一条保障的基本权利,包括免于水污染和空气污染的权利。若任何人或任何事威胁、影响生活质量,公民有权根据《印度宪法》第三十二条之规定请求救济,以消除损害生活质量的水污染或空气污染。①

然而,不同的法律文件以及有权解释法律文件的机构对生命权的范围作出了不同解释,其差异表现在对"生命"的界定以及国家履行保护生命权的义务。传统意义上,生命权被视为"肉体生命权"(right to physical life),以"活着"为终极目标,而生活质量方面的内容则被囊括进社会和经济权利领域,视为生存权的组成部分。② 例如,联合国人权委员会的成员赋予《公民权利和政治权利国际公约》第六条以宽泛的含义,主张国家得通过减少新生儿死亡率、

---

① Kumar v. State of Bihar[EB/OL]. http://www.ielrc.org/content/e9108.pdf, 2015-05-21.

② RICHARD DESGANGNE. Integrating Environmental Value into the European Convention on Human Rights[J]. The American Society of International Law,1995,89 (263).

防止工业事故、保护环境以履行保护生命权的义务。而《公约》机构对《公约》第 2 条作限缩解释。从《公约》第 2 条的判例以及评论来看，欧洲人权委员会和人权法院常常将生命权解释为"肉体生命权"而非"生存权"。有学者指出，《公约》第 2 条保护的不是生存权而是生命权。①

(二)缔约国"不干预"的含义

保护生命权的义务首先由国家承担。具体的，国家首先承担消极的尊重义务，即国家不得在法律没有作出明示规定的情况下故意剥夺任何人的生命；另外，国家还承担积极义务，即尊重的义务还包括防止可能出现危及人类生命的情形，或对杀人犯提出指控。

通常，个人仅能根据"剥夺"生命而非"威胁"生命的行为依照《公约》第 2 条提起申诉。但是，若威胁足以危害生命时，欧洲人权法院并不排除对肉体完整性的保护。在索英(Soering)案中，欧洲人权法院承认，若伤害是可预见的，具有严重且不可恢复的性质时，潜在的侵权行为亦构成对受保护的权利的侵犯。② 但是，欧洲人权法院现有的判例仅在侵犯生命权的行为具备"严重且不可逆"的性质时才能保护潜在的干预行为。在 X. 协会诉联合王国③案中，代表其子女因接种疫苗遭受严重的伤害或死亡的父母协会主张，英国政府未提供接种疫苗的风险资讯，因而不合理地危害了儿童的生命。在受理决定中，欧洲人权委员会宣告，国家不仅有义务阻碍故意剥夺生命的行为，同时，亦应采取充分的方式捍卫生命。在评估了政府采取的预防措施后，欧洲人权委员会认为，本案中，对儿童造成的伤害并不是故意的，且国家已采取了充分的措施，故国家无须对此负责，所以，宣告申诉者根据《公约》第 2 条提起的诉愿明显缺乏证据。

《公约》第 2 条适用于国家或国家控制的团体的活动产生的环境危害行为。尊重生命权的义务包括避免对人类生命造成重大风险的行为，而不论该风险的来源。国家有义务依照具体情况采取消除或预防措施，且国家采取的预防或保护行为应依照争议中风险的重要性而定。

同欧洲人权法院适用《公约》第 8 条一样，只有威胁生命的行为达到一定

---

① FAWCETT J. E. S.. The Application of the European Convention on Human Rights[A]. In NAOMI ROHT-ARRIAZA. Impunity and Human Rights in International Law and Practice[M]. Oxford:Oxford University Press,1995:30-31.

② Soering v. the U.K. ,application no. 14038/88,judgment of 07 Jul. 1989. para. 90.

③ Association X. v. the U.K. ,application no. 7154/75,judgment of 12 Jul. 1978.

第三章 欧洲人权法院根据《公约》实体性条款受理个人环境申诉案件

的严重程度才属于《公约》第2条保护的范围。20世纪60年代,申诉者向欧洲人权委员会申诉,认为联邦德国的核试验、安装核武器发射台、储存核材料以及向北海倾倒核废料的行为威胁人类生命。欧洲人权委员会因申诉者提交的诉愿未披露任何明显侵犯受保障的权利,即《公约》第2条保障的生命权,故因诉愿明显缺乏证据而宣告不予受理。① 事实上,在厄内尔依力地孜案发生前,大多数有关环境问题产生的对生命权构成威胁或侵害的案件在受理阶段即遭驳回。迄今为止,欧洲人权法院根据《公约》第2条受理的个人环境申诉案件主要涉及环境污染和因自然现象导致的环境破坏案件。

二、生命权与环境污染案件

在厄内尔依力地孜案之前发生的、因环境污染产生的对生命造成威胁或危害的案件中,欧洲人权法院或者通过《公约》第8条之规定受理相关案件,或者直接驳回申诉。虽然这些案件未获得欧洲人权法院的受理,但在相关判决中,欧洲人权法院法官发表的意见为以后欧洲人权法院适用《公约》第2条受理个人环境申诉案件奠定了基础。例如,在格拉案中,欧洲人权法院考量《公约》第2条的规定,但最终决定适用《公约》第8条。在少数反对意见中,沃尔什(Walsh)法官认为,欧洲人权法院在判决中虽然简要提及了《公约》第2条之规定,但并未在本案中适用,以沃尔什法官之见,该条款仍被违反了。② 而且,让·布雷克(Jambrek)法官在协同意见中指出,保护健康和身体完整同"生命权"密切相关。同时,他指出,若信息由政府持有,在可预见的情况下,根据实质性理由,出现对健康和身体完整产生危险的真实风险,则此时可适用《公约》第2条之规定。③ 因此,欧洲人权法院对《公约》第2条的判例得以发展,可以包含相应的隐含权利,明确欧洲人权法院可以根据《公约》第2条之规定受理对生命产生真实且严重危害的案件。

---

① Dr. S v. the Federal Republic of Germany, application no. 715/60, judgment of 5 Aug. 1960, unpublished.
② Guerra v. Italy, 116/1996/735/932, judgment of 1998 (Walsh J., concurring).
③ Guerra v. Italy, 116/1996/735/932, judgment of 1998 (Jambrek J., concurring).

欧洲人权法院在 1998 年 L. C. B. ①案的判决中认为,《公约》第 2 条确认的生命权未遭侵犯,联合王国已采取一切可能的措施以避免对生命产生风险。但是,在以后的判决中,欧洲人权法院认为,如果在发生丧失生命的极端情形下,应重视适用《公约》第 2 条之规定。

欧洲人权法院第一次根据《公约》第 2 条生命权条款受理个人环境申诉案件,是因环境污染导致人员死亡的厄内尔依力地孜案。该案中,申诉者同 12 名近亲居住在伊斯坦布尔区的贫民窟。自 20 世纪 70 年代开始,地方管理当局即在该贫民窟设立生活垃圾回收站。该垃圾回收站坐落于斜坡上,占地面积约 35 公顷,由市议会和政府机构负责。当垃圾站开始投入使用后,依照法律规定,该区域即不能用于人口居住,且最近的住宅区也得同该垃圾站保有 3.5 公里的距离。不过,在未获授权的情况下,居民在垃圾站周围形成居住点,最后发展成了乌玛朗尼耶(Umraniye)贫民窟。②

根据 1991 年 5 月 7 日的专家报告,争议中的垃圾站并不符合法律规定的技术要求,若出现危险,则会对山谷中的居民,尤其是对贫民窟中居住的居民的健康产生风险。该报告强调,垃圾回收站释放诸如沼气、二氧化碳以及硫化氢这样的危险气体,这些物质应被收集且在监管下焚烧。然而,在本案争议中

---

① L. C. B. v. the U. K., 14/1997/798/1001, judgment of 9 Jun. 1998. 1952 年至 1967 年之间,联合王国在太平洋以及澳大利亚马拉林加(Maralinga)开展一系列的核武器空气实验,在此过程中,雇佣超过两万名的服务人员。在太平洋圣诞岛(Christmas Island)的核试验期间,服务人员被要求在开阔地方一字排开,且要求其闭眼直至核爆炸结束后 20 秒。1957 年和 1958 年核试验期间,申诉者的父亲在圣诞岛皇家空军部队作为餐厅助理提供服务。申诉者的父亲同时参与核试验完成后的清理活动。申诉者十四周岁左右,确诊患有白血病。1992 年 12 月,申诉者注意到由英国核试验老兵联盟作出的报告指出,圣诞岛上老兵的子女得癌症的概率高,而白血病被纳入其中。于是,申诉者向国内法院提起诉愿,主张英联邦未尽到监控圣诞岛上核辐射的义务。申诉者的主张是基于 1958 年发生的核试验提出的,考虑到 1966 年 1 月 14 日联合王国宣言第二十五条和第四十六条的规定,欧洲人权法院宣告其就本案中联合王国是否采取核试验没有管辖权。申诉者亦主张联合王国未告诫并建议其父母,亦未在 1970 年申诉者被确诊患有白血病之前,监管其健康,因此,联合王国侵犯了《公约》第 2 条之规定。欧洲人权法院在考量申诉者的诉求后,认为申诉者提交的证据中未证明申诉者的父亲因暴露在高于普通辐射水平而出现不良症状。就此,欧洲人权法院仅在申诉人证明其父亲因辐射对申诉人本人的健康产生实质性的风险时,方得要求联合王国采取申诉人在本案中提出的请求。由于本案中,申诉人未证明其父亲暴露在核辐射中同其患白血病有因果联系,故欧洲人权法院不支持申诉人的主张。

② Öneryildiz v. Turkey, application no. 48939/99, judgment of 30 Nov. 2004. para. 89.

的垃圾站未配备这样的设备。若沼气混合一定比例的空气,其可能会发生爆炸。该垃圾站的设计并未提供任何形式的预防沼气爆炸的降解设施。①

1993年4月28日,垃圾站发生了沼气爆炸。之后,由于爆炸产生的压力导致土地倾斜,垃圾从垃圾站倾泻而出,吞没了十个贫民窟的住宅,其中,包括申诉者的住宅。在此事故中有39人丧生。申诉者主张在此事故中其9名近亲属的死亡构成对《公约》第2条的侵犯。

欧洲人权法院裁定,生命权被侵犯同垃圾回收站的运营相关,为实现《公约》第2条规定之目的,国家应履行积极义务,采取适当的措施保护其管辖范围内的生命。因此,欧洲人权法院一致认为,本案因国家未采取适当的措施预防申诉者9名近亲属的死亡,进而侵犯了《公约》第2条的实质性规定。

三、生命权与环境破坏案件

根据环境破坏产生的原因,环境破坏可以分为人为因素导致的环境破坏和自然现象导致的环境破坏。所谓自然现象导致的环境破坏,是指由自然事件或力量为主因造成的对环境本身的损失,②通常表现为地震、洪水、火山爆发、海啸以及奇热地理运动本身对环境产生的不利影响,但不等同于自然灾害。相对于人类社会而言,自然灾害是指地球在自然运动过程中发生的异常现象,强调的是自然事件或力量造成的后果。③ 人为因素导致的环境破坏是指,由人类活动为主因造成的环境损害。欧洲人权法院根据《公约》之规定,主要受理因自然现象引发环境破坏的案件,且这些案件的判决显示,它给责任国预留了广泛的自由裁量余地。④ 并且,只有在这类环境破坏对《公约》保障的具有重要性质的权利,即生命权、健康权,而非对福利等概括性的利益,造成或即将造成侵害时,欧洲人权法院始得受理。

---

① Öneryildiz v. Turkey, application no. 48939/99, judgment of 30 Nov. 2004. para. 91.

② Natural Disaster. http://en.wikipedia.org/wiki/Natural_disaster#cite_note-1. 2015-06-27.

③ 黄崇福.自然灾害基本定义的探讨[J].自然灾害学报,2009,(5):44.

④ CHRIS HILSON. Risk and the European Convention on Human Rights: Towards a New Approach [A]. In the Cambridge Yearbook of European Studies 2008—2009, Volume 11. Oxford: Hart Publishing, 2009.

(一)环境破坏产生死亡结果的案件

布达耶娃诉俄罗斯①案涉及死亡和财产损毁的损害,而该损害结果是由自然风险而非人为因素——泥石流造成的。本案中,布达耶娃女士以及另外一名申诉者居住在俄罗斯特尔内奥兹镇(Tyrnauz),临近艾布鲁士山(Elbrus)。根据史料记载,该区容易发生泥石流。事故发生后,申诉者根据《公约》第2条和第8条之规定,向欧洲人权法院主张,2000年7月,俄罗斯政府未就大规模的、即刻发生的泥石流对当代居民发出警告,最终导致特尔内奥兹遭受破坏,且俄罗斯政府未执行撤离和紧急援助政策。2000年7月,特尔内奥兹镇受泥石流侵袭,该镇中的一些居住区被冲毁。因为事先未获得预警,申诉者只能在灾害发生时逃跑。泥石流发生后,警报才响起。同时,申诉者主张在灾害发生后,政府未采取其他紧急救助措施。次日,泥浆倾泻,包括申诉者及其家人在内的一些居民因政府未提供紧急救助信号,亦未要求其撤离,又回到了其住宅。随后,在凌晨1时许,该区域发生了第二次更强劲的泥石流。布达耶娃女士和她的大儿子成功逃出。她的小儿子获救,但遭受了严重伤害。她的丈夫则因房屋倾倒而被压死。在官方报告中,8人死亡,而申诉者报告有19人失踪。最终,申诉者提出此次灾难导致其房屋损毁、生活质量和健康水平下降。

欧洲人权法院重申《公约》第2条不仅适用于国家不当干预造成的死亡,而且适用于要求国家承担积极义务,采取适当的方式保障其管辖范围内的生命。这些积极义务适用于"使生命权处于危险中的公共或私人活动"。② 尽管欧洲人权法院声称,国家义务在"工业风险"或者"危险活动"中适用,但是,将积极义务适用于监管自然风险,例如,监管泥石流、洪水等隐含在作为和不作为之中。

(二)环境破坏对生命产生即刻风险的案件

2012年发生的科里亚坚科等诉俄罗斯案是另一起由洪水引发的环境破坏案件。2001年夏季,位于俄罗斯东南的普里摩尔斯基(primorskiy)区的海参崴市(city of Vladivostok)爆发了严重洪水,而6名申诉者恰好居住在临近饮用水蓄水池和一条河流的东南部。2001年,洪水暴发前,有证据显示河道水流量明显受过大的树木、灌木、瓦砾堆以及生活废物的影响,且这些影响因

---

① Budayeva and Others v. Russia, application nos. 15339/02, 21166/02, 20058/02, 11673/02, 15343/02, judgment of 29 Sep. 2008.

② Id., para. 130.

第三章 欧洲人权法院根据《公约》实体性条款受理个人环境申诉案件

素已存在多年。1999年初夏,大雨导致蓄水池的水被排放到河流中,引发洪水。1999年至2001年间,相关机构逐步采取措施,清理河床中的瓦砾堆和其他废物。2001年8月6日,天气预报预警报道,在未来12小时内,海参崴市的降雨量将达到15至49毫米。由于蓄水池之水量已近临界点,地方当局开始从蓄水池放水。次日,天气预报出现失误,实际降雨量达236至276毫米。地方当局及相关机构增加放水,导致申诉者的财产因放水被洪水冲走。不过,申诉者的人身未因洪水遭受直接损害,申诉者指责地方当局未采取任何救援行动。在国内法院提出刑事诉讼和民事诉讼均告败诉后,申诉者向欧洲人权法院提起申诉,认为政府快速释放蓄水的行为对其生命构成风险,因此,违反了《公约》第2条之规定。为了佐证其诉求,申诉者主张,相关机构已经意识到河道的糟糕状态,而其选择不作为,未对洪水开展有效调查,增加了洪水损害之风险。作为抗辩,俄罗斯政府认为,其已逐步采取一系列措施确保河水的通行能力得到提高,包括实施具体的清理工程,进而提出损害是降雨量空前且超过了预报量造成的。① 因此,政府认为,严重的洪涝灾害不能避免。但是,政府承认,其没有及时运行紧急预警系统。除此之外,本案的3名申诉者在洪水暴发时均不在家,故政府要求《公约》第2条不适用于这3名申诉者。

欧洲人权法院裁定,快速流动的洪水无疑对3名申诉者的生命构成即刻的风险。而且,俄罗斯政府未提供有效的行政措施许可申诉者评估相关风险。所以,本案中,因缺乏有效的监管体系保护相关人员且在不同机构之间缺乏合作,故欧洲人权法院判定俄罗斯政府没有承担《公约》第2条规定的积极义务。另外,以同样的理由,欧洲人权法院裁定,俄罗斯政府机构没有履行《公约》第8条和第一议定书第1条规定的积极义务。

可见,欧洲人权法院在是否受理环境破坏案件时,对出现自然现象的风险进行了评估。这两个案件涉及的风险相似,而且,风险的重要性相同,即在相对短的时间里,申诉者的生命分别因泥石流和洪水而产生风险。② 在这两个案件中,政府没有为缓解洪水风险履行应尽的管理义务,俄罗斯政府机构没有采取适当的措施保护处于危险中的生命,所以,欧洲人权法院受理此类申诉案件。

---

① Budayeva and Others v. Russia,application nos. 15339/02,21166/02,20058/02,11673/02,15343/02,judgment of 29 Sep. 2008. para. 29.

② OLE W. PEDERSEN. Environmental Risks, Rights and Black Swans[J]. Environmental Law Review,2013,1(55).

第四节 小结——"受害者"范围之拓展

《公约》及其议定书,以及欧洲人权法院可以直接适用的《1965年欧洲社会宪章》《1989年欧洲预防酷刑、有辱人格的待遇或处罚公约》均未明确确认"健康环境权"。欧洲人权委员会曾断言,"健康环境权"不能直接导源于《公约》。因此,为了应对层出不穷的环境问题,回应不断提出的环境诉求,申诉人只能通过主张《公约》及其议定书保障的权利遭受侵犯而附带提出环境诉求,由欧洲人权法院根据个案酌情受理。欧洲人权法院在受理因环境污染或环境破坏产生的侵权案件时,实质上对环境起到了一种间接保护的作用。环境质量对人权产生影响,直接影响个人生命的完整性以及生活安宁权利。[①] 所以,《公约》机构受理环境申诉案件主要涉及对生命权、尊重私人和家庭生活权、尊重住宅权以及和平享有所有物等实体性权利的侵犯。根据欧洲人权法院受理个人环境申诉案件发展而来的判例可知,欧洲人权法院通过两种方式保护环境权利:一是有效地实现《公约》确认的权利与自由时需要保护环境质量,此时环境质量是通往权利的桥梁,是实现《公约》及其议定书确认权利的手段;二是在行使《公约》确认的权利与自由时,因保护民主社会中的公益而允许国家适度开发和利用自然资源,此时环境作为公益的一种是其他权利行使的边界和枷锁。无论欧洲人权法院采取何种方式间接保护环境,其发展趋势都是不断扩大"受害者"的范围,扩大环境侵权案件的受案范围。

根据《公约》第34条之规定,只有主观认为自己是违反《公约》规定之受害者的申诉人才有权向欧洲人权法院提出申诉。因此,欧洲人权法院受理案件的关键在于判断申诉者是否是侵权事件中的"受害者",而对"受害者"的认定则是相对的,得根据欧洲人权法院的判例而定。

在环境申诉案件中,欧洲人权法院的早期判决一般旨在救济已遭侵犯的人权,仅在例外情况下审查预防环境损害措施。但是,预防措施是减少环境损害最重要的措施之一。

---

① MEKOUAR. Le Droit à l'Environnement dans Ses Rapports avec Les Autres Droits de L'Homme[A]. In KROMAREK. Environnement et Droits de L'Homme[M]. Unesco Publisher,1987:91.

第三章 欧洲人权法院根据《公约》实体性条款受理个人环境申诉案件

在洛佩兹案、格拉案中,欧洲人权法院要求申诉案件必须是合理的、可证明发生或可能发生的侵权行为,推测或怀疑不足以成为"受害者"。这一受案标准仅允许申诉人在已遭受有形损害时,欧洲人权法院才予以受理。潜在的损害或可能存在因果联系的预防性申诉不属于欧洲人权法院的受案范围。之后,欧洲人权法院逐步降低了标准,从而扩大了管辖权,根据不同情形适用不同标准,从而发展出受理个人环境申诉案件的双重标准,即申诉者在国内法院不能获得权利救济时(主要是健康环境权),欧洲人权法院在受理案件时仅要求申诉者证明环境损害对个人权利造成侵害;若申诉者的权利受到国内法院的救济,则欧洲人权法院在受理案件时不要求申诉者证明《公约》确保的权利与自由因环境损害构成严重的、具体的和即刻的危险。另外,在法德耶娃案中,欧洲人权法院认为,受害者的身份可以因政府违反国内立法、责任国各部门之间缺乏合作的间接证据以及假设而确定。此时,在环境申诉案件中,欧洲人权法院为潜在的受环境损害影响者主张环境利益打开了受理案件之门。

欧洲人权法院根据《公约》实体性条款受理个人环境申诉案件,主要以国内施行的环境法律、法规、政策以及可适用的环境标准为依据,受理国家机构或因监管不当而导致私法人违反环境标准造成损害的环境申诉,而环境政策是否适当则不属于欧洲人权法院审查的范围。但是,自 2003 年哈顿案开始,为了在欧洲范围内确定一个可以普遍适用的标准,达到一体化的效果,欧洲人权法院开始受理质疑国内环境政策正当性的案件。

综上,欧洲人权法院在实体法领域一直致力于扩大受理个人环境申诉案件的范围,并且获得可喜的成就。但是,不可否认,由于《公约》及其议定书本身的个人主义倾向,欧洲人权法院在原则上不受理环境公益诉讼,同时,申诉者也很难证明纯粹的环境破坏事实同私人享有的权利与自由之间存在具体的联系而变成"环境私益"。为了在环境风险预防和损害预防方面取得更大的突破,进一步保护环境和人权,欧洲人权法院近年来倾向于依据《公约》程序性条款,审查责任国的不作为,从而扩大个人环境申诉案件的受案范围。

第四章 欧洲人权法院根据《公约》程序性条款受理个人环境申诉案件

以直接保护环境为目的的健康、清洁环境人权已在国内宪法和法律中得以确认。但是,由于实体性环境人权本身兼具公益和私益性质,所以,通过司法程序受理侵犯实体性环境人权案件,因环境标准的设定受到特定国家文化和经济发展的影响,在宪法明确确认实体性环境人权的94个国家中,有14个国家宪法规定健康环境权,且仅能根据法律规定的具体条件才能被法院受理。① 即使宪法和法律规定实体性环境人权可诉,司法机构也主要从审查国家机构是否履行法定义务来保障最低限度的环境权。以南非司法保护实体性环境人权为例,在格鲁特布姆案中,南非宪法法院赋予社会权以可诉性,水权作为南非宪法明确确认的社会权,因此具有可诉性。根据南非宪法法院现有判例,法院主要受理国家切断水源的案件,在这类案件中,虽然水权是一个可诉性权利,为保障水权,南非宪法法院经过权衡,从国家承担的义务出发,通过判决认定国家具有尊重取水权的义务。不过,南非宪法法院也认定切断水源是国家违反尊重获得水权义务的一个表面证据,判断国家政策"合理性"仍然是立法和政策制定者掌握的积极权力。②

---

① BOYD. The Environmental Rights Revolution——A Global Study of Constitutions,Human Rights,and The Environment [M]. UBC Press,2013:72-74. 另,2014年,突尼斯修改宪法,明确确认健康环境权,故现在共有14个国家宪法确认了健康环境权。

② Residents of Bon Vista Mansions v. Southern Metropolitan Local Council,High Court of South Africa(Witswatersrand Local Division),Case No:01/12312,2001. In Water Aid. The Right to Water,Legal Redress,Enforcing the Right to Water:South Africa[EB/OL]. www. righttowater. org. uk. 2014-10-23.

第四章 欧洲人权法院根据《公约》程序性条款受理个人环境申诉案件

另外，在1972年发布《斯德哥尔摩宣言》(Stockholm Declaration)①时，人们就将环境和人权联系在一起，但是，该宣言仅强调充分享有人权需要保护并提高环境质量，仅承认人有自由、平等、充分的享有生活条件的权利，而非承认环境权本身。②之后，在国际法层面，国际环境法协议或公约均未在相关文件中明确规定环境人权本身。1992年的《里约宣言》(the Rio Declaration)有很强的人类中心主义特征，但它没有像《斯德哥尔摩宣言》一样将人权和环境联系在一起。③在区域层面，这一局面并没有明显改善。只有1989年通过1999年生效的《美洲人权公约》(American Convention on Human Rights)的增补议定书《圣萨尔瓦多议定书》(Protocol of San Salvador)明确承认"个人"享有健康环境权。而其他区域性文件，如《公约》《非洲人权和民族权宪章》等均未规定个人享有健康环境权。在区域层面第一个专门确认环境权的人权文件是1981年的《非洲人权和民族权宪章》，该宪章第二十四条规定："一切民族(peoples)享有一般的环境权利，以支持其发展。"不过，由于该条文赋予一切"民族"而非个人以环境权，所以，呈现出明显的集体主义倾向。④

综上，环境人权不是理想的环境权利，而是保有现有环境并在特定情况下改善环境的权利。⑤关注程序性环境权利成为当代保障环境人权的重要内容。

---

① 《斯德哥尔摩宣言》是国际上第一次承认环境质量在人类享有人权中起重要作用的文件。其序言中承认环境保护同享有人权之间存在密切的关系，并指出健康环境是享有人权所必需。原则一规定："人类在尊严的和安宁的生活环境中享有基本的自由、平等和充分的生存条件的权利，人类有庄严的义务以保护并提高环境。"

② POPOVIC. In Pursuit of Environmental Human Rights:Commentary on the Draft Declaration of Principles on Human Rights and the Environment[J]. Colum. Hum. Rts. L. Rev., 1996,27(487); SUMUDU ATAPATTU. The Right to a Healthy Life or The Right to Die Polluted?:The Emergence of a Human Right to a Healthy Environment Under International Law[J]. Tul. Envtl. L. J.,2002,16(65).

③ BOYLE. The Role of International Human Rights Law in the Protection of the Environment [A]. In MICHAEL ANDERSON and ALAN BOYLE. Human Rights Approaches to Environmental Protection[M]. Oxford:Oxford University Press,1996:43.

④ UDOMBANA. Between Promise and Performance:Revisiting States' Obligations Under the African Human Rights Charter[J]. 40 STAN. J. INT'L L. 105,2004:111.

⑤ KISS. Le Droit à La Conservation de l'Environnement[J]. Revue Universelle Des Droits De L'Homme [RUDH],1990,2(445).

第一节　程序性环境人权和环境风险预防原则

一、程序性环境人权的法律规定与司法保障[①]

基本权利的程序保障只是强调程序对基本权利实现的重要性，而程序性基本权利则是将程序本身作为权利实现的目标。在基本权利的程序保障中，程序并非该权利本身所保障的目标，即使程序对该权利的保障非常重要，但并不能由此赋予公民请求国家制定程序的主观权利，国家只负有制定程序的客观义务，而程序性权利则赋予公民一种程序的给付请求权。程序性权利不仅是实体性权利实现的前提，也是一种自我防卫的权利，[②]并具有独立的价值：第一，可以改变法律程序是实体基本权利附随功能的思维；第二，彰显程序保障功能应有的作用；第三，使个别基本权利的程序保障能符合最低的程序要求；第四，明确区别程序基本权与诉讼权及其他程序性权利的概念与内涵。[③]

由于环境保护涉及诸多利益之间的平衡，现代宪法和法律已将环境利益从单纯的公共利益逐渐上升为一种兼具公益和私益性质的基本权利，健康环境权的实现更多地依赖于公众的直接参与，若国家未设定最低的参与程序机制，健康环境权将无法获得实现与保障，所以，环境人权已然从传统的依赖程序的基本权利转变为以公众参与为核心的程序性基本权利。

国外宪法学者认为，环境人权包含实体性环境人权和程序性环境人权。其中，实体性环境人权必须通过程序性环境人权来实现，认为程序性环境人权同实体性环境人权一样能获得积极的环境行为。[④] 程序性环境人权是实现实体性环境人权和其他人权的必要手段，是通往清洁环境之路的保障。[⑤] 因此，

[①] 胡婧.作为程序性基本权利的环境权[J].四川师范大学学报,2014(5):5-9.

[②] 李琦.法律上的防卫权——人权角度的观察[J].中国社会科学,2002(1):116-120.

[③] 王锴.论宪法上的程序权[J].比较法研究,2009(3):67.

[④] SUMUDU ATAPATTU. The Right to a Healthy Life or The Right to Die Polluted?: The Emergence of a Human Right to a Healthy Environment Under International Law[J]. Tul. Envtl. L. J.,2002,16(65).

[⑤] OLE W. PEDERSEN. European Environmental Human Rights and Environmental Rights:A Long Time Coming? [J]. Geo. Int'l Envtl. L. Rev.,2008,21(73).

第四章 欧洲人权法院根据《公约》程序性条款受理个人环境申诉案件

有学者认为:"程序性环境人权是解决环境问题必要但非充分条件。"① 在我国,较早论述程序性环境人权的是台湾学者叶俊荣教授,他主张宪法上应有环境权的基础,同时认为民众应适度参与环境决策,从而构成程序性环境人权。② 大陆宪法学者从基本权利的功能出发,认定环境基本权主要包含防御权功能、受益权功能和客观价值功能。③ 与之相对应的,则是实现梯级环境质量标准的实体性权利和一系列程序性权利,即环境质量的维持需要国家积极的环境立法和执法,公民有权请求政府管制造成环境破坏的企业行为,此种请求权实际上就是参与政府环境执法的程序权利。

程序性环境人权可以确保环境实体性权利的实现,可以被解释为在环境保护的背景下,将扩张现有权利和义务。④ 这些程序性权利依赖保护环境的目标,将环境视为影响个人的公共资源,以公众参与环境决策为核心,以获得环境信息为前提,以环境诉权为保障的"权利束"。程序性环境人权将程序本身作为权利追求的目标,赋予公民一种程序的给付请求权。这一观点迅速引起国际环境会议的关注,同时,一些国际、国内司法机构逐步将之从一种法律原则发展成正式的"硬法"予以适用。

在20世纪90年代以前,国际文件和国内法律文本中几乎未出现环境知情权、环境事项决策参与权这些语词。⑤ 1982年的《世界自然宪章》(World Charter for Nature)原则二十三规定:"依照国内立法,人人有机会单独或集体参与同环境直接相关的决策的形成。其环境遭受损害或出现环境退化时,

---

① HAYWARD T. Constitutional Environmental Rights [M]. Oxford:Oxford University Press,2005:180.

② 叶俊荣.宪法位阶的环境权.从拥有环境到参与环境决策[A].载叶俊荣.环境政策与法律[M].北京:中国政法大学出版社,2003:18-32.

③ 邹雄.论环境权的概念[J].现代法学,2008(5):44-45;谷德近.再论环境权的性质[J].社会科学,2009(11):102-103;张震.作为基本权利的环境权研究[M].北京:法律出版社,2010:79-110.

④ SHELTON. What Happened in Rio to Human Rights? [J]. STAN. J. INT'L L.,1991,28(103).

⑤ DINAH SHELTON. Human Rights,Environmental Rights,and the Right to Environment [J]. Stan. J. Int'l L.,1991,28(103) RODRIGUEZ-RIVERA. Is the Human Right to Environment Recognized Under International Law? It Depends on the Source[J]. COLO. J. INT'L ENVTL L. &. POL'Y,2001,12(1) EBBESSON. Participatory and Procedural Rights in Environmental Matters:State of Play (unpublished draft paper)[EB/OL]. www. unep. org/environmentalgovernance/LinkClick. aspx?,2015-03-16.

人人应获得救济。"1992年的《里约宣言》虽然没有规定实体性环境人权,但是,《里约宣言》原则十中规定了公众参与处理环境问题的最佳方式,规定人人应适当地获得由公共机构持有的环境信息,有机会参与决策过程,国家应提供有效的司法和行政救济。另外,1992年的《联合国气候变化公约框架》(UNFCCC)第六条、1997年的《京都议定书》第十条第五款、2001年的《斯德哥尔摩公约》第十条等国际法律文件均对程序性环境人权作了规定。

在区域性法律文件中,1998年的《环境事务中获得信息、公众参与决策和获得法律救济公约》(Convention on Access to Information, Public Participation in Decision-making and Access to Justice in Environmental Matters, Aarhus Convention)比较全面地规定了程序性环境人权。该公约在内容方面着眼于程序性规定,明确了环境知情权(《奥尔胡斯公约》第二条、第四条)、环境决策参与权(《奥尔胡斯公约》第六条)、获得司法救济权(《奥尔胡斯公约》第九条)。加入该公约的成员国包括欧盟国家和大部分前苏联国家,同时对该公约的适用亦不排斥其他非成员国家。该公约在欧洲得到广泛批准,产生了法律效力,对其成员国宪法产生了重要影响。例如,《芬兰共和国宪法》第二十条有关环境保护的规定即受到《奥尔胡斯公约》的影响。[①] 2003年6月27日,欧洲议会通过载有《环境与人权》的1614号建议,该建议第十段强调"部长会议应拟定一个附加议定书承认《奥尔胡斯公约》中规定的个人享有程序性环境人权以加强环境保护"。[②] 因此,联合国前秘书长科菲·安南对该公约作出高度评价,认为:"虽然《奥尔胡斯公约》是一个区域性文件,但它的意义却是全球的。它是'环境民主'中最有野心的冒险。"该公约有"作为一个全球性框架加强公民环境权的潜力"。[③]

在国际条约的影响下,现代国家通过制定或者修改宪法而确认程序性环

---

① DAVIES S.. In Name or Nature? Implementing International Environmental Procedural Rights in the Post-Aarhus Environment: A Finnish Example [J]. 3 Environmental Law Review,2007,3(627);《芬兰共和国宪法》第二十条规定:"保护自然、生态、环境以及民族文化遗产是每一个芬兰公民应尽的义务。政府应当努力确保每一个芬兰公民享有一个健康环境,并使得每个公民有能力就与其周边生存环境相关的事项施加必要影响。"

② Papa. 10 of Recommendation 1614 of 27 June 2003[DB/OL]. http://www.coe.int/. 117,2014-05-12.

③ UNECE. The Aarhus Convention — An Implementation Guide,2000.

境人权。据笔者统计，联合国 193 个成员国中，有 30 个[①]国家的宪法文本明确规定了程序性环境人权。除智利共和国（1980 年）、厄瓜多尔（1984 年）和巴西共和国（1988 年）是在 20 世纪 80 年代规定程序性环境人权外，其余 27 个国家均是在 20 世纪 90 年代以后明确程序性环境人权。例如，1993 年，《俄罗斯联邦宪法》规定："人人都有享受良好环境、获得环境状况可靠信息的权利，因生态环境违法行为导致健康和财产受到损害的人有获得赔偿的权利。"1994 年，《阿根廷国宪法》规定："当局应为此种权利（一切居民均享有适合人类发展的健康与平衡的环境权）提供保护……并应提供环境信息与教育。"2005 年，法国《环境宪章》第七条规定："在法律规定的条件和限制下，每一个人都有权获得由公权机关掌握的与环境相关的信息，并参加会对环境产生影响的公共决定的制定。"

除了区域性法律文件和国内宪法、法律的确认外，程序性环境人权受到司法机构的保障。例如，在区域性裁决机构中，阿比拉纳·玛胡伊卡等诉新西兰是确认公众参与环境事项的典型判例。在国内法层面，法国的《环境宪章》第七条规定，公民享有获取环境信息权、参与影响环境的公共决策权，并于 2008 年承认《环境宪章》第七条具有宪法效力。随后，法国人权委员会将该条款作为判断相关法律是否违宪的依据。

美国联邦最高法院法官威廉·道格拉斯认为："权利法案的大多数规定都是程序性条款。程序决定了法治与恣意的人治之间的基本区别。"[②]在一定条件下，把价值问题转换成程序问题来处理也是打破政治僵局的明智选择。程序不仅可以限制行政官吏的裁量权、维持法的稳定和自我完整性，而且可以容许选择的自由，使法律系统具有更大的可塑性和适应能力。换言之，程序性权利具有开放的结构和紧缩的过程。随着程序的展开，参加者越来越受到"程序上的过去"的拘束，而制度化的契机也由此形成。通过公众参与，其不断接近法律的正当性和有效性。自 20 世纪 90 年代以来，程序性环境人权已发展成为受到宪法确认和保护的基本权利。构成程序性环境人权的三项具体权利相

---

① 这 30 个国家分别是：阿尔巴尼亚、阿根廷、阿塞拜疆、奥地利、白俄罗斯、玻利维亚、巴西、布基纳法索、智利、哥伦比亚、哥斯达黎加、捷克、多米尼加共和国、厄瓜多尔、埃塞俄比亚、法国、格鲁吉亚、肯尼亚、拉脱维亚、摩尔多瓦、蒙古、莫桑比克、挪威、波兰、葡萄牙、俄罗斯、塞尔维亚、斯洛伐克、泰国、委内瑞拉。

② Joint Anti-Fascist Refugee Comm. v. Mcgrath, 341 US 123, 139, 71 Sup. Ct. 624, 95 L. Ed. 556 (1951).

互独立又相互作用,成为实现实体性环境人权的必要补充和制度保障。

根据本文第三章的论述可知,虽然《公约》机构最早排除了公民诉讼,但是,经过20多年的不懈努力,以保护良好的环境质量为目的,欧洲人权法院扩大了解释个人环境申诉案件中"受害者"的范围,提出"潜在受害者"或"最终受害者"(eventual victim)的概念,从而将个人环境申诉纳入受案范围。一些学者认为,对"受害者"的字面解释接近公民诉讼,[①]保障了《公约》确认的实体性权利,可以说,欧洲人权法院在实践中间接认可了环境人权的存在,尽管环境损害与侵犯申诉者受保护的权利之间必须存在具体的联系。另外,环境保护要求政府采取事先预防措施。该措施虽然同保护人权相兼容,但是欧洲人权委员会和人权法院的审查注重政府措施的事前侵犯性,尽管保护人权体系的终极目标是预防侵权行为。在实体权利的确认和保护方面,欧洲人权法院一方面应对社会发展,展现其司法能动的一面,另一方面,又呈现其司法谦抑的面相。欧洲人权法院通过评估环境风险,解释《公约》条款确认了程序性环境人权,认可在未发生任何严重的环境损害的情况下,受理责任国未履行保障程序性环境人权的案件,以保护环境本身。这一趋势发端于《奥尔胡斯公约》的颁布施行,在不到20年的时间里得到了不断发展和补充。

二、环境风险概念和预防原则的引入

现代社会是一个"风险社会"[②](risk society)。在高度发达的现代社会,来自人类自身行为和科学技术的风险,例如,基因改良、环境灾害、核辐射、信息技术破坏、恐怖袭击等,威胁人的生命、健康、安全以及社会秩序和环境本身。风险的不确定性给传统的以损害发生为依据的政府管制方式带来了挑战。为了规制风险,我们不得不在不同的风险之间作出权衡,从而,在理论上和实践中,人们寻求预防原则的帮助,要求在可能发生重大危险时,即时采取防护性措施。其中,当有证据证明会发生即刻损害时,我们应适用损害(preventive)预防的方式;当没有充分证据证明会发生即刻的损害时,只要相关人员能够证明存在恐慌等情形,责任者则不得以科学和技术的不确定性或其结果的不可预见性作为其逃避责任的借口。而风险预防原则

---

① DELVAUX. La Notion de Victime au Sens de L'Article 25 de La Convention Européenne des Droits de L'Homme [J]. 35 Actes de Cinqueième Collogue sur La Convention Européenne des Droits de L'homme 64,1982:73.

② [德]乌尔里希·贝克.风险社会[M].何博闻译,南京:译林出版社,2004.

第四章　欧洲人权法院根据《公约》程序性条款受理个人环境申诉案件

(Precautionary Approach/Principle)则是应对风险社会的重要方式。

当今的风险预防原则起源于20世纪70年代西德的环境政策。①虽然，在不同的法律体系中，风险预防原则有不同的描述，但最下列的观念已达成共识：人类健康或环境保障遭遇威胁时，不应以缺乏完整的科学确定性为由，延缓采取可以防止该威胁或使该威胁最小化的措施。②

一些学者也为风险预防原则的适用确立了标准，使风险预防原则成为一个具有比较明确的适用范围和适用基础的原则。例如，查米安·巴顿（Charmian Barton）教授将风险预防原则的适用标准区别分为直接标准和间接标准。③其中，直接标准有三项：一是在无法通过科学手段证明从事的活动与发生的后果之间存在因果关系的情况下，为预防严重的或不可挽回的损害而采取的措施；二是开发者负担证明他们的行动将不会引起严重的或不可挽回损害的举证责任；三是在决定某项活动是否会引起严重的或不可挽回的损害时，过错的风险应有利于第三方。间接标准有两项：一是可能引起严重的或不可挽回的损害的政策和活动应适用风险评价程序；二是对于造成损害的活动适用严格责任和连带责任原则。

虽然，界定风险预防原则本身具有概括性，但总而言之，风险预防原则要求决策者密切关注政策制定者通常会忽略的东西，即科学不确定的复杂性和变动性。而且风险预防原则是一项法律原则，并不指向一个特定的结果。④该原则为司法审查提供标准；可以作为一种"高级保护"成为政策制定的依据；可以拘束商业活动。⑤换言之，风险预防原则规制的是决定的理由和作出决定的程序。

当今环境问题已成为一个遍及全球的热门问题，预防原则也被国家法律

---

①　N de SADELEER. Environmental Principles: From Political Slogans to Legal Rules [M]. Oxford: Oxford University Press, 2002.

②　这一表述可以参见《生态多样性公约》(Convention on Biological Diversity)的前言；《卡塔赫纳生物安全协议书》(Cartagena Protocol on Biosafety)第十条第二款之规定。

③　CHARMIAN BARTON. The Status of the Precaution Principle in Australia: Its Emergence in Legislation and as a Common Law Doctrine[J]. Harv. Envtl. L. Rev., 1998, 22(518).

④　伊丽莎白·费雪. 风险规制与行政宪政主义[M]. 沈岿译. 北京：法律出版社，2012. 54.

⑤　ILONA CHEYNE. Taming the Precautionary Principle in EC Law: Lessons from Waste and GMOs Regulation[J]. J. Eur. Envtl. & Plan. L., 2007, 4(468).

与国际条约确认,已然成为世界各国普遍遵循的规则。例如,1974年德国的《空气法》规定,"当面对不确定危险或风险的情况时,即便是确实的损害尚未发生或损害发生之因果关系在科学知识上尚未明确,通常即被要求作出保护措施。"法国的《环境法典》第一百一十条第一款规定:"根据风险预防原则,不允许以缺乏足够的科学技术知识而无把握为借口延误时机,在费用可接受的范围内,不对可能给环境造成重大损失的、无法避免的可预见灾害及时采取适当的防止措施。"在国际法层面,1982年,联合国大会通过《世界自然宪章》,首次规定预防原则。1992年,《里约宣言》标志着预防原则在国际环境法上得以正式确立。该宣言第十五项原则规定,"为了保护环境,各国应根据它们的能力广泛采取预防性措施。凡有可能造成严重的或不可挽回的损害的地方,不能把缺乏充分的科学肯定性作为推迟采取防止环境退化的费用低廉的措施的理由。"2000年,欧盟执委会颁布一项《有关预防原则的通知》(Communication on the Precautionary Principle)①,该文件指出,除了环境领域的条约,虽然没有其他领域明确提及预防原则,但事实表明,其适用范围不止于环境领域,还广泛地适用于那些对环境、人类、动物或植物有潜在危险的不确定领域。2002年,欧盟第178号条例规定,预防原则对欧盟机构、成员国、欧洲厂商及科研机构皆产生法律拘束力,必须共同遵守。②

为了应对尚未发生的潜在环境损害以及潜在的干预,即为了应对一种环境损害风险,欧洲人权法院引入了预防环境损害的原则和措施。而"预防"的含义在欧洲人权法院的判决中得到了持续性发展,呈现出从"弱"公式化到"强"公式化的趋势。换言之,欧洲人权法院在受理环境污染和环境破坏的案件中,从早期的倾向于受理限制最有毒、对人的生命或健康产生威胁的物质或活动,发展到认可潜在的但即刻发生的重大环境案件可以适用损害预防原则,在这一阶段,欧洲人权法院强调判断建立在"健全的科学"基础上的重要性,突显"损害预防"的观念。之后,在不否定损害预防原则重要性的前提下,欧洲人权法院同时参照适用风险预防原则,即欧洲人权法院通过发展《公约》条款的程序性质,认为即使没有充分的证据证明存在重大损害,责任国仍应该采取必

---

① Commission of EC,2000. Communication on the Precautionary Principle,COM[EB/OL]. http://ec. europa. eu/dgs/health_consumer/library/pub/pub07_en. pdf,2014-12-28.

② Commission of the EC,2002. Official Journal of the EU,COM[EB/OL]. http://eur-lex. europa. eu/oj/direct-access. html? ojYear=2002,2014-12-25.

要的措施保护环境。

实践中,欧洲人权法院倾向于开放地解释"风险"的概念。具体而言,欧洲人权法院强调向申诉者提供风险信息,保障申诉者作出有效选择的权利。例如,在规制转基因方面的环境法中,法律要求在产品上张贴标签,明确消费者和生产商选择的领域。公众对风险的关注要求政府机构向公众提供信息,而不是提供远离风险的规制。① 换言之,欧洲人权法院关注的不是在发生风险前禁止相关活动,而是支持公众自由选择其认为适当的方式避免风险。

历史上,欧洲人权法院重视公众对风险的关注。若公众对特定风险的关注高于科学家,则欧洲人权法采取特定的限制方式,强调风险的"即刻性"以适用《公约》保护人权的规定。最近,欧洲人权法院不断参考适用《奥尔胡斯公约》,在审查案件时强调信息开放并关注风险。同时,欧洲人权法院亦适用《奥尔胡斯公约》的另外两个"支柱"——公众环境决策参与权以及环境诉权。②

第二节　个人获得环境信息权受侵害之案件

虽然《公约》未明确确认获得信息的权利,但是,欧洲人权法院通过对《公约》第10条表达自由、《公约》第8条尊重个人住宅和家庭生活的权利以及《公约》第2条尊重生命权的解释,认定公民具有获得环境信息的权利,且此种权利应受《公约》保障。

一、"获得环境信息权"的含义

公民获得信息权要求国家负有双重义务:一是国家承担积极义务。即使未收到个人或个人团体的正式要求,国家仍有义务提供信息。③ 欧盟理事会通过一项指令,要求国家通知受环境损害影响之人以适当的安全措施和正确

---

① CARSON L. and LEE R.. Consumer Sovereignty and the Regulatory History of the European Market for Genetically Modified Foods[J]. Env. Law Rev.,2005,7(173).

② BOYLE. Human Rights or Environmental Rights? A Reassessment[J]. Fordham Environmental Law Review,2007,18(471).

③ SMETS. The Right to Information on the Risks Created by Hazardous Installation at the National and International Levels [A]. In FRANCIONI. International Responsibility For Environmental Harm. Kluwer Law International Publisher,1991:449.

的方式在重大事故中选择自己的行为。① 经济合作和发展机构理事会决策建议的序言中明确承认,"潜在受影响之人有权获得危险设置中危害人类健康或环境,包括财产的信息。"② 提供信息的义务以及提供公众参与的机会亦在影响评估程序中获得认可。例如,联合国欧洲经济委员会通过的《跨国环境影响评估公约》(Convention on Environmental Impact Assessment in a Transboundary Context)要求国家在影响评估中将相关信息通知公众并为之提供公众参与的机会。二是国家承担消极义务,即包括个人或个人团体有权获得公共机构掌握和储存的信息。欧盟委员会对《自由获得环境信息的指令》(《Council Directive 90/313 on the Freedom of Access to Information on the Environment,1990》)指出,一切自然人和法人在无须证明存在具体利益的情况下有获得环境信息的权利。

具体到《公约》,《公约》本身并未明确确认"获得环境信息权"。《公约》第10条规定获得信息和观点的权利与获得有关信息和观点通知的表达权利,故其同"获得信息权"最为接近。然《公约》第10条规定的表达权利属于自治范畴,所以,其范围无法获得准确界定。对此,欧洲人权法院根据《公约》第10条之规定,通过解释该条款涉及的若干重要用语,如"持有意见的自由","接受和输出信息和观念的自由","要求……获得许可证",等等,为我们理解该条款提供初步线索。

一是持有意见的自由。《公约》第10条确认的表达自由权,包括"持有意见自由"。按照欧洲人权法院的观点,持有意见自由是表达观念的前提条件,它所针对的是将持有意见者置于不利的地位,以及强迫他人各抒己见。③

二是接受信息的自由。欧洲人权法院认为,接受信息的自由主要在于禁止政府限制某人接受他人希望或愿意传达给他的信息。④ 由此,"接受信息的

---

① See Council Directive 82/501 of 24 Jun. 1982 on the Major-Accident Hazards of Certain Industrial Activities, Art. 9.

② See Decision-Recommendation of the OECD Council Concerning Provision of Information to the Public and Public Participation in Decision-Making Process Related to the Prevention of, and Response to, Accidents Involving Hazardous Substances, OECD Doc. C(88)85(Final)1988.

③ Vogt v. Germany, application no. 17851/91, judgment of 26 Sep. 1995. 此案中,欧洲人权委员会认为,虽然申诉人被解除公职的原因是她参与有关的政治活动,但这无异于因为她的政治意见而被解除其担任的公职。

④ Leander v. Sweden, application no. 9248/81, judgment of 26 Mar. 1987. para. 74.

自由"意味着国家不得干涉或阻碍相关人员获取可利用的信息和观念。① 公众有权获取公共领域的信息和观念,而在一个民主社会,国家不得通过事先检查或垄断等手段不当地剥夺公众接受信息和观念的自由权。同时,接受信息和观念的自由权意味着寻求可利用信息的权利。

三是输出信息的自由。"输出信息的自由"仅仅赋予信息和观念的生产者、提供者或组织者。② 此种自由并不意味着利用各种输出信息和观念的权利,诸如报刊版面、电视电台的播放时间等。但是,欧洲人权委员会认定,歧视性地否定利用传媒可能引发违反《公约》的争议。

然而,《公约》第10条是否保障个人享有获得国家履行积极义务时提供的信息的权利,则有待说明。尽管《公约》第10条没有明确列举积极地寻求信息的权利,但是,一些学者认为在一般公众或特定个人寻求信息时,亦保障该项权利的享有。③ 不过,积极地寻求信息的权利不得强迫公共机构承担提供信息的积极义务,因为传统上,宪法规定的寻求和获得信息的自由不包括一般意义上获得行政记录或其他信息的民主权利,这种公共获得行为得依靠其他立法。若信息对个人或个人团体十分重要,则寻求信息的权利源于获得信息的权利。至少,欧洲人权委员会在特定情况下同意这种观点。

欧洲人权委员会表示,获得信息的权利在特定情况下,包括由利害关系人获取文件的权利,即使该文件对之不重要。④ 在星期日泰晤士报(Sunday Times)⑤案中,欧洲人权法院强调,撒利多迈德受害人的家人享有知悉潜在的事实和一切可能解决方式的关键信息。只有在信息绝对威胁司法权威时,始得剥夺重要的信息。⑥ 欧洲人权法院表示,在公共利益中应由大众媒体通知信息和观点。但是,大众媒体不享有获得经公共机构持有的信息的特权。然而,在之后的案件中,欧洲人权法院对《公约》第10条有关获得信息的权利作

---

① 张志铭.欧洲人权法院判例法中的表达自由[J].外国法译评,2000(4).

② Council of Europe. Digest of Strasbourg Case-Law Relating to the European Convention on Human Rights [M]. Council of Europe,1995:422.

③ GIORGIO MALINVERNI. Freedom of Information in the European Convention on Human Rights and the International Covenant on Civil and Political Rights[J]. Hum. Rts. L. J. ,1983,4(443).

④ X. v. the Federal Republic of Germany,application no. 8383/78,Decision of 3 Oct. 1979 on the admissibility of the application.

⑤ Sunday Times v. the U. K. ,application no. 6538/74,judgment of 26 Apr. 1979.

⑥ Id. , para. 66.

了严格的解释。在利安得(Leander)案中,欧洲人权法院裁定,因提供的信息可能影响国家安全,而否决申诉者的申诉。欧洲人权法院认为,获得信息的权利一般禁止政府限制个人获得他人希望或可能希望告知的信息。在类似本案的情况出现时,《公约》第 10 条并未授权个人寻求登记机关持有的其个人信息的权利,亦未规定要求政府向个人通知的义务。[①]

由于欧洲人权法院对《公约》第 10 条的限制性解释,在强调国家履行积极义务方面,保障个人享有获得信息权的任务最后落在了《公约》第 8 条和第 2 条的身上。在加斯金(Gaskin)[②]案中,欧洲人权法院根据《公约》第 8 条予以解释,认为为了保障隐私有权获得信息,直到格拉案,欧洲人权法院才首次将之适用于获得环境信息权,受理政府未积极提供公众所需的环境风险信息的案件。之后,在麦克金利和伊根诉联合王国案中,欧洲人权法院认为,若政府从事对人的健康隐含不利后果的危险活动时,《公约》第 8 条要求国家提供有效且可行的程序,以确保相关人员寻求一切关联且适当的信息。[③]《公约》第 8 条固有的程序性义务概念在系列案件中获得发展,并扩展至公众环境决策参与权和环境诉权。而《公约》第 2 条则在厄内尔依力地孜案中要求在预防环境损害时,国家应通过积极义务提供环境信息以保护生命权。

二、获得环境信息权条款之适用

欧洲人权法院的判决显示,在特定条件下,恶劣的环境条件构成对《公约》第 2 条和第 8 条确认的权利和自由的侵犯。但是,这些案件中环境污染必须达到最低限度的严重程度。在确定限度时,欧洲人权法院通常适用双重标准

[①] Leander v. Sweden,application no. 9248/81,judgment of 26 Mar. 1987. para. 74.

[②] Gaskin v. the U. K. ,application no. 10454/83,judgment of 07 Jul. 1989. 本案中,申诉者加斯金在婴儿时期被利物浦社会福利机构收养。成年之后,加斯金声称自己在被收养期间遭受了虐待,要求查看自己的成长记录。利物浦社会福利机构只允许他查看部分记录,就此解释说其余记录涉及第三人的隐私,故需要保密。1983 年,加斯金将此案提交欧洲人权法院。人权法院审理后认为,英国违反了《公约》规定的"私人生活和家庭生活受尊重权"。理由是按照英国当时的制度安排,加斯金永远也无法查看其成长记录。人权法院还认为,儿童的成长经历存在于父母的记忆中,一般的孩子都可以从父母那里获悉,但是,对加斯金来说,则无法实现这一点,因此,原则上不应限制加斯金获得载有其成长经历的信息。

[③] McGinley and Egan v. the U. K. ,10/1997/794/995-996,judgment of 9 Jun. 1998. para. 101.

审查案件事实和相关法律:一是通过评估国内决定的价值实行实质审;二是评估国家是否权衡了个人利益的程序实行程序审。① 第一重标准在本文第三章中已经论述,而第二重标准则涉及程序性议题,即欧洲人权法院适用程序方式解决环境问题时,试图确立一致的欧洲环境法律体系。从而,欧洲人权法院确定,若环境公害引发严重的风险,国家机构必须建立规制危险活动的许可、启动、运作和监管的立法和行政措施。而且,这些措施必须包括适当的公众调查和研究以允许公众评估相关活动产生的风险和效果,且这些程序性要求同时适用于工业活动和自然灾害导致的风险。

(一)国家未提供环境信息的案件

欧洲人权法院受理第一个环境信息权利受侵害的典型案件是格拉案。之后,格拉案中确定的标准在厄内尔依力地孜案、布达耶娃案中得到进一步认可和发展。然而,这些案件是针对获得环境信息以避免损害风险的案件。针对获得环境信息,欧洲人权法院还受理其他类型的案件,即在认定存在损害风险的情况下,受理侵犯获得环境信息的案件,旨在为申诉者提供证明其能选择赔偿或法定福利的事实,提供潜在医疗监管和治疗的选择。

1. 受理获得环境信息案件,避免损害风险

欧洲人权法院认为,确认实体性权利的《公约》第8条和第2条,实际上隐含程序性信息权。其中,格拉案是扩大解释《公约》第8条的第一步。

1979年,在意大利西佛梭(Seveso)化工厂的反应堆释放的密集的蒸汽云中包含大量的有毒化合物戴奥辛(dioxin)。戴奥辛污染了大面积的区域,600人迁出其居所,超过2000人因戴奥辛接受治疗。② 1982年,欧洲理事会发布"西佛梭指令"(Seveso Directive),要求欧盟成员国通过法律和政策保护公民在相关事件中获得一定的信息。尽管该指令的目的在于获得信息以及要求地方政府发展告知计划,保护公众,但是,政府获取工业生产真实信息常常属于秘密资讯。

为了不引起类似西佛梭污染事件导致的恐慌,前苏联政府于1986年在乌克兰核电站发生的核灾难中,掩盖了重要信息。尽管前苏联政府在1986年4月26日即知道在当地发生了核爆炸,大量的辐射颗粒被释放到空气中,但

---

① See, e. g. , Taskin v. Turkey, application no. 46117/99, judgment of 30 Mar. 2005. para. 115; Giacomelli v. Italy, application no. 599099/00, judgment of 26 Mar. 2007.

② Chemical Accidents (Seveso Ⅱ)-Prevention, Preparedness and Response, EUR. COMM'N,〔EB/OL〕http://ec. europa. eu/environment/seveso/index. htm. 2014-04-15.

政府仍未立即公布相关信息。当乌克兰公民知晓发生了核爆炸事故后,公民被激怒了。此后,乌克兰宪法确认获得信息权是一项基本权利,并且,规定隐瞒信息将构成犯罪。在核爆炸十周年纪念时,1996 年 4 月 26 日,欧洲理事会议会大会通过 1087 号决议,该决议提及同核能生产和使用相关的风险以及断言"公众获得清晰且充分的信息必须作为一项基本人权"。①《公约》第 8 条包含环境信息权的主张可以追溯到这些事件。事实上,在格拉案中,欧洲人权法院引用了 1087 号决议中的特别条款,认为该项决议在本案中特别相关。②

在受理格拉案时,欧洲人权法院拒绝受理申诉者根据《公约》第 10 条"表达自由"提起的申诉,因为在欧洲人权法院看来,《公约》第 10 条仅包括收到并告知信息的权利,主要禁止国家限制个人收取他人信息,但不涉及要求国家承担收集并传播风险信息的义务,包括要求国家承担收集并传播涉及污染风险的信息的义务。但是,欧洲人权法院转而认为,未向特定区域的公民提供"重要的、能使之评估风险的信息",则相关国家就未履行其保障尊重私人生活和家庭生活权利的义务。欧洲人权法院在格拉案中适用开放的方式对待风险,认为无须消除风险本身,但是,强调环境信息的作用,因为相关信息能够促使公民评估风险并依据其评估作出是否继续在曼弗雷多尼亚居住的选择。③

在格拉案中,由于没有人员死亡,所以,欧洲人权法院在受理案件时认为没有必要适用《公约》第 2 条"生命权"的规定。但是,在厄内尔依力地孜案中,申诉者的家庭成员中有 9 名人员因沼气爆炸丧失生命。所以,欧洲人权法院根据《公约》第 2 条受理厄内尔依力地孜案。案件中,作为抗辩理由,土耳其政府主张其已向公众提供相关风险信息,申诉者仍选择接受居住在垃圾站附近,故其不承担任何责任。但欧洲人权法院否决了土耳其政府的抗辩,裁定土耳其政府没有向申诉者提供有关风险的充足的信息,从而违反了《公约》第 2 条之规定。事实上,申诉者意识到近距离居住在垃圾站附近对其健康产生某种程度风险的事实并不意味着其接受其他未充分了解的风险信息。欧洲人权法

---

① Eur. Parl. Ass.. On the Consequences of the Chernobyl Disaster,16th Sess. Doc. No. 7538(1996).[EB/OL] http://assembly. coe. int//main. asp? link=http://assembly. coe. int/Documents/WorkingDocs/doc96/EDOC7538. htm. 2014-05-16.

② Guerra and Others v. Italy,116/1996/735/932,judgment of 19 Feb. 1998. para. 34,51.

③ Guerra and Others v. Italy,116/1996/735/932,judgment of 19 Feb. 1998. para. 60.

院在厄内尔依力孜案中认为,清晰且充分的信息权构成了一项基本人权,认为获得环境信息权是《公约》第2条的重要组成部分,其目的在于保障个人享有生命权。

类似的,布达耶娃案也涉及死亡和财产损害,但是,该损害结果是由自然风险——泥石流造成的,不是人为造成的。故欧洲人权法院重申《公约》第2条不仅适用于因国家行为造成的死亡,而且适用于要求国家承担积极义务,采取适当的方式捍卫其管辖范围内的生命。具体来说,欧洲人权法院在实体和程序方面论证了国家捍卫其管辖范围内生命的义务:一方面,在实体上,要求国家采取事前的规制措施监管风险,并将威胁生命的紧急状态充分地通知公众;另一方面,在程序上,确保在风险发生并导致死亡结果时,采取事后的司法调查。[①] 为了详细论证实体方面的义务,欧洲人权法院进一步论说,在危险或风险活动中,应根据争议中相关活动的性质特别强调规制方式,尤其是根据对人的生命产生潜在风险的等级加以调整。国家必须管理影响环境活动的许可、设立、运作、安全以及监督,必须强制相关机构采取实际措施有效地保护因固有风险处于危险中的公民。在这些损害预防措施中,我们应特别强调公众享有获得信息权。在布达耶娃案中,欧洲人权法院认为俄罗斯政府没有将泥石流的风险通知公众,且该措施被认为是有效保护公民的重要措施,从而违反了《公约》第2条保障生命权的积极义务。在程序方面,欧洲人权法院认为,应当提供适当的程序性措施,作为认定影响环境的活动产生危害以及责任人所犯错误的依据。

2.受理获得环境信息案件,提供风险救济

不是所有涉及获得环境风险信息案件的申诉者都能提供工业或自然危险产生真实且可以证成的风险的依据,即使环境风险信息能支持利害关系人作出避免风险的选择。例如,若个人在许久前暴露在有毒的环境风险中,因此,导致其将当前健康问题的恐慌或焦虑与该环境风险关联,欧洲人权法院的判例发展了另一种解决方式,希望获得暴露于环境风险中以及后续监管数据的信息,以兹证明其所患疾病同暴露事实之间存在因果关联。因此,这些案件不同于格拉案、厄内尔依力孜案以及布达耶娃案,后者是通过获得环境信息以避免损害风险,而前者在于申诉者处于现实的风险中的事实无可争议,申诉者

---

① Budayeva and Others v. Russia, application nos. 15339/02, 21166/02, 20058/02, 11673/02, 15343/02, judgment of 29 Sep. 2008. para. 131.

获得的信息不能使之避免风险,因为暴露在环境风险中的事件发生在过去,但是,环境信息的获得能帮助其减少恐惧和焦虑。在这种情况下,相关当事人能选择赔偿或为其提供的医疗服务。

欧洲人权法院在处理麦克金利和伊根案中表达了这一观点。该案中,申诉者没有根据其暴露于圣诞岛上的核辐射本身向欧洲人权法院提起申诉,相反,申诉者根据联合王国的法律未获得核辐射与其健康状况具有因果联系的信息,即证明其在圣诞岛出现及之后同时出现的健康问题与核辐射之间存在因果关联而主张战争抚恤金。最初,欧洲人权法院根据《公约》第 8 条之规定受理申诉人获得环境信息的权利。因为欧洲人权法院认为,信息能够"减少申诉者的恐惧,或确保评估其是否暴露于危险中",①而获得环境信息同《公约》第 8 条保障的私人和家庭生活权利密切相关。在认可适用《公约》第 8 条时,欧洲人权法院继而决定联合王国是否违反了相关规定:若政府从事类似本案的危险活动,具备对人的健康产生潜在不利后果的,《公约》第 8 条尊重私人和家庭生活的权利要求国家提供有效且可行的程序,确保个人获得相关的、适当的信息。

在洛希(Roche)②案中,申诉者于 1963 年在联合王国的波登当(Porton Down)臭名昭著的神经毒气实验中服役。同麦克金利和伊根案中的申诉者一样,洛希出现了健康问题,但医生均不认为其健康问题同之前暴露于神经毒气之中的事实相关。之后,洛希不再主张事实本身,相反,他主张波登当没有对毒气实验提供足够的信息。由于洛希申请服务抚恤金,故联合王国政府认为,类似的麦克金利和伊根案,抚恤金法庭规则提供了有效的、可行的程序,以确保其获得一切相关的、适当的信息。在洛希案中,欧洲人权法院重申了麦克金利和伊根案中的判词,认为可以适用《公约》第 8 条之规定受理获得环境信息的案件。但不同于麦克金利案,后者于 1998 年 6 月 9 日作出判决,洛希案于 2005 年作出判决,期间,一项重要的文件——《奥尔胡斯公约》于 1998 年 6 月 25 日通过,2001 年 10 月 30 日生效。换句话说,《奥尔胡斯公约》中确认的获

---

① McGinley and Egan v. the U. K. ,10/1997/794/995-996,judgment of 9 Jun. 1998. para. 97.

② Roche v. the U. K. ,application no. 32555/96,judgment of 19 Oct. 2005.

得环境信息的权利是影响欧洲人权法院判决的重要因素。①

另外,同麦克金利和伊根案类似的是 L.C.B.案。在 L.C.B.案中,申诉者不是服役者本人,而是其女儿。申诉者主张联合王国没有为其父母提供信息证明其父亲暴露于核辐射中的程度,没有监管其本人在婴儿时期的健康状态。由于缺乏这些信息使得其家庭未能有效选择尽早治疗。判决中,欧洲人权法院认为本案不违反《公约》第 2 条的规定:一是因为不能肯定国家在事发时拥有相关信息,以证明申诉者的父亲暴露于核辐射的危险程度;二是因为即使国家拥有这类信息,国家仅建议其父母管理儿童的健康;三是因为欧洲人权法院认为,是否监管未出生以及自出生起的申诉者的健康将导致尽早诊断并治疗以减少疾病恶化是不确定的。② 但是,欧洲人权法院相信,国家有义务使其父母知晓相关存在威胁生命的疾病风险的信息。

在 L.C.B.案中,欧洲人权法院似乎接受申诉者主张获得环境信息的权利是缓解其健康问题焦虑的基础。此时,欧洲人权法院不要求申诉者证明其健康问题因早期暴露于风险之中而引起,作为替代,欧洲人权法院认定提供获得环境信息的机会可以证明因果关系。

(二)国家未履行环境信息评估义务的案件

欧洲人权法院根据判例认为,调查潜在环境影响并将影响信息公开可以通过《公约》第 8 条予以保护。在贾克梅里③案中,申诉者居住在布雷沙(Brescia),距离其所有的住宅 30 米处有一座废物(包括有毒废物和无毒废物)储存和处理厂。1989 年,伦巴底(Lombardy)区议会授权许可该工厂运营 5 年,并在 1991 年允许其增加处理废物的总量,但是,区议会在作出运营许可前未开展意大利《环境法》第六条、22/1997 号法令要求的环境影响评价,以确保该工厂遵守意大利的环境法。最后,当工厂运营商申请延长许可时,区议会才进行环境影响评价,不过,此时该工厂已运营 7 年之久。虽然,事后着手的环境影响评价报告显示该工厂违反了两部不同的意大利环境法,但是,地方当局仍未依照法律规定和意大利相关法院的判决中止该工厂的运作。④ 在穷尽国

---

① CHRIS HILSON. Risk and the European Convention on Human Rights:Towards a New Approach [A]. In the Cambridge Yearbook of European Studies 2008—2009, Volume 11. Oxford:Hart Publishing,2009.

② L.C.B. v. the U.K.,14/1997/798/1001,judgment of 9 Jun. 1998. para. 38-41.

③ Giacomelli v. Italy,application no. 599099/00,judgment of 26 Mar. 2007.

④ Giacomelli v. Italy, application no. 599099/00, judgment of 26 Mar. 2007. para. 87-88.

内救济的情况下,申诉者根据《公约》第 8 条之规定向欧洲人权法院提起申诉,主张距离其住宅 30 米处的废物储存和处理厂产生了污染。

欧洲人权法院认为,意大利政府的行为违反了《公约》第 8 条之规定,因为意大利行政机构未完成环境影响评估,从而剥夺了房主的程序性权利。另外,在之后完成的环境影响评估显示该工厂的存在产生了消极结果,但意大利政府未中止该工厂的运作,因此,违反了法治原则。通过贾克梅里案,欧洲人权法院扩大解释了《公约》第 8 条之规定,认为该条款包括要求缔约国国内政府执行环境影响评估的义务。

(三)国家提供环境信息但未使用风险预防原则的案件

在巴耳末-夏夫劳斯等诉瑞士案中,虽然欧洲人权法院最终适用"即刻且重大环境损害"标准判决不支持申诉者的主张。但是,该案件的贡献在于少数反对意见中提及的风险预防原则,在以后的环境法制定过程中发挥着重要作用。[①] 本案中,佩蒂特(Pettiti)法官发表反对意见时指出,申诉者不必在一开始就证明存在风险或证明风险的结果是什么,他们只要证明争议是真实且严重的,并且存在风险和损害即可。他指出,巴耳末-夏夫劳斯案中的多数意见忽视了国际机构以及国际公法保护个人和遗产的整体趋势,忽视了欧盟以及欧洲理事会发布的环境文件、《里约宣言》、预防原则的发展,忽视了保护共同遗产原则。若在环境以及威胁人类安全的背景下关注个人保护,则一切国家均需遵守这些原则。他强调本案应该适用"风险预防原则"为个人提供保护。在之后的十余年时间里,欧洲人权法院在判例法中积累了处理不确定性、评估风险的经验,这些经验虽同风险预防原则的适用相近,但是,直到 2009 年,欧洲人权法院始将风险预防原则明确地适用于环境损害以受理国家程序性瑕疵案件。[②]

塔塔尔诉罗马尼亚案涉及巴亚马雷(Baia Mara)金矿的开采。申诉者塔塔尔及其儿子是罗马尼亚公民,他们居住在巴亚马雷。一个在罗马尼亚西北部登记的采矿有限公司于 1992 年成立,同时,该公司名下有一采金厂,坐落于巴亚马雷市附近。1998 年,该公司获得采金许可,1999 年 6 月,该许可经政府

---

① Case Note. Human Rights and the Environment:The Case of Balmer-Shafroth and Others v. Switzerland[R]. 1 Issue 93,Blackwell Publishers Ltd,1998.

② MOA OSTBERG. The Role of the European Court of Human Rights in Enforcing Environmental Norms and Principles(master's degree thesis)[D]. Lund:Faculty of Law University of Lund,2006.

决定获得通过，并在政府公报上予以公布。2001年12月18日，国家矿产资源署就原许可增补了一项附录，修改了持有许可人的姓名。依照该运营许可第十六款之规定，许可持有人得通过一系列的措施，例如，使用一定技术防止污染水源、处理废水、无害地使用金属萃取，以保护环境。环境部于2002年为该公司发放了三项环境许可。其中，第一项环境许可涉及该公司的尾矿库，授权该公司在尾矿库以及附近建筑物中处理化学物质。第二项环境许可涉及采金厂萃取稀有金属。第三项环境许可允许在该工厂和尾矿库之间从事运输。

2000年，支撑满载氰化物的大坝垮塌，导致罗马尼亚、匈牙利和塞尔维亚-蒙特尼哥罗（Serbia-Montenegro）大面积污染。罗马尼亚政府向公众公布了氰化物及氰化物泄露对公共健康和环境产生风险的信息。因此，塔塔尔先生及其儿子主张，该公司在萃取黄金的过程中使用欧洲其他类似公司不再使用的氰化物，从而，给巴亚马雷市带来了严重且危险的污染，同时，储存氰化物对人类健康产生了真实的风险。在萃取过程中医院每年诊断出大量的癌症患者，这些患者均居住在金矿附近。另外，大坝倒塌使得含有氰化物的空气浓度增大，从而恶化了塔塔尔先生的儿子的哮喘。考虑到诉讼主张，欧洲人权法院认为，在暴露于特定剂量的氰化物中的事实同哮喘恶化之间不存在因果关联。①因此，未判决损害赔偿。

但是，欧洲人权法院进一步评估罗马尼亚政府是否履行告诫受氰化物分离过程不利影响的潜在公众的义务，评估罗马尼亚政府是否遵守该项义务，相关公众是否获得了充分的信息，以促使公众参与有关提案的决策。欧洲人权法院指出，罗马尼亚承认环境权，并赋予其宪法价值。同时，《罗马尼亚环保法》亦规定了保护环境原则。欧洲人权法院明确适用"风险预防原则"，虽然罗马尼亚环境部认为欧盟立法未禁止在萃取黄金或银的过程中使用氰化物，且西班牙和意大利等其他欧盟成员国亦使用该物质；政府在发放运营许可时，事先做了环境影响评价，提交了评估报告。同时，该报告显示，使用氰化物萃取金属的技术对环境产生的影响存在不确定性。但是，在欧洲人权法院看来这并不能作为罗马尼亚政府不采取相关措施的借口，进而建议政府不得仅因科学上的不确定就不采取有效的和成比例的措施，以预防对环境产生的重大的、

---

① Tatar and Others v. Romania, decision as to the admissibility of application no. 67021/01, judgment of 06 Jul. 2009. para. 106.

不可恢复的损害风险。① 欧洲人权法院认定,罗马尼亚政府应事先解决采矿对环境和人类健康产生的潜在风险问题。考虑到欧洲人权法院的判例法,《公约》第8条要求政府履行积极的义务,故欧洲人权法院强调公众获得环境信息权的重要,认为公众只有在事先获得有关环境影响的评估报告后,才能评估危险。

第三节 个人环境决策参与权受侵害之案件

欧洲人权法院因受理个人获得环境信息权的案件拉开了保障程序性环境人权的序幕,接下来欧洲人权法院还通过一系列的判例受理保障个人参与环境决策以及环境诉权的案件。而《公约》及其议定书涉及"参与决策"的仅在第一议定书第三条有所规定,但仅涉及自由参与选举。

一、《公约》对"参与权"的规定

《公约》第一议定书第3条规定,缔约国在合理的周期内,在确保人民选择立法机构时自由表达意见的情况下,通过秘密表决,保障自由选举。不同于《公民权利和政治权利国际公约》第二十五条之规定,《公约》第一议定书第3条之规定不包括"直接或通过自由选择的代表参与公共事务的权利"。因此,该条款的作用是有限的。另外,该项规定太过笼统,以致不能将之适用于具体的决策程序,即使个人团体极力主张,亦不得适用。② 例如,在G.和E.诉挪威③案中,申诉者主张拉布兰人民是遭受歧视的少数族群,他们的权利未获得挪威法律的充分保护。欧洲人权委员会在指明《公约》不保障具体少数族群的权利的情况下,补充提到,申诉者是居住在挪威并受挪威管辖的挪威公民。申诉者同其他挪威人一样,在挪威议会享有选举权和被选举权。

另外,《公约》第6条规定在市镇法律认可参与权的情况下,间接保护参与

---

① Tatar and Others v. Romania, decision as to the admissibility of application no. 67021/01, judgment of 06 Jul. 2009. para. 109.

② STEINER. Political Participation as a Human Right[J]. Harv. Hum. Rts. Y. B. , 1988,1(77).

③ G. and E. v. Norway, application no. 9415/81, judgment of 03 Oct. 1983. para. 35.

权。例如,在詹德案中,申诉者所有的财产靠近一家公司储存并处理家庭和工业废料的土地。在废料倾倒过程中,该公司拒绝处理有毒氰化物,有关机构在分析当地的饮用水时发现,该公司附近的井水含有的氰化物严重超标。因此,出于安全考虑,该市镇当局禁止当地人使用该井水作为饮用水并为之提供临时饮用水。之后,氰化物的达标红线被提高,市镇中止了临时供水。接着,该公司要求发放许可委员会延长其许可,并授权该公司扩展其业务。而申诉者则向发放许可委员会主张,由于该公司新的业务将增加水污染的风险,若委员会同意延长许可,则其有义务在水源污染时为当地人供应免费的饮用水。发放许可委员会授权该公司延长许可,但未答应申诉者的要求,且申诉者向政府提起的上诉亦遭否决。所以,申诉者向欧洲人权委员会提起申诉,主张瑞典政府违反了《公约》第6条之规定,因为申诉者不能将发放许可委员会的决定提交司法审查。最后,欧洲人权法院发现,根据瑞典法律规定,申诉者享有免于因倾倒活动产生水污染的权利,且在相关行政机构作出影响环境的决策时,相关利害关系人可以参与决策过程,并在过程中发表意见。故判定,发放许可委员会的决定未经国内法院审查的行为侵犯了《公约》第6条之规定。

除此之外,欧洲人权法院主要通过解释《公约》第8条之规定,认为《公约》第8条在表面上规定保障实体性权利,实际上隐含了程序性权利。在格拉案中,欧洲人权法院认定《公约》第8条确认并保障个人享有获得环境信息的权利,但欧洲人权法院并未解释这样认定的原因。因此,欧洲人权法院为以后通过《公约》第8条保护程序性环境人权打开了方便之门。

二、个人环境决策参与案件之受案标准

在《公约》本身对程序性环境人权和实体性环境人权保持缄默的情况下,欧洲人权法院支持"区域习惯法中的程序性环境人权和实体性环境人权源于欧洲"的论断。[①] 因此,近年来,欧洲人权法院受理个人环境决策参与权遭受侵犯的案件,并为此类案件确定了一系列标准。

(一)《奥尔胡斯公约》确定的一般标准

在塔斯金案和塔塔尔案中,欧洲人权法院在认定缺乏环境信息和公众参

---

① OLE W. PEDERSEN. European Environmental Human Rights and Environmental Rights: A Long Time Coming? [J]. Georgetown International Environmental Law Review,2008,21(73).

与环境决策事实的情况下,应适用《奥尔胡斯公约》,从而认可《奥尔胡斯公约》确立的一般标准。

第一,对具备受害者身份的"公众"的认定。《奥尔胡斯公约》对参与环境决策的主体——"公众"进行了一般描述,认为"公众"是指一个或以上的自然人或法人。根据国家法律的规定或实践中的认定,"公众"也包括自然人或法人的联合、组织或团体。《奥尔胡斯公约》第三条第九款规定:"公众参与条款中的'公众'是不受公民身份、国籍或住所所限的一切非国家主体。"因此,公众还包括非联合国欧洲经济委员会的成员。但是,它对环境决策参与中的"公众"进行了限制性界定,第五款规定,"环境决策中的公众,是指已遭受影响或即将遭受影响的公众,或者是有利害关系的公众;促进环境保护的非政府组织以及满足一国法律要求的视为有利害关系。"《奥尔胡斯公约》对环境决策参与的"公众"的界定强调必须具备两个条件:一是与环境决策存在直接或者间接利害关系;二是环境决策对其产生影响。因此,《奥尔胡斯公约》第六条规定,与环境决策有利害关系的公众享有额外被告知参与相关环境决策的权利。

第二,有意义的参与。"参与"是一个模糊的概念,公众可以通过多种方式影响环境立法,但只有某些特定方式才能称之为法律上的有意义的参与。一般来说,只有实质性参与环境决策,参与之公众为环境决策的形成发生决定性影响,才能称之为法律意义上的"公众"。《奥尔胡斯公约》第六条涉及特定活动中的环境决策的广泛领域里确保公众积极参与的机会。其中,"特定的活动"是指同《奥尔胡斯公约》附件Ⅰ相关的或经成员国根据自由裁量并协调《奥尔胡斯公约》中公众广泛参与的目标以及预防性方式,对环境可能产生实质影响的活动。《奥尔胡斯公约》第七条规定,有关环境的计划、项目和政策的决策环节尽早提供给公众参与;第八条规定,在准备执行可能对环境产生重大影响的规则或适用具有法律约束力的对环境可能产生重大影响的规范性文件时,应尽早提供给公众参与。

尽管《奥尔胡斯公约》确保宽泛的获取环境资讯的权利,以作为公众参与环境决策的重要前提,但是,《奥尔胡斯公约》并不能确保直接的环境参与。第六条第五款规定:"各成员国应在适当时候,申请人提出申请许可之前,要求申请人界定公众范围,开展讨论、提供同期与申请相关的信息。"相应的,相关公众对环境决策的参与依附于申请者的自由裁量。另外,"适当时候"被解释为未强制成员国必须从事某种行为。① 而所谓的有意义或者称之为实质参与即是参与可以影响而非取代决策。《奥尔胡斯公约》第六条第五款和第七款为公众和申诉者提供了参与机会。有学者称之为决策者的"社会习得"(social learning②),而《奥尔胡斯公约》通过"一切公开的选择"(第六条第四款)确保受环境影响者经公众参与影响决策,且通过第六条第八款强制决策者合理考量公众参与以及考量参与的结果。第六条第九款规定公众可以查阅作出决策的依据,强制性要求合理考量本身不仅仅是一种程序上的要求,更是一种实质要求。

如果《奥尔胡斯公约》确定的一般性标准遭到违反,《欧洲人权公约》缔约国的相关人员即具备向欧洲人权法院提起申诉的条件。然而,《奥尔胡斯公约》仅为欧洲人权法院受理个人参与环境决策案件确立了一般标准,具体标准还需由欧洲人权法院在个案中确定。

(二)欧洲人权法院在个案中确立的特别标准

塔斯金案是一系列涉及有毒物质——氰化物用于金矿开采的案件之一。本案中,欧洲人权法院强调个人参与环境决策具体过程的重要性。

在塔斯金案中,申诉者们居住在柏加马及附近村落。其中,塔斯金先生现居住在距离金矿 10 千米开外的迪基利(Dikili);身为农民的塔赫辛(Tahsin)先生同其家人居住在距离该金矿 300 米处的村庄,且在金矿周围区域拥有土地;其他申诉者亦在该矿场附近拥有土地,且均在其所有的土地上进行种植或养殖。

1992 年 2 月,能源和自然资源部授予某公司有效期十年的运营许可,允许该公司在萃取黄金的过程中使用危险物品氰化物。1992 年 6 月 22 日,该公司获得政府相关部门授权,在林区砍伐树木。依照土耳其《2872 号环境法》

---

① STEC C., Casey-Lefkowitz S., Jendroska J.. An Implementation Guide to the UN/ECE Convention on Access to Information, Public Participation in Decision-making and Access to Justice in Environmental Matters (Aarhus: Denmark, 1998) [M]. United Nations: USA, 2000. 103.

② CARINE NADAL. Pursuing Substantive Environmental Justice: the Aarhus Convention as a "Pillar" of Empowerment [J]. Environmental Law Review, 2008, 1(28).

第十条之规定,①环境影响报告由环境部动议发布。1992年10月26日,作为影响报告准备的一部分,相关机构举行了公开会议。开会期间,相关公众被邀请参与,参与者批评了砍伐树木、使用爆破手段以及氰化物的行为。同时,公众表达了对废物进入地下水的担忧。公众向出席的专家询问有关废物处理大坝、引发地震风险等一系列问题,呼吁通过公决决定项目是否上马,并要求国家采取必要的措施。专家们介绍了其他国家的经验,解释了这类活动伴生一定的风险。塔斯金先生指出,市镇议会已对争议中的金矿及其对环境的影响作出适当考量,表明其不反对金矿的运作。但是,国家应采取必要的措施,关注废物处理大坝以及严格的监管系统的建立。最后,塔斯金指出,该区域曾在1938年发生过地震。但在表达意见的27个月之后,影响报告被提交环境部。1994年10月19日,根据影响报告的结论,环境部决定发放矿场运营许可。

1994年11月8日,柏加马和附近村落的一些居民,包括申诉者们在内,向伊兹密尔行政法院提起诉讼,要求该法院审查环境部发放许可的决策。当事人主张,使用氰化物萃取黄金存在固有危险,尤其会对地下水和地方动植物产生破坏性风险。同时,当事人质疑采金对人类健康和安全产生的风险。1996年7月2日,伊兹密尔行政法院驳回了当事人的要求,认为金矿符合环境影响报告中规定的标准,且争议中的决策已依照环境敏感项目的授权程序获得通过。1997年5月13日,最高行政法院推翻了下级法院的判决。该法院评估了环境影响调查以及相关专家报告指出的争议中采矿活动产生的身体、生态、美学、社会以及文化方面的影响。最高行政法院认为,环境影响报告以及专家报告审查了使用氰化物对空气、地下水资源、动植物、噪声干扰、区域规划方面的影响。最高行政法院还认为,水流冲刷以及风力作用导致土壤退化的潜在风险很高,且该区域是地震高发区。该区域的高降雨量将导致洪水暴发。居民使用地下水,若发生氰化物渗漏,则地下水将受污染。而氰化物属于高酸性物质,该物质一旦进入空气或土壤中,会对环境以及动植物产生不利后果。因此,争议中的运营许可未满足公共利益,公司采取的安全措施没有消除相关风险。

1998年2月,省长办公室命令关闭该矿场。但是,该公司在各个部进行

---

① 1983年8月11日于政府公报上公布,《环境法》第十条规定:"提议开展可能引发环境问题的活动时,应起草环境影响报告。该报告应包括提议减少废物损害效果的措施,以及给予必要的风险预防的措施,提供此类报告的项目类型、项目内容,经相关机构通过的原则应经规章规定。"

游说,企图获得开采许可。1999年10月,根据首相要求,土耳其科学和技术研究机构提交了一份萃取黄金过程中使用氰化物产生影响的报告。该报告表明,最高行政法院判定对人类生命和环境产生的风险已被降低到可以接受的限度。根据该份报告的内容,许多部决定发放或者延长运营许可,而这些决策招致了司法争议,且不执行最高行政法院的判决同法治原则相左。但是,该公司仍于2001年4月开始开采金矿。2002年3月,部长委员会通过不公开的"原则决策",该决策许可矿场继续其活动。2004年6月,最高行政法院的法庭要求中止执行行政决策,指出环境部未提交新的环境影响报告。2004年8月,根据行政法庭的判决,省长办公室命令停止采矿,但不久,环境部宣布其支持该公司提交的最终环境影响报告。申诉者因此主张,授予开采金矿许可以及相关的决策侵犯了《公约》第2条和第8条之规定,认为行政机构拒绝遵守行政法院的判决违反了《公约》第6条第1款以及第13条之规定,要求根据《公约》第41条之规定获得合理赔偿。

欧洲人权法院回避认定采矿是否对《公约》第8条构成侵犯的问题。转而,欧洲人权法院将环境影响评价程序同《公约》第8条保障的利益相关联,指明《公约》第8条适用于对个人福利产生影响的严重环境污染。若通过环境影响评价程序确定一项活动对相关个人产生危害,则该活动同私人生活和家庭生活之间存在充分的联系。① 故欧洲人权法院根据《公约》第8条隐含规定的决策参与权受理本案。

欧洲人权法院在适用《公约》第8条时表明,国家作出影响环境问题的决策时,应首先开展调查研究。欧洲人权法院在审查调查研究时应着重两方面的内容:首先,评估国内机构作出决策的实质性价值,以确保该决策遵守《公约》第8条之规定;其次,审查决策的程序,以确保决策平衡了个人的不同利益。② 尽管《公约》第8条未明确规定程序性要求,但是,根据欧洲人权法院的判例法可知,导向干预措施的决策程序应"公正"且为《公约》第8条保障的利益提供"适当的尊重"。因此,欧洲人权法院有必要审查一切程序方面的事项,包括相关政策或决策的类型、决策过程中个人意见被考量的程度、可适用的程序性保障。③

---

① Taskin v. Turkey, application no. 46117/99, judgment of 30 Mar. 2004. para. 113.
② Taskin v. Turkey, application no. 46117/99, judgment of 30 Mar. 2004. para. 115.
③ Id., para. 118.

之后,欧洲人权法院转而解释公正和适当的尊重决策参与,要求在作出环境政策决定之前,决策过程首先应涉及适当的调查和研究,政府才能提前预测和评估损害环境和侵犯人权的相关活动的后果。环境影响评估过程是遵守《公约》第8条作出决策的先决条件。若国家必须决定复杂的环境问题和经济政策,则决策过程必须首先包括适当的调查研究,以许可其预测并提前评估这些活动对环境和个人权利产生的影响,确保其在不同利益之间做到公正平衡。若利害关系人认为其利益或意见未获得充分的考虑,则有权对任何行政决策、作为或不作为向欧洲人权法院提起申诉。

第四节 环境诉权受侵害之案件

《公约》第6条第1款规定,"在决定其公民权利和义务、针对其提出的刑事指控,人人有权在合理时间内,依照法律规定,获得独立的、不偏私的法院的公正且公开的审判。……"《公约》第6条保障的获得公正审判的权利是法治原则的拱顶石之一。该规范同时适用于民事诉讼和刑事诉讼,不仅包括提起申诉的权利,亦包括执行判决的权利。[①]

一、《公约》第6条的含义

一是适用第六条第一款的一般要求。"公民权利和义务"的概念不得仅仅依赖国内法的解释,它是一个源于《公约》的自治概念。适用该条款时,其不得考量申诉人的地位、解决争议的立法的性质,亦不考虑管辖该事项的机构的性质。[②] 欧洲人权法院得依照文本解释的方式界定《公约》第6条第1款中相关语词之概念。

在民事争议方面,适用《公约》第6条第1款时,我们应注意:第一,必须存在争议;第二,争议必须关联"公民权利和义务",即相关权利和义务至少在国内法上获得承认;第三,必须是《公约》意义上的"公民"权利,尽管《公约》第6条未向缔约国的法律体系限制任何具体内容。

---

① Hornsby v. Greece, application no. 18357/91, judgment of 01 Apr. 1998. para. 40.
② Georgiadis v. Greece, application no. 21522/93, judgment of 29 May 1997. para. 34.

二是"争议"的含义。"争议"(英文"dispute",法语"contestation")是一个被赋予实质意义而不是形式意义的语词。① 解释"争议"时,我们不得仅看其表象,亦不得仅看其用语,而应依照个案关注其实际状况。《公约》第 6 条不得适用于未涉及对抗当事人的非辩论和单方诉讼。"争议"必须是真实的,且具有重要的性质。例如,仅因监狱中出现 HIV 感染者而控诉监狱机构,则不属于争议。② 争议不仅涉及现实存在的权利,亦涉及权利的范围、行使该权利的方式,同时,争议还得关注事实。③ 诉讼结果必须对争议中的权利产生直接的决定性作用。因为,一项脆弱的关联或者产生较远的结果不足以使《公约》第 6 条之规定发生作用。由此,欧洲人权法院确立了"弱联系或遥远的结果不充分"原则。例如,在巴耳末-夏夫劳斯案中,欧洲人权法院认为质疑延长核电站运营许可的合法性不属于《公约》第 6 条第 1 款保护的范围,因为申诉者未证明其本身暴露在具体且即刻的危险中,所以,认定延长决定同保护生命权、身体完整以及财产权之间的联系太脆弱、太遥远。在艾文·阿塔那索夫(Ivan Atanasov)④案中也有类似的判决。欧洲人权法院认为,申诉者主张滥采矿藏对植物产生的环境影响属于臆想,不属于其受理范围,故驳回申诉。相反,建造大坝将淹没申诉者所在村庄的案件,⑤在申诉者所在村庄附近使用氰化物开采金矿的许可案件⑥则属于《公约》第 6 条第 1 款保护的范围。另外,由地方环保团体就规划许可提起司法审查的申诉,欧洲人权法院在考量团体及其创建者的身份、其追求的目标受空间和实质限制的事实,判定相关争议同法律团体主张的权利之间存在充分的联系。⑦

三是存在争议的权利在国内法上获得确认。《公约》第 6 条并未就缔约国

---

① Le Compte, Van Leuven and De Meyere v. Belgium, application no. 6878/75, judgment of 23 Jun. 1981, para. 40.

② Skorobogatykh v. Russia, application no. 4871/03, judgment of 22 Dec. 2009.

③ Benthem v. the Netherlands, application no. 8848/80, judgment of 23 Oct. 1985, para. 32.

④ Ivan Atanasov v. Bulgaria, application no. 12853/03, judgment of 02 Dec. 2010.

⑤ See, e. g. , Gorraiz Lizarraga and Others v. Spain, application no. 62543/00, judgment of 27 Apr. 2004.

⑥ See, e. g. , Taskin v. Turkey, application no. 46117/99, judgment of 30 Mar. 2005; Zander v. Sweden, application no. 14282/88, judgment of 25 Nov. 1993.

⑦ See, e. g. L'Érablière A. S. B. L. v. Belgium, application no. 49230/07, judgment of 24 Feb. 2009.

国内法上的"权利"作出具体规定,原则上,欧洲人权法院在决定一项权利是否存在时,应考量国内法之规定。欧洲人权法院得决定诸如生命权、健康权、健康环境权、尊重财产的权利等在国内法上得以确认。争议中的权利在国内法上有法律基础。欧洲人权法院不得通过解释《公约》第 6 条第 1 款之规定创造一项在国内法上没有法律基础的实体性公民权。但是,个人是否享有可诉的国内诉求不得仅仅依赖国内法界定的相关公民权的内容,还得依赖程序性预防措施的存在。在涉及程序上的可诉性时,其应适用《公约》第 6 条第 1 款之规定。原则上,《公约》第 6 条之适用不得对国内法上存在的权利施加实质上的限制。在实际操作过程中,决定是否存在公民权、区别是否存在实质或程序上的限制时,我们必须首先考虑国内法的相关条款,以及国内法院的解释。欧洲人权法院的终审判决不得溯及既往地剥夺申诉者的诉求,因为国内法院决定的相关问题是欧洲人权法院终审判决的基础。另外,申诉者就国内法确认的权利保护必须是明确的诉求。例如,在团体诉讼中,若团体诉讼不是公益诉讼,且团体寻求自身以及团体成员的权利保护,该团体主张其作为法人所享有的特定权利,则欧洲人权法院得根据《公约》第 6 条第 1 款之规定受理该团体的申诉。①

四是权利具备"公民"性质。根据《公约》之规定考量一项权利是否具有"公民"性质须通过相关责任国国内法规定的权利的实质内容和效力来决定,而非通过权利在法律上的分类来决定。欧洲人权法院须考量《公约》的目的以及其他缔约国的国内法律体系。通常情况下,国内法确定私人为公民的,欧洲人权法院不再质疑《公约》第 6 条第 1 款有关争议的适用。而许多领域则被欧洲人权法院排除在《公约》第 6 条保障的范围之外,其中包括赋税申诉,因为赋税属于公共机构特权的核心组成部分;移民申诉,即涉及外国人进入、居留、迁徙、授予政治庇护;持有护照权利的申诉;国籍权申诉。但是,若仅涉及不影响权利实质的诉讼阻碍,则外国人申请工作许可的权利属于《公约》第 6 条保护的范围,即使国内法规定雇员没有出庭权。另外,政治权利,例如,选举权、保留议席的权利、作为前议会成员获得抚恤金的权利、政党开展政治活动的权利不属于《公约》第 6 条第 1 款规定的公民权利;行政议会选举监督的非政府组

---

① See, e. g. , Collectif National d'Information et d'Opposition à l'Usine Melox-Collectif Stop Melox et Mox v. France, application no. 75218/01, judgment of 12 Jun. 2007. 本案中,一团体主张公众享有获得环境信息并参与环境决策的权利。

第四章 欧洲人权法院根据《公约》程序性条款受理个人环境申诉案件

织因被拒绝取得同申诉者本身无关的信息的诉讼不属于《公约》第6条第1款保护的范围。最后,欧洲人权法院重申,庭审中陈述事项的权利不属于公民权利。①

综上,依照欧洲人权法院的判例法,为了适用《公约》第6条之规定,公民权利和义务应至少被国内法承认,并且,对公民享有的权利和需要履行的义务存在争议。其中,争议必须是真实的、严重的、可论证的,申诉者的论据必须充分,且对争议中的权利产生决定性影响。

二、《公约》第6条之适用

《公约》第6条第1款仅提供司法保障,但不得将之理解为决定某人所享有之权利遭受损害时赋予其诉讼权。在欧洲人权法院看来,若缔约国妨碍诉讼,则《公约》第6条的保障显得徒劳。换句话说,若欧洲人权法院不得不在具体案件中决定国内法是否确认某项权利时,则对第六条的解释不得在国家法的层面创设一项实体性权利。② 欧洲人权法院在根据实体性权利条款以及获得环境信息权、环境决策公众参与权等程序性条款受理案件的情况下,公众对风险的关注无疑是反对相关工业活动的有力证据。在其他案件中,例如,麦克金利案、洛希案、L.C.B.案等,申诉者对过去其暴露在风险中的认知同科学证明其当下健康问题的证据之间是否存在联系是争议的焦点。但是,欧洲人权法院就公众对过去相关事故中类似风险的恶性认知程度尤其关注,特别是在洛希案中。当然,也有一些案件涉及公众对当前风险的关注。在这类案件中,通常申诉者并不主张获得相关的风险信息,他们更多地质疑科学的准确性,因此,这些信息并不能帮助其作出自由选择。所以,申诉者一般希望能够通过司法机构审查政府授权从事风险活动的合法性。③ 在国内法认可实体性环境人权或程序性环境人权的情况下,欧洲人权法院根据《公约》第6条之规定分情况受理个人环境申诉案件。

(一)环境诉权未得到国内法院保护的案件

为了保护个人享有法定的健康权、隐私权、生命权和环境权,若缔约国国

---

① ECtHR. Practical Guide on Admissibility Criteria(2014)[EB/OL]. www. echr. coe. int,2015-01-14.

② Sporrong and Lonnroth v. Sweden,7151/75,judgment of 23 Sep. 1982. para. 150.

③ SLOVIC P. Perception of Risk[J]. Science 280,1987,236(280);STANLEY N. "Public Concern:The Deicision-Makers"Dilemma[J]. JPL 919,1998.

内法院不能对法定权利提供救济,则欧洲人权法院采用积极保护的态度支持申诉者的申诉,审查政府授权私人从事环境风险活动的合法性,而不问损害同证据之间是否存在关联性。

在詹德案中,申诉者所有的财产靠近一家公司储存并处理家庭和工业废料的土地。在废料倾倒过程中,该公司拒绝处理有毒氰化物,从而导致当地饮用水中的氰化物含量严重超标,且公司还继续要求瑞典政府发放许可委员会延长其许可,并授权该公司扩展其业务。之后,发放许可委员会授权该公司延长许可,而申诉者就水污染向政府提起申诉,但遭否决。申诉者向欧洲人权委员会提起申诉,主张瑞典政府违反了《公约》第6条之规定,因为申诉者不能对发放许可委员会的决定提请司法审查。欧洲人权法院认为,根据瑞典法律的规定,申诉者享有免于因倾倒活动产生水污染的权利,裁定瑞典政府发放许可委员会的决定排除国内法院审查的行为侵犯了《公约》第6条之规定。

詹德案是申诉者对相关风险的认知同政府机构的态度不一致的典型案件。科学证据显示,储存并处理家庭和工业废料的选址不一定污染饮用水。然而,尽管有科学证据,但是,申诉者生活在饮用水可能被污染的恐慌中,结果,申诉者用水桶、水罐、水瓶等方式在其他地方收集饮用水。① 瑞典政府认为,本案不得适用《公约》第6条之规定,因为,政府有义务提供司法救济,而这救济涵盖广泛的环境事务,以满足原告对暴露在潜在环境风险中,而非真实的损害风险中的诉求。② 不过,本案中,欧洲人权法院并不支持瑞典政府的抗辩。

(二)环境诉权得到国内法院保护的案件

在詹德案之后,欧洲人权法院根据《公约》第6条审查政府授权私主体从事环境风险活动的合法性时适用"弱联系或遥远的结果不充分"的原则,如果国内法已经提供充分的救济,欧洲人权法院不再受理此类案件。

在塔伊拉(Tauira)诉法国③案中,申诉者是法国波利尼西亚的居民,现居住在原子能厂4千米至10千米之间。申诉者主张《公约》确认的一系列权利包括生命权、免受酷刑的权利、私人和家庭生活受尊重的权利以及财产权遭到侵害。但是,欧洲人权委员会驳回了其诉愿。欧洲人权法院认为,申诉者未提

---

① Zander v. Sweden, application no. 14282/88, judgment of 25 Nov. 1993. para. 31.
② Id., para. 23.
③ Noel Narvii Tauira and Eighteen Others v. France, 3 IELR 774(1995).

供具体的证据证明核试验对个人产生了直接影响,故申诉者不具备《公约》规定的"受害者"身份。在当时的欧洲人权委员会看来,使用核能产生固有的风险不足以证明其是《公约》规定的受害者,因为人类的许多活动均产生风险。申诉者需要提供充分证据证明可能造成损害的程度,且这种损害并不遥远。依照欧洲人权委员会的看法,申诉者没能提供证明,他们仅主张原子能实验产生潜在的结果,但这一结果被视为同其人身造成的直接影响之间的关系太遥远。所以,在塔伊拉案中,申诉人提出的对健康、财产价值的影响以及食用被污染鱼类的风险均是想象的。欧洲人权委员会要求申诉者提供损害证据,而申诉者关注的是法国机构作出决定时缺乏完整的程序。例如,申诉者关注缺乏环境影响评价、缺乏公众参与恢复原子能实验决定的机会。

在 L.、M. 和 R. 诉瑞士①案中,申诉者关注铁路运输核废料发生事故的风险。申诉者居住在火车站附近,对授权的合法性向国内法院提起诉讼。但是,瑞士联邦法院因居住在交通线路附近的风险并不高于一般公众面临的类似风险而否决了其诉讼资格。申诉者根据《公约》第 6 条之规定向欧洲人权委员会提起申诉,同时,主张授权运输核废料的风险侵害了《公约》第 2 条规定的生命权。欧洲人权委员会同时驳回了申诉者的这两个诉愿。就是否适用《公约》第 6 条之规定,欧洲人权委员会认为,瑞士法院作出否定其诉讼资格的决定合理,因为申诉者主张的风险并不是异常的、真实的危险时,不享有诉讼资格。欧洲人权委员会认为,瑞士相关机构作出的决定遵守了国内和国际就火车车厢的安全规范,构成风险预防以保护生命,因此并不适用《公约》第 2 条之规定。

在巴耳末-夏夫劳斯案中,欧洲人权法院多数意见再次适用"弱联系或遥远的结果不充分"的原则。该案中,申诉人居住在距离核电站四五公里范围内一号围堵区的 Witeroltigen、Deltigen 和 Gummenen 村落。根据瑞士联邦委员会的决议,因授权核电站运营许可,申诉人不得向裁判机构提起诉愿。由于申诉者主观认为,瑞士联邦委员会的决议损害了其享有的环境利益,但不能就此向瑞士司法机构提起诉讼,申诉者最终向欧洲人权法院提起申诉。在受理本案时,欧洲人权法院根据《公约》第 6 条审查案件事实时,认为完整的身体权

---

① L, M and R. v. Switzerland, application no. 20919/92, judgment of 29 Aug. 1997.

利已由瑞士法律获得充分保护。① 欧洲人权法院认为，瑞士联邦委员会的决定更像是一个司法行为而非一般的政策决定。

之后，欧洲人权法院审查该项决定是否对申诉人享有的权利产生决定性影响时，重申不受理任何试图提起有关环境风险或环境损害的公益诉讼。本案中，申诉人没有证明核电站的运营使之暴露在严重的、具体的、即刻的危险中。所以，指控瑞士联邦议会的决定造成生命权损害是臆想的。在欧洲人权法院看来，瑞士联邦委员会的决议同申诉人主张的权利之间过于脆弱和遥不可及。故欧洲人权法院认为，《公约》第6条第1款之规定不适用于本案。同时，欧洲人权法院还毫不犹豫地指出，如何使用核电站是缔约国依据民主程序自我决定的事项，《公约》第6条第1款仅在个人权利受到非法干预时有向欧洲人权法院提起申诉的权利。欧洲人权法院无权审查臆想的争议，更不能对申诉者是否产生严重的、具体的和即刻的危险作出缺乏证据的判断，而瑞士《民法典》的救济可以满足《公约》第6条第1款的要求。但是，本案中有7名法官发表反对意见。提出反对意见的法官强调，申诉者反对的不是政府的政策决定，而是质疑政府发放许可时缺乏审查运营条件安全性的方式。② 他们认为，在敏感的环境领域需要审查行政行为。他们引用申诉者提交的其居住在电厂附近的证据，发现申诉者面临着充分的风险。于是，他们认为风险预防原则应适用于本案。

除了根据"弱联系或遥远的结果不充分"原则，在国内法院未提供充分救济的情况下，受理质疑政府授权私人从事环境风险活动合法性的案件外，欧洲人权法院还受理国内机构未执行国内法院判决以及相关诉讼未在合理时间内获得司法保护的案件。例如，2003年发生的卡塔多斯诉希腊案。本案中，申诉者主张国内机构未执行国内法院判决且相关诉讼周期过长，从而侵犯了《公约》第6条保障的权利。通过本节第一部分的阐释可知，《公约》第6条第1款确认个人有权将关联公民权利或义务的申诉提交欧洲人权法院裁决。因此，"诉权"成为该条款的组成部分。若国家允许终局判决对一方当事人无效，则诉权实际上归于虚幻。所以，执行判决成为《公约》第6条必不可少的组成部分。在卡塔多斯案中，在七年多的时间内，希腊政府未采取必要的措施遵守两

---

① L, M and R. v. Switzerland, application no. 20919/92, judgment of 29 Aug. 1997. para. 34.

② Balmer-Schafroth and Others v. Switzerland, 67/1996/686/876, judgment of 26 Aug. 1997. Dissenting opinion. para. 42.

项终局判决,实际上剥夺了《公约》第 6 条第 1 款规定的权利。另外,根据《公约》第 6 条第 1 款之规定,国家有义务组织司法系统,其中包括有义务在合理的时间内审理案件,而诉讼合理的周期应根据案件的复杂程度、当事人的行为、处理案件的政府行为以及争议中的权利和自由的重要性而定。① 欧洲人权法院指出,本案并不十分复杂,申诉者本人亦未延误申诉,但责任国政府并未解释诉讼历时长久的原因。最终,欧洲人权法院裁定,诉讼迟延的责任主要由政府承担。

第五节 小结——预防原则之适用

由于《公约》及其议定书本身并未明确确认环境人权,通过《公约》机构的司法解释,虽然扩张了欧洲人权法院的管辖权,但仍受到《公约》及其议定书的限制,欧洲人权法院仅在环境损害严重且同《公约》及其议定书确认的权利存在关联的情况下始得受理个人环境申诉案件。即使欧洲人权法院在受理个人环境申诉案件中扩大了具备受害者身份的个人之范围,但在实践中,欧洲人权法院根据《公约》实体性权利条款主要受理保护环境污染案件,而对未造成环境污染或环境破坏的案件,欧洲人权法院则通过《公约》的程序性权利以及程序性环境人权条款受理。程序性环境人权作为欧洲人权法院确认的权利具备自己的法律特征。

一是程序性环境人权作为环境人权的重要组成部分是保障实体性环境人权得以实现的权利。《公约》并未明确确认实体性环境人权,为了适应环境权司法保障的需要,欧洲人权委员会和人权法院从现有人权条款中扩大解释环境人权,认为程序性环境人权构成了环境人权的一部分,在《公约》及其议定书没有确认实体性环境人权的条件下,通过适用程序性环境人权,保障实体权利的实现。

二是程序性环境人权是具有独立价值的基本权利。程序性环境人权本身可以适用于直接保障公民的健康权和生命权,即公民的环境权益包含在程序性环境人权之中。程序性环境人权之各个形态本身具有独立性,它与宪法上的知情权和参与权并不能等同。环境保护政策制定的公众环境决策参与权以

---

① Kyrtatos v. Greece, application no. 41666/98, judgment of 22 Aug. 2003, para. 40.

及获得环境信息权是健康环境人权保障的重要权利,它本身并不包含政治参与和国家政策的知悉权。有学者认为,程序性环境人权不过是相关知情权、参与权和诉权的特殊化,是环境人权的保障而非环境权的内容。① 然而,这一论断与司法实践不符。欧洲人权法院通过对《公约》第 8 条和第 2 条之解释推导出程序性环境人权,而并没有从该《公约》第 10 条隐含的知情权条款中推导出公民享有获得环境信息的权利。

三是程序性环境人权推动环境民主原则之建构。20 世纪 70 年代,哈丁的"公地悲剧"原则质疑以民主程序解决环境危机的主张,认为在代议制民主下,人们只顾追求一己私利,不仅不愿参与环境保护行动,相反,还会因其私利造成环境破坏。② 然而,20 世纪 80 年代以来,这种新霍布斯主义的主张显得过时,环境作为一种全球性的资源,具有"稀缺性"特征,人们转而主张"全球性思考、地方性行动"的参与式民主作为解决环境危机的主要方向。在民主政治下,人们可以创造出更多的对于环境责任以及政治责任的要素,民主不再是阻碍环境保护的障碍,反之,成为促进环境保护的推动力,这种新形式的民主构成了环境民主,而环境民主已经作为现代宪政的重要准则。环境民主是一种审议式民主,它通过人与人之间的理性反思以及公共判断,共同思考环境这一公共问题。③ 换言之,它试图构建一种理解彼此价值、观点及利益,共同寻求环境利益以及各方均可以接受的环境保护方案。程序性环境人权包括三种形态,即获得环境信息权、环境决策参与权、环境诉权。其中,获得环境信息权是为人们作出选择、参与决策服务,而环境决策参与权强调所有参与者都充分信任,相互合作,支持事实上的环境决策,即使他们对结果可能并不完全认同。当环境知情权、参与权遭到侵犯时,环境诉权则发挥了充分的保障作用。

在判例法中,欧洲人权法院适用或援引损害预防原则和风险预防原则,首先将《公约》第 8 条赋予程序面相。欧洲人权法院认为,若个人关注的活动的危险效果是环境影响评价程序中的一部分,则足以证明该风险同私人和家庭生活获得尊重的权利之间存在密切联系。否则,国家采取合理的、适当的措施保障申诉者的权利的积极义务无效。这一新的标准具有重要意义,因为之前,《公约》第 8 条仅适用于直接的、可以证明的环境污染案件,新标准的确立和适

---

① 吴卫星. 环境权研究——公法学的视角[M]. 北京:法律出版社,2007:92-100,112-134.
② HARDIN G.. The Tragedy of the Commons[J]. Science,1968,162(1243).
③ BOHMAN. Public Deliberation:Pluralism, Complexity and Democracy [M]. Cambridge:MIT Press,1996:97-103.

用,使得欧洲人权法院可以受理那些个人处于真实的、严重的、长期的但是无形风险中的环境案件。其次,在厄内尔依力地孜案中,欧洲人权法院又赋予《公约》第2条以程序性面相,认为缔约国政府有义务向利害关系人提供环境风险信息,以保障相关人员自由作出选择。

另外,欧洲人权法院在受理环境案件时适用《公约》第6条规定的程序性权利。国内法律确认公民可以通过诉讼监督政府在环境事务中采取的措施。《公约》第6条提供的程序性保障为环境利益的保护提供了有力支持。

第五章 自由判断余地：欧洲人权法院受理个人环境申诉案件的限制

为了有效保障《公约》及其议定书确认的权利与自由，通过司法解释，根据受案范围，欧洲人权法院受理个人环境申诉案件，直接创设了程序性环境权利，间接保障了实体性环境人权。经过二十余年的不懈努力，欧洲人权法院虽然在保护环境方面取得了可喜成绩，但是，不可否认，在受理环境损害案件尤其是受理破坏环境案件时，其仍然要受到限制。为了尊重缔约国主权，尤其是缔约国司法机构的权威，欧洲人权法院创设并发展适用自由判断余地原理（doctrine of margin of appreciation）以保证在适度范围内受理不同类型的个人环境申诉案件。

第一节 "自由判断余地"在判例法中的含义

"自由判断余地"的语词源于法语"marge d'appreciation"。[①] 有时，在非正式场合，该原理又被称为"策略空间（room for manoeuvre[②]）""呼吸空间（breathing space[③]）""自制原理（doctrine of self-restraint[④]）"。通常，国际法院和法庭鲜以明确的条约规范的形式赋予国家以自由判断余地的权力。相反，适用该原理的可能源于国际司法机构的固有权力，即决定其自身的运行程

[①] GREER. The Margin of Appreciation: Interpretation and Discretion under the European Convention on Human Rights [M]. Council of Europe Publishing, 2000. 5.

[②] Id.

[③] YOUROW. The Margin of Appreciation Doctrine in the Dynamics of European Human Rights Jurisprudence[J]. Conn. J. Int'l L. ,1987,3(111).

[④] O'DONNELL. The Margin of Appreciation Doctrine: Standards in the Jurisprudence of the European Court of Human Rights[J]. Hum. Rts. Q. ,1982,4(474).

第五章 自由判断余地：欧洲人权法院受理个人环境申诉案件的限制

序以及有效地行使管辖。① 这一宽泛的权力包括法院具有规定适用审查标准的能力。该原理最初在传统的军事法、法国宪法委员会的判决以及其他法院决定给予行政机构以适当自由裁量时使用。发展到今天，许多国际司法机构，比如欧盟法院(ECJ)、世界贸易组织(WTO)争端解决机构等均适用该原理。而自由判断余地原理名声大噪则源于欧洲人权法院的判例法。

"自由判断余地"这一语词并未在《公约》中获得明确规定，它是欧洲人权法院基于适用《公约》具体条款所创设的一项原理。它为欧洲人权法院审查国内机构，比如，国内政府、法院和其他国家机构的决策，确立了一种方式。欧洲人权法院从未界定"自由判断余地原理"的确切含义，尽管学者们努力概括，但均无法对"自由判断余地原理"作出精确定义。有学者将之划分为两个分支，分别从"实质"概念和"结构"(structural)概念两个方面理解。② 其中，实质概念是指国家为追求合理的目标而干预《公约》的行为不违反《公约》之规定。这一概念表明，《公约》确认的权利和自由不是绝对的，在特定条件下可以受国家行为限制。此时，自由判断余地原理解决个人自由同集体目标之间的张力。而所谓的结构概念则平衡了缔约国主权和超国家机构执行《公约》规定之间的关系。而且，结构概念还认定缔约国的决定相较于超国家而言具有优先性。自由判断余地原理维持《公约》机构同国内机构之间权力的分配。为了尊重国内机构的判决，它允许欧洲人权法院削弱实质性审查的权力。此时，这类案件多数是缔约国之间没有达成共识的案件。

大体而言，"自由判断余地"是指，依照《公约》及其议定书之规定，欧洲人权法院允许缔约国的立法、行政和司法部门在一定范围内采取措施限制某些权利和自由。③ 尽管欧洲人权法院判例法同其他国际法院就自由判断余地原理的描述有所不同，但是，它们建立在尊重司法和承认规范灵活性的基础之上。前者是指国内机构在履行国际法规定的义务时，国际法院应该尊重他们的自由裁量。④ 因此，国际法院不得替代国内机构行使自由裁量和独立评估的权力。国际司法机构应该保持司法谦抑。后者是指适用自由判断余地原理

---

① SHANY. Toward a General Margin of Appreciation Doctrine in International Law?[J]. European Journal of International Law, 2005,5(907).

② LETSAS. Two Concepts of the Margin of Appreciation[J]. Oxford Journal of Legal Studies, 2006,4(705).

③ See ANDREWS J. A.. The European Jurisprudence of Human Rights[J]. Maryland L. Rev., 1984,43(463).

④ Ireland v. the U. K., 2 EHRR 25, 1978, para. 91-92.

的国际规范应保持开放的特性。① 这些规范提供有限的行为指导,在国家自由运作的领域内维护一个重要的"合法区域"(zone of legality)。② 所以,不同国家的不同国内机构在适用相同的国际规范时可以作出不同但合法的决定。尽管这两个因素相互独立,但是,第一要素同规范适用密切相关,第二要素则关涉规范的解释。换句话说,国际法院并不总是区别这两个要素。而且,这两个要素相互依存:一方面,建构国际规范是尊重司法的前提,另一方面,尊重司法可以促进建构统一的国际规范。

有些学者认为,自由判断余地的适用可能妨碍对国际法规范作出解释,可能对不同国家施加偏见。③ 欧洲人权法院在描述自由判断余地时常常使用"特定(certain)""相对的和充分的(relevant and sufficient)""成比例(proportionate)""可接受(acceptable)"等语词,其表意不清晰,以致导向不可预见的结果,从而对法治构成威胁。④莱斯特(Lester)法官还明确指出,继续使用没有标准的自由判断余地原理将成为使人权成几何级数致命变动的源头,推翻现有判例,不适当地尊重地方传统和实践,将危害欧洲理事会。⑤

不可否认,欧洲人权法院允许缔约国根据自己的方式享有一定的自由裁量权。自由判断余地不同于《公约》留待缔约国在其国内法上执行受保护的人权时享有一般的自由裁量,自由判断余地是欧洲人权法院适用的,用以说明国家采取措施制定政策的裁量行为是否干预或者限制受保障的权利。自由判断余地原理以文化相对主义为根基。而且,欧洲人权法院必须面对不同的文化

---

① See, e. g., Sheffield and Horsham v. the U. K., application no. 22985/93, judgment of 30 Jul. 1998. para. 179 and 192;Odiévre v France, application no. 42326/98, judgment of 13 Feb. 2003. para. 40.

② See,e. g., Vo v. France, application no. 53924/00,judgment of 8 July 2004. para. 82.

③ YUVAL SHANY. Toward a General Margin of Appreciation Doctrine in International Law?[J]. 5 European Journal of International Law 907,2005:915-918.

④ JEFFREY A. BRAUCH. The Margin of Appreciation and the Jurisprudence of the European Court of Human Rights:Threat to the Rule of Law[J]. Columbia Journal of European Law,2004/2005,11(113).

⑤ LESTER A.. Universality versus Subsidiarity:a Reply[J]. European Human Rights Law Review,1998,1(73).

第五章　自由判断余地：欧洲人权法院受理个人环境申诉案件的限制

和发展条件，从而，导致欧洲人权法院要容忍对人权普遍性的威胁。[1] 另外，其要求各个缔约国保障人权，而这只是要求尊重人权普遍性，而非一致性。1993年，《维也纳宣言和行动纲领》[2]（Vienna Declaration and Programme of Action）指出，一切人权都是普遍的、不可分割的、相互依赖的、相互关联的。国际社会必须在相同的基础上以公正且平等的方式在全球范围内对待人权。虽然，国内和区域特性以及不同的历史、文化和宗教背景的重要性应被考虑，但是，国家有责任促进并保障一切人权和基本自由，而不论各自的政治、经济和文化体制存在差别。自由判断余地原理带来了制度上的优势，促进了民主可行性和责任公平性。

另外，赋予国家的自由判断余地不是不受限制的。比如，它并非放任国内决策制定过程，国家决策受到一定的约束。首先，国家必须以诚恳正直的态度行使自由裁量。[3] 其次，国际法院享有审查国内决策是否合理的终审权。即无论国家选择何种行为方式，都必须以规则规定的目标为行动指南，包括评估国内决策的过程和实质性结果，比如，国内机构在作出决策时是否考虑了所有相关因素，决策是否能够促进规范的实现，等等。因此，自由判断余地原理不排斥国际法院的司法审查，它只是限制司法审查的范围。某种程度上，它是一种模糊的审查标准。[4] 一些学者认为，自由判断余地是一种尊重的限度，欧洲人权法院在宣告缔约国违反《公约》、限制《公约》保障的权利之前，将允许缔约国的国家立法、执法和司法机构对《公约》中确认的特定实体性权利进行克

---

[1]　SWEENEY. Margin of Appreciation：Culture Relativity and the European Court of Human Rights in the Post-Cold War Era[J]. International & Comparative Law Quarterly，2005，2(459).

[2]　《维也纳宣言和行动纲领》，简称《维也纳宣言》，于1993年6月25日在世界人权会议上通过，由序言和执行段落两部分组成，是发达国家与发展中国家相互合作和妥协的产物，为各国开展国际合作、实现《联合国宪章》所规定的保护人权和基本自由的目标奠定基础。

[3]　Vienna Convention on the Law of Treaties，23 May 1969，1155 UNTS 311，Art. 26；AKANDE and WILLIAMS. International Adjudication on National Security Issues：What Role for the WTO? [J]. 43 Virginia Journal of International Law 365，2003：389-391.

[4]　O'DONNELL. The Margin of Appreciation Doctrine：Standards in the Jurisprudence of the European Court of Human Rights[J]. Hum. Rts. Q.，1982，4(474).

减。① 所以,自由判断余地可以被定义为一种限度,是国际司法机构监督缔约国在制定或执行法律时行使的自由裁量。

一、自由判断余地的起源与发展

与自由判断余地原理相类似的概念最初在1958年希腊诉联合王国②案中获得使用。该案涉及希腊政府控诉联合王国对塞浦路斯岛的管理,联合王国适用《公约》第15条之规定提出抗辩。《公约》第15条规定,允许缔约国在紧急状态威胁国民生命时克减一定的义务。欧洲人权委员会在向欧洲人权法院提交的建议报告中指出,"在评估急迫情形严格要求的内容时,政府有权行使特定的自由裁量措施(a certain measure of discretion)。"③ 不过,欧洲人权法院并未处理该项建议,因为本案涉及政治争端的解决,所以,不属于欧洲人权法院的管辖范围。

欧洲人权法院在劳莱斯(Lawless)诉爱尔兰④案中第一次深入讨论自由判断余地原理。本案中,G.R.劳莱斯主张爱尔兰共和国不当地使用了预防性拘留,从而违反了《公约》第5条和第6条之规定。⑤ 作为抗辩,爱尔兰政府指出,依照《公约》第15条之规定,预防性拘留是爱尔兰共和国武装力量应对恐怖行为所做的必要反应。欧洲人权委员会主席汉弗雷·瓦多克(Humphrey Waldock)指出,《公约》第15条规定的使用特别权力是否涉及政府评估和时间安排问题,因为这些问题在民生社会中显得十分复杂。欧洲人权委员会承

---

① GROSS, AOLAIN. From Discretion to Scrutiny: Revising the Application of the Margin of Appreciation Doctrine in the Context of Article 15 of the European Convention on Human Rights[J]. Human Rights Quarterly, 2001, 23(625).

② Greece v. United Kingdom. 1958—1959 Yearbook of European Convention on Human Rights 174. 本案中,正值英国统治塞浦路斯,当塞浦路斯发生动乱时,英国依《公约》第15条规定向欧洲委员会秘书长报告它所采取维持秩序的措施,即限制公民权利以及采取措施的理由。欧洲人权委员会确认其行为符合《公约》之规定。此案英国政府胜诉。

③ Id., 第176页。

④ Lawless v. Ireland, application no. 332/57, judgment of 14 Nov. 1960. 本案中,申诉人劳莱斯为爱尔兰公民,因为参加爱尔兰共和军,在未经审判的情况下被爱尔兰政府逮捕拘禁达五个月之久。申诉人主张《公约》第5条至第7条所保护的人身自由、获得公平审判权及禁止刑法溯及既往等权利被剥夺而请求救济。本案中,欧洲人权委员会认为爱尔兰有权在这种情况下限制公民权利,欧洲人权法院确认爱尔兰政府的行为合法。

⑤ Lawless v. Ireland, 1 Eur. Ct. H. R. (ser. A)(1961). para. 45-46.

第五章 自由判断余地：欧洲人权法院受理个人环境申诉案件的限制

认。政府为了防止更糟糕的结果而临时限制了基本权利。《公约》第 15 条在相当特殊的事件中获得适用，此时，政府在战时或其他公共紧急状态威胁国民生命时有责任维护法律和秩序。自由判断余地是指政府承担的责任是一个评估复杂因素的微妙问题，是在相互冲突的公共利益之间作出平衡。一旦欧洲人权委员会或人权法院认为政府的评估至少属于《公约》第 15 条赋予的权力的边缘部分，则政府维持秩序足以证明政府评估的合法性。① 不过，本案中，欧洲人权法院在未参考自由判断余地原理的情况下支持了爱尔兰政府使用预防性拘留的决定。自劳莱斯案之后，欧洲人权法院多承认处于紧急状态中的成员国有权在一定限度内克减公民享有的权利和自由。

在 1968 年的比利时语言②案中，欧洲人权法院第一次在不涉及紧急状态的案件中考虑到了自由判断余地原理。而 1976 年欧洲人权法院审结的恩格尔(Engel)诉荷兰③案和汉迪赛德(Handyside)诉联合王国④案则明确适用自由判断余地原理，这标志着欧洲人权法院将自由判断余地原理的适用范围正式扩大到与紧急状态无关、但涉及《公约》确认的其他权利的案件。其中，汉迪赛德案是欧洲人权法院发展自由判断余地原理里程碑式的案件。该案涉及一册名叫《小红校舍》(Little Red Schoolhouse)书籍的出版。该书籍的目标人群是青少年读者，但该书的内容包括鼓励人们吸食大麻和提倡性自由等具有争议性的问题。当收到控诉后，联合王国检察官要求市镇警察调查出版者的处所。警察搜查了出版者的处所，没收并销毁了相关书籍。在判决书中，欧洲人权法院确立了自由判断余地的标准。

在汉迪赛德案中，欧洲人权法院首先快速确定对汉迪赛德的定罪属于对《公约》第 10 条第 1 款"表达自由权"的干预。其次，欧洲人权法院转而认定联合王国是否根据《公约》第 10 条第 2 款之规定正当地干预该项权利。本案中，

---

① GROSS，AOLAIN. From Discretion to Scrutiny: Revising the Application of the Margin of Appreciation Doctrine in the Context of Article 15 of the European Convention on Human Rights[J]. 23 Human Rights Quarterly 625，2001：632.

② Relating to Certa in Aspects of the Laws on the Use of Languages in Education in Belgium v. Belgium，judgment of 23 Jul. 1968.

③ Engel and Others v. The Netherlands，application no. 5100/71，judgment of 8 Jun. 1976. para. 59，72.

④ Handyside v. United Kingdom，application no. 5493/72，judgment of 07 Dec. 1976.

联合王国对汉迪赛德的定罪是民主社会保护道德所必需。欧洲人权法院审查《公约》第10条第2款的用语时发现,联合王国的行为是依照法律作出的,并且,联合王国保护一项合法的目标——道德,而这正是《公约》第10条第2款明确规定的目标。所以,本案的关键问题在于,联合王国的行为是否是实现该目标所必需的手段。欧洲人权法院在作出判决时考虑了三个要件——

一是欧洲人权法院只是保护人权的辅助性机构。"《公约》要求缔约国作为保障权利和自由的第一场域。"①欧洲人权法院补充说明,尤其是在道德领域,"通常情况下,国内机构能更好地对道德需求的确切内容给出意见。"②欧洲人权法院明确,道德要求因时因地发生快速改变。

二是适用利益平衡原则。在汉迪赛德案中,欧洲人权法院解释了"必需"的含义,指出"必需"不意味着不可或缺(indispensable),相反,它意味着一种"迫切的社会需求(pressing social need)"。③ 欧洲人权法院在本案中试图在汉迪赛德享有的权利和联合王国需要保护的道德之间达成平衡。由于本案关涉青少年,故联合王国胜诉。

三是欧洲人权法院处于监督地位。在汉迪赛德案中,虽然欧洲人权法院强调国家享有宽泛的自由判断余地,但是,该项权力不是不受限制的。"缔约国行使自由判断余地时受欧洲人权法院的监督。该项监督涉及争议措施的目标以及必要性。"④

在早期的案件中,自由判断余地原理已然成为欧洲人权法院判例的组成部分。事实上,至2018年5月,欧洲人权法院审判庭在超过4900件判决中适用自由判断余地,占已受理的近110000宗案件的二十分之一。并且,在过去10年时间里,欧洲人权法院适用自由判断余地原理审理案件较早前翻了两倍多。⑤

---

① Handyside v. United Kingdom, application no. 5493/72, judgment of 07 Dec. 1976. para. 22.
② Id.
③ Id.
④ Id., para. 23.
⑤ 数据是笔者根据欧洲人权法院判例网(http://hudoc.echr.coe.int/sites/eng/Pages/search.aspx#{"kpthesaurus":["238"]})发布的案例整理得来。

二、自由判断余地在欧洲人权法院的适用

自由判断余地原理的发展是国际司法机构试图建构国际法规范,并最小限度地规制国家行为,从而为国家行为预留合理的"合法区域"。当然,学界对自由判断余地原理的使用存在质疑,认为使用该项原理可能减少规范的指导作用,导致国际法适用上的不统一。模糊合法性边界,可能强化国际法的非法律性质。然而,自由判断余地原理毫无疑问可以支持国际司法机构灵活地解读国际法本身。① 另外,在法律多元化背景下,有学者将国际法律规范划分为三种类型,即标准类型的规范(standard-type norms)、自由裁量的规范(discretionary norms)和结果导向的规范(result-oriented norms)。它们在适用时可以具备不确定的特性,所以,给予了国际司法机构适用自由判断余地以适度空间。②

标准类型的规范是指,在区别标准与规则(rule)的前提下,将"标准"限定在包括"公共政策""诚恳正直""合理"或"成比例"等一般特征的范围内。国际法中包含大量的标准类型的规范,比如,"必要""成比例""过分""合理"等,这些标准多出现在例外条款中。虽然规则和标准之间的界限不同,但是,存在一些有用的规则。例如,涉及标准类型的语词时,在例外条款中存在明示或暗示的事实要求。③ 自由裁量规范是指,相关缔约国行使自由裁量时涉及明示或暗示的条件。这些裁量规范可能包含标准类型和规则类型的规范。例如,《联合国海洋法公约》授权沿海国家在其排他性经济区授予或否决海洋科研项目。结果导向的规范是指,该规范对目标的完成无足轻重。国家因此享有广泛的自由裁量以选择实现结果导向规范的方式和路径。例如,多数经济和社会人权要求国家通过自由选择不同的方式履行义务以确保基本的社会服务。类似的,一些环境法规范确定最高的排放配额,但是,授权国家自由决定满足相关目标的方式。

通过分析欧洲人权法院的判例法可知,欧洲人权法院最初在适用《公约》

---

① Golder v U. K., Application no. 4451/70, judgment of 21 Feb. 1975. para. 53 (Separate Opinion of Judge Fitzmaurice).
② YUVAL SHANY. Toward a General Margin of Appreciation Doctrine in International Law?[J]. 5 European Journal of International Law 907,2005:911-913.
③ See, e. g. , KOROBKIN. Behavioral Analysis and Legal Form: Rules VS. Standards Revisited[J]. 79 Oregon L Rev. 23,2000:25-30.

第15条时提及了自由判断余地原理,允许缔约国在战时或者其他公共紧急状态威胁国民生命时克减特定受保护的权利。因为《公约》第15条涉及紧急状态和国家安全,所以,欧洲人权法院授予缔约国以相当宽泛的自由判断余地。责任国政府根据《公约》第15条提出抗辩多获得支持。然而,到目前为止,"自由判断余地原理"的适用条件仍未得到准确界定,其运行规律仍在发展之中。[1] 所以,通过欧洲人权法院现有的判例归纳总结《公约》及其议定书中可以适用自由判断原理的具体权利和自由,根据现有判例,可以发现欧洲人权法院在以下两种情况中最有可能适用自由判断余地原理。

最主要的一种情况是案件涉及《公约》中规定标准类型的条款。缔约国可以对特定权利和自由施以一定的限制或干预,因为《公约》确认的这些权利并不是绝对的,如若相关案件涉及申诉人的权利和自由与公共利益或可能受影响的其他人的利益发生冲突时,就有可能促使欧洲人权法院适用自由判断余地原理。[2]《公约》第8条至第11条第2款均是在保障各条第一款确认的权利的情况下规定诸如"道德""公共秩序""国家安全""必要"等以允许限制受保障的权利。例如,《公约》第9条第1款规定,人人享有思想、良心和宗教自由的权利。同条第二款就规定这一权利不是绝对的,它受到法律的限制,即是说法律基于公共安全、公共秩序、健康、道德、保护他人权利和自由允许国家施加必要的限制。此时,在这类案件中,欧洲人权法院不是"第四级上诉法院",而是一个监督机构。

另一种情况是当案件涉及《公约》条款用语的含义不明确,容易发生歧义时,欧洲人权法院就会考虑适用自由判断余地原理。例如,《公约》第5条第3款中规定的"合理时间",第八条第一款中规定的"私人和家庭生活",以及《公约》第一议定书第1条中规定的"公共利益"和"普遍利益"等术语,在具体适用时都可能造成理解和解释方面的歧义,所以,通常情况下欧洲人权法院需要适用自由判断余地原理加以解释。

总而言之,如果存在某一具有不确定性的领域,缔约国可以自由选择处理方式,那么,这些领域可能适用自由判断余地原理。当然,自由判断余地原理并不适用于《公约》及其议定书保障的所有权利和自由,也不适用于所有类型

---

[1] 孙世彦.欧洲人权制度中的"自由判断余地原则"评述[J].环球法律评论,2005(3).

[2] JEROEN SCHOKKENBROEK. The Basis Nature and Application of the Margin of Appreciation Doctrine in the Case-Law of the European Court of Human Rights-General Report[J]. Human Rights L. J. ,1998,19(30).

第五章 自由判断余地:欧洲人权法院受理个人环境申诉案件的限制

的案件。在适用该项原理时,我们应明确以下四个前提。

一是欧洲人权法院适用自由判断余地原理的前提是案件事实清楚,该项原理不得用于审查证据和确立事实。

二是《公约》及其议定书确认的权利和自由提供了近乎全面的保护,且特定条款的规定非常详尽,没有为自由判断余地、利益平衡留下多余空间,所以,几乎没有给政府在解释和适用中变更相关条款的空间。① 此时,欧洲人权法院在适用这些《公约》及其议定书条款受理申诉时多不使用自由判断余地原理审查责任国的行为。其中,《公约》第2条第1款、第4条第1款、第5条和第6条是典型。② 例如,《公约》第6条确保人人获得公正的审判,为了实现这一权利,该条款明确包括获得公正审判所必需的细节,包括无罪推定、被告人以其知晓的语言获得通知的权利、免费获得翻译帮助的权利、获得法律援助的权利,等等。又如,《公约》第2条规定的生命权在原则上不适用自由判断余地原理。虽然国家履行保障生命权的积极义务的范围充满不确定性和不可预见性,但是,欧洲人权法院或明或暗地拒绝将自由判断余地原理适用于《公约》第2条和第3条。③ 并且欧洲人权法院在很长一段时间内根据《公约》第2条和第3条形成的判例法均未适用自由判断余地原理。④ 而打破这一格局只是这几年的事情,且主要涉及有关剥夺生命的恐怖袭击。在这类案件中,欧洲人权法院承认生命权等在欧洲缺乏统一的保障标准。在费罗格诺夫(Finogenov)⑤案中,欧洲人权法院区别了反恐活动的三个领域,即政治、军事和技术、反恐活动余波,并在这三个不同领域赋予缔约国以不同的自由判断

---

① SCHOKKENBROEK. The Basis, Nature and Application of the Margin of Appreciation Doctrine in the Case-Law of the European Court of Human Rights[J]. Hum. Rts. L. J.,1998,19(30).

② LAVENDER. The Problem of the Margin of Appreciation[J]. Eur. Hum. Rts. L. Rev.,1997,4(380).

③ ARAI-TAKAHASHI. The Margin Of Appreciation Doctrine and the Principle of Proportionality in the Jurisprudence of the ECHR[M]. Cambridge:Intersentia,2002. 220.

④ VAN DIJK VAN HOOF. Theory and Practice of the European Convention on Human Rights (2nd) [M]. Kluwer Law International,1990:86.

⑤ Finogenov v. Russia,application nos. 18299/03 and 27311/03,judgment of 2011. 本案中,恐怖分子袭击莫斯科戏院,挟持了800名人质,要求终止在车臣的军事活动并撤离全部俄罗斯武装。在再三协商未果的情况下,俄罗斯政府决定反击终攻入戏院,击毙所有恐怖分子,同时亦造成129名人质丧生。

余地。

三是如若一个案件明确存在侵权事实，且通常情况下欧洲人权法院适用《公约》及其议定书条款可以适用自由判断余地原理，但是，欧洲人权法院认为没有必要适用该项原理时，不得将自由判断余地原理适用于这类案件。

四是涉及结果导向规范的，《公约》及其议定书条款只要求缔约国履行结果义务，不要求达到这一结果的具体行为和方式，缔约国有权采取合适的行为，而这些行为不受欧洲人权法院审查。此时，欧洲人权法院没有可能，也没没有必要适用自由判断余地原理。

三、自由判断余地在《公约》缔约国的适用

有学者认为在合理尊重缔约国主权的前提下，欧洲人权法院在适用自由判断余地时应考量七个要素，即处于危险中的权利的重要性；缔约国干预权利行为的严重性；受审查的国内机构的专业知识或经验；受审查的国内机构是否经选举产生，或者对选民负责；受审查的措施希望达成的目标是否有助于促进其他人权，包括社会和经济权利；申诉者是否属于少数或者弱势群体；相关案件涉及的背景是否在民主社会公正地确立了连贯的标准。[①] 然而，在可以适用自由判断余地原理的不同领域中，缔约国享有判断余地的范围和程度并不相同而且很难判定。[②] 当然，缔约国享有自由判断余地的程度只是相对的，只能做一个大概判断，但不能作出精确的界定。

一是就案件所涉及的问题或领域，如果缔约国的法律和实践之间存在很高程度的一致性，换言之，存在"欧洲共同基础"或"欧洲共同标准"或"欧洲一致标准"或认同感，那么，缔约国本身就可能不存在自由判断余地，或者仅享有狭窄的自由判断余地，而欧洲人权法院就会对国家的行为或措施是否遵守《公约》及其议定书的规定进行较为严格的审查。

二是受国家积极作为影响的个人权利的性质。即涉及《公约》条款中允许在民主社会所必需的情况下干预《公约》权利和自由的案件，欧洲人权法院虽然尊重缔约国行使自由判断余地，但是，一项权利的性质越重要，或者权利的

---

① VIHAR GEORGIEV. Member States Have a Wide Margin of Appreciation When Drawing National Action Plans in Environmental Protection[J]. European Journal of Risk Regulation,2010,1(86).

② ANDREWS J. A.. The European Jurisprudence of Human Rights[J]. Maryland L. Rev.,1984,13(463).

第五章 自由判断余地：欧洲人权法院受理个人环境申诉案件的限制

实质受到影响和限制，欧洲人权法院会采取更严格的方式审查国内机构的决定，此时，缔约国享有越窄的自由判断余地。①

三是考量限制和干预手段与所要达到目的之间的关联。国家采取的限制和干预手段可能是为了保障与个人利益相冲突的其他利益，这些目的一般由《公约》的限制性条款规定，而国家享有自由判断余地的程度也因目的的不同而有所不同。②

综上，欧洲人权法院适用该项原理的程度依赖不同的因素。其中，有三项因素与之密切相关：第一，国内机构享有相对适用优势，即对主观规范（例如，依赖环境），国内机构能更好地评估；第二，适用标准的不确定性，即就适用的标准，在欧洲存在一致性的程度越高，则成员国享有的自由判断余地越窄；第三，争议中利益的性质，如果处于危险中的个人权利相对不重要，或者只是一类利益，比如"福利"，则国家享有的自由判断余地相对较宽，此时，国家利益的重要性可以平衡个人权利的性质。

第二节 自由判断余地对个人环境申诉案件受理的限制

虽然，欧洲人权法院通过不懈努力扩大了受理个人环境申诉案件的范围，但是，欧洲人权法院只是一个辅助性机构，必须尊重主权国家的权威，尽管自由判断余地原理是欧洲人权法院在审判过程中确立的一项原理，然而，通过分析欧洲人权法院适用该原理审查责任国在环境案件中行使权力的限制，可以帮助我们明确欧洲人权法院受理个人环境申诉案件的立场。

实践中，欧洲人权法院在适用自由判断余地原理时通常运用非常固定的表述，同时，依据责任国应履行义务的不同而区别审查步骤。但是，不管责任国履行何种义务，欧洲人权法院适用自由判断余地原理的前提以及最后作出平衡的步骤是相同的。

---

① LAVENDER. The Problem of the Margin of Appreciation[J]. European Human Rights Law Review,1997,4(380).

② BREMS. The Margin of Appreciation Doctrine in the Case-Law of the European Court of Human Rights[A]. In BREMS. Human Rights:Universality and Diversity[M]. Dordrecht:Martinus Nijhoff Publisher,2001:257-264.

欧洲人权法院适用自由判断余地原理时首先判断是否存在对相关权利和自由的干预。欧洲人权法院在适用《公约》第8条时首先考量相关案件事实是否同本条保护的利益相关，即是否属于住宅、私人生活、家庭生活和通讯的范围。欧洲人权法院在认定相关利益时得根据具体案件事实确定责任国应履行的义务，这可能同时涉及国家应承担的消极义务和积极义务。但无论责任国应承担何种义务，欧洲人权法院均要求相关国家在个人和社区整体利益之间做到公正平衡。① 而欧洲人权法院阐明了国家承担不同义务时要采取不同的方式。

一方面，若欧洲人权法院认为责任国存在不履行消极义务的情况，则其接下来分三步走：第一步，若存在相应的干预，则判定干预是否依照法律作出(prescribed by law)，要求符合立法的最低标准；② 第二步，判断干预是否为了追求合理的目的，具体到适用《公约》第8条，则是指干涉是为了《公约》第8条第2款提到的一个或多个合法目的(legitimate aims)；第三步，判断干预的目的是否为民主社会所必需(necessary in a democratic society)。为了实现这一目的，欧洲人权法院可以考虑适用保护处于危险之中的利益以替代性的方式。③ 对于这三个条件，有学者概括地称之为合法性、合目的性和合比例性。④

另一方面，若欧洲人权法院认定争议中的责任国应履行积极义务时，欧洲人权法院则分两步走：第一步，需要确定国家应承担的具体义务的内容，仅评估国内机构是否遵守对具体义务的规定，此时，不得排除对"尊重"的要求，且具体的因个案而定；第二步，欧洲人权法院要求国家认定紧迫的社会需求，以证明其干预的合法性和合理性。而《公约》第8条列明的合理目的只是为之提供指导，并不具有决定意义。⑤ 因此，此时国家须承担额外的证明责任，证明

---

① Powell and Rayner v. the U.K., application no. 9310/81, judgment of 21 Feb. 1990. para. 41.

② Sunday Times v. the U.K., application no. 6538/74, judgment of 26 Apr. 1979. para. 49.

③ LEACH P. Taking a Case to the European Court of Human Rights (2nd ed.)[M]. Oxford: Oxford University Press, 2005: 284.

④ LAVENDER. The Problem of the Margin of Appreciation[J]. European Human Rights Law Review, 1997, 4(380); 张志铭. 欧洲人权法院判例法中的表达自由[J]. 外国法译评, 2000(4).

⑤ Rees v. the U.K., application No. 9532/81, judgment of 17 Oct. 1986. para. 37.

其是在合理地尊重一切利益的基础上行使权力。

另外,根据本文第三章和第四章的论述可知,欧洲人权法院主要适用《公约》第 2 条、第 6 条和第 8 条受理并审判个人提起的环境申诉案件。在实践中,由于《公约》第 6 条对保障获得公正审判作出具体规定,故欧洲人权法院在涉及《公约》第 6 条的案件中较少适用自由判断余地原理。另外,《公约》第 2 条虽然涉及国家履行积极义务的情况,但是,在现有的判例中,欧洲人权法院仅在恐怖袭击涉及生命权时使用自由判断余地原理。不同于《公约》第 2 条的适用,《公约》第 8 条因其保障的权利本身在措辞上存在不确定性,加之,该条规定了限制权利的条件,国家履行积极义务存在不确定性,故本节以下论述将主要以《公约》第 8 条的适用为依据,分析欧洲人权法院根据自由判断余地原理限制受理个人环境申诉案件的具体情形。其中,由于保护程序性环境人权过程中对具体的程序性要求的明确规定,欧洲人权法院多作出支持申诉人诉求的决定,较少适用自由判断余地原理。不同于受理程序性环境人权遭受侵犯的案件,欧洲人权法院主要在实体方面根据自由判断余地原理限制受理个人环境申诉案件的范围。

一、适用自由判断余地审查责任国行为的合法性

(一)合法性的一般要求

国家公权力的干涉行为具有正当性的第一个条件是,干涉行为必须要依照法律规定。《公约》的基本目的之一是奉行法治。何谓"法治"? 许多学者均试图就"法治"的基本概念和统一要素作出描述。富勒(Lon Fuller)认为,法治包括八项关键要素,即一般适用、公众可知、预见、合理的清晰、内部一致、应该与能够相符合、相对稳定、法律文本与之实施相一致。哈佛大学教授法伦(Richard Fallon)将法治归纳为三项目的和实现这些目的的五项要素:一是法治应保护不受专断和霍布斯式的战争;二是法治应允许人们预见自己行为的后果;三是法治应该保障免于一定类型的专横。而实现这三项目的的五项要素分别是,法律规则和标准以指导人们行为;有效性:法律应该能确实指导人们;稳定性;法律机构最高性:法律应该规制官员、法官以及普通公民;法院应执行法律。[①]

---

① RICHARD J. FALLON. "The Rule of Law" as a Concept in Constitutional Discourse. 97 Colum. L. Rev. 1,1997:7-9.

欧洲人权法院在1979年星期日泰晤士报诉英国①案中依法治原理对"依照法律规定"(prescribe by law)进行解释,从而表明了欧洲人权法院的基本立场。欧洲人权法院认为,"依照法律规定"这一表述提出了两个基本要求:一是法律必须可以充分获知;二是一项规范性文件制定得足够清晰。另外,尽管法律的确定性被高度期待,但它会带来过分僵化,所以,法律必须随情势的变化而发展。在此后的判例中,欧洲人权法院对审查"依照法律规定"这一要件的标准不断概括,这类标准主要包括三个方面。

一是干涉行为在国内法上有依据。从欧洲人权法院的实践看,对于"干涉行为在国内法上有依据"这一标准,欧洲人权法院需要解释"国内法"的范围。有学者认为,"法律"仅指制定法,不包括判例法;有学者认为,它广泛地指代所有被授予立法权的机构所作出的决定。② 而欧洲人权法院则持有宽泛的立场,认为国内法既包括制定法,也包括以普通法国家为典型的法官造法或判例法。③ 同时,欧洲人权法院认为"国内法"还包括可在国内适用的国际法,以及其他基于立法授权产生的法律渊源,如政府法规、规章等。这种立场意味着欧洲人权法院承认国内当局在这方面拥有广泛的裁量余地。

二是国内法可被充分获知(accessibility)和可以被预见(foreseeability)。"可获知"的一个最基本要求,即要求公布相关国内法。"可预见"则要求国内法在表达上必须准确,但法律的准确性不是绝对的,只要求合理限度内的准确。在欧洲人权法院的实践中,欧洲人权法院认为界定法律的可预见性在很大程度上取决于规范性文件涵盖的领域,并且,主要由国内机构解释和适用国内法而不要求相关国内法在任何案件中提供所有的行为后果。④

三是法律明确规定防止恣意干涉。法律授予公权力享有者的自由裁量权,需要明确地指明裁量权的范围及其行使方式,并参考相关的合法目的,保

---

① Sunday Times v. United Kingdom, application no. 6538/74, judgment of 26 Apr. 1979.

② Council of Europe. The Exceptions to Article 8 to 11 of the European Convention on Human Rights [R]. 1997.10, 注 16.

③ Sunday Times v. United Kingdom, application no. 6538/74, judgment of 26 Apr. 1979, para. 47.

④ Chorherr v. Austria, application no. 13308/87, judgment of 25 Aug. 1993. para. 25. 本案中,申诉者因扰乱公共秩序,拒绝停止在奥地利阅兵期间散发传单和贴标语,故被国内机构逮捕、羁押、定罪。申诉者不服国内判决,根据《公约》第10条之规定向欧洲人权法院提起申诉。

障防止恣意干涉。

"法律明确规定防止恣意干涉"这一要求与法律的"可预见"或"可获知"的要求密切相关,它是在法律授予公权力机构行使自由裁量权时对结果的"可预见"或"可获知"的强调。当然,对限制宽泛的自由裁量权、防止恣意干涉而言,该要求强调的是有效保障措施的存在,"可预见"或"可获知"的要求则还需要解决存在的方式问题。另外,需要说明的是,欧洲人权法院关注的主要是可适用的国内法,即审查国家法的价值以及是否在利益之间作出适当平衡,而非是否缺乏国内法本身。

(二)合法性在个人环境申诉案件中的运用

"合法性"是一个刚性要求,一旦国家行为违反国内法律法规、相关缔约国承认的国际条约和国际标准的要求,欧洲人权法院通常支持申诉人的主张。实践证明,欧洲人权法院受理的个人环境申诉案件中大量的案件涉及国家机构没有遵守或者考虑国内立法和其他规则。

例如,在格拉案中,工厂排放物不符合西班牙相关环境法律规定的排污标准。在贾克梅里案中,废物储存和处理厂产生污染,地方政府未依照本国环境法的要求在工厂运营前进行环境影响评估,事后,意大利地方当局也未依照法律规定和意大利相关法院的判决中止该工厂的运作。① 此外,塔斯金案、法德耶娃案、莫雷诺·戈麦斯案均涉及违反本国法律法规或承认的标准。

二、适用自由判断余地审查责任国行为的合目的性

(一)合目的性的一般要求

国家公权力的干涉行为符合"合法性"的要求并不意味着它就有了当然的正当性。正如欧洲人权委员会在汉迪赛德案的意见书中所说:"立法本身与《公约》的一致并不能自动保证其按照《公约》的适用是有效的。"② 干涉行为具有正当性的第二个条件在于,该行为是出于《公约》第 8 条第 2 款提到的一个或多个合法目的。

《公约》第 8 条第 2 款所提及的目的非常广泛。这些目的大致可以区分为两类:一类主要涉及公益,包括维护国家安全、公共安全或者国家的经济福利,

---

① Giacomelli v. Italy, application no. 599099/00, judgment of 26 Mar. 2007. para. 345.
② Council of Europe. Digest of Strasbourg Case-Law Relating to the European Convention on Human Rights [M]. Council of Europe, 1995:454.

防止秩序混乱或者犯罪,维护公众健康或公共道德等;另一类主要涉及私益,包括保障他人的权利与自由等。从实践看,由于《公约》确立的目的非常广泛,使得责任国在主张自己的干涉行为合目的性方面成为比较容易之事。

虽然,欧洲人权法院在判决中常常肯定国内公权力机构干涉行为的合目的性,但在实际中,其仍审查干涉行为是否具有"合目的性"。同时,欧洲人权法院对"合目的性"的解释具有两个特点:第一,尽管欧洲人权法院在判决中常常肯定干涉行为的合目的性,但在认定具体目的时与责任国政府主张的目的多不相同;第二,欧洲人权法院在解释各种目的时,主要考量自身需求,阐释自己对各种目的的理解,这种理解对后续发生的案件产生了"规范"作用。

(二)合目的性在个人环境申诉案件中的运用

一般来说,在将环境利益作为公共利益的案件中,一方面,保护环境质量是实现《公约》及其议定书确认的权利和自由的前提,此时,在特定案件中,申诉者主张的应获得救济的权利和自由符合欧洲人权法院需要认定的目的,而环境质量则是保障相关权利和自由的手段,保护环境质量并保障遭受侵害的权利和自由是欧洲人权法院的目标;另一方面,对《公约》及其议定书确认的权利和自由的保障又可以促进环境公益的实现,使之达到保障权利和自由之目的。

在不同时期,欧洲人权法院认可的目的有所不同。在20世纪90年代初期,欧洲人权法院更加重视缔约国的经济目的,因此,对各缔约国的环境保护力度减弱。例如,在鲍威尔和雷纳诉联合王国案中,欧洲人权法院认定西斯罗这一国际大型航空的存在是一个国家,特别是一个人口密度大的城镇化国家经济发展所必需,此时,在国家机构采取了一定救济措施的前提下,欧洲人权法院赋予了缔约国以广泛的自由判断余地。之后,欧洲人权法院认为,经济目的并不能成为破坏环境的唯一借口,在哈顿等诉联合王国案中,大法庭明确指出,"在环境保护特别敏感地带,仅诉诸国家的经济福利不能抗衡其他权利。"[①]另外,欧洲理事会于2005年在《人权和环境手册》中列明"根据《公约》之规定,在环境案件中适用的一项基本原则即环境保护是证明干预特定人权,包括财产权的合理目的"。

---

① Hatton and Others v. the U. K., application no. 36022/97, judgment of 8 Jul. 2003, para. 97.

三、适用自由判断余地审查责任国行为的合比例性

(一)合比例性的一般要求

国内公权力机关干涉行为的"合比例性"或属于"民主社会之必需",比"合法性"和"合目的性"两个要件更为重要。因为"合比例性"可以推导出欧洲人权法院在决定有关干涉行为是否违反了欧洲人权法院承认的自由裁量权。

欧洲人权法院在审查干涉行为是否合乎比例或"是民主社会之必需"的过程中已形成了一种比较确定的、普遍的解释进路。从欧洲人权法院判决的表述方式看,这种解释进路主要由两部分组成:一是对欧洲人权法院所持的基本立场以及其审查的主要内容和方式的表述,即由欧洲人权法院判定特定时期民主社会的特性以及个人享有环境权利的意义;二是将原则立场运用于审查和判断个案事实。

证明干涉行为具有正当性的第三个要件是证明它"是民主社会之必需",那么,界定"必需"一词的含义就至关重要。正如前文所言,在欧洲人权法院的实践中,"必需"意味着"紧迫的社会需要"。具体而言,若国家的干涉行为属于民主社会的"绝对需要",则有干涉行为,不会有指控;若干涉行为根本不是民主社会的"必需",则不会有干涉,也不可能有指控。这就是人们通常所说的"疑难案件"的情况。对于是否存在这种"紧迫的社会需要",国内机构有权作出自己的判断。

然而,国家的某一行为和措施仅仅"是民主社会制必需"还不够,这一行为或措施还必须与所要达到的正当合理目的相称。按欧洲人权法院的说法即是"运用的手段和追求的目的之间必须有合理的相称性关系",即在欧洲人权法院广泛运用的"相称性检验"。

(二)合比例性在个人环境申诉案件中的运用

洛佩兹案为欧洲人权法院受理社区成员享有环境公益初步设立了一个阈值。在洛佩兹案中,欧洲人权法院虽然并未明确说明责任国是否履行积极义务以保护申诉人的权利,但是,欧洲人权法院的推理明确表达了国家有积极义务保护洛佩兹女士,可事实上责任国并未为之提供保护。本案中,欧洲人权法院并未审查国内公权机构干预行为的合法性,因为国内诉讼在欧洲人权法院作出判决时仍处于未决状态。然而,欧洲人权法院需要认定的是责任国是否在个人利益与社会利益(即废物处理站是为了解决严重污染问题而设立的)之间作出平衡。在欧洲人权法院看来,废物处理站的设立本身带来不便,而欧洲人权委员会的成员应该能够意识到要尊重住宅与私人生活和家庭生活的权

利,但是,他们通过司法判决反对产生尊重的效果,欧洲人权委员会在三年的时间里并未为申诉者的不便提供救济。所以,欧洲人权法院判定申诉人因工厂的运营承担了不成比例的负担,而这未得到国内机构的合理赔偿。

之后,在科斯特诉联合王国案中,欧洲人权法院阐释了环境利益在特定背景下同其他利益之间的比例性问题。在科斯特案中,申诉者均为吉普赛人,其主张撤销政府在其所有的土地上搭建帐篷的规划许可,并且,相关执行措施侵犯了吉普赛人对土地占有的尊重。申诉者主张,即使否决行为根据《公约》第8条第2款之规定,在环境保护的基础上,为了追求"他人权利"获得保护的合法目标,但是,申诉人认为追求的目标不是"民主社会之必需"。本案中,国内机构享有的自由判断余地的适用显得尤为突出。尽管申诉人在本案中主张其属于少数群体,且根据欧洲委员会的缔约国签署的《保护国内少数群体框架公约》(Framework Convention for the Protection of National Minorities)承认国家应履行保护少数群体的安全、认同感和生活方式的义务,但是,欧洲人权法院不接受申诉人的主张,因为数据显示,吉普赛人的数量庞大,不允许吉卜赛家庭占有其希望搭建帐篷的土地的决定未构成对《公约》第8条的侵犯。[①]自此,当欧洲人权法院受理的案件涉及一般政策,比如土地规划、在个人权利与公益之间作出公正平衡的程序保障,若为追求保护环境公益的合法目的,国内机构的干预被认定为"民主社会之必需",则欧洲人权法院多授予国内机构以广泛的自由判断余地。类似的案件有佐沃斯基(Zvolsky)等诉捷克共和国案[②]、帕帕斯塔夫洛等诉希腊案。

---

① Coster v. the U. K. ,application no. 24876/94,judgment of 18 Jan. 2001. para. 127.

② Zvolsky and Zvolska v. the Czech Repubic,application no. 46129/99,judgment of 12 Feb. 2003. 本案中,欧洲人权法院重申第一议定书第一条确保实体性财产权,包括三个固有规则:和平享有所有物的原则、根据特定条件剥夺财产的规则以及认可缔约国有权依据公益管制财产使用。干预和平享有所有物的权力应在社区就公益的需求与保护个人基本权利的要求之间做到公正权衡。特别是,在使用的方法同剥夺个人财产的目的之间应成比例。因此,本案中,尽管1991年《土地法》追求的目标合法,但欧洲人权法院认为强加于申诉人身上的未经补偿返还土地的义务实属不正当。因此,本案违反第一议定书第一条之规定。

第三节　小结——自由判断余地与个人环境申诉案件受理范围之阈值

欧洲人权法院常常通过对《公约》第 8 条的解释处理新问题。《公约》第 8 条包含广泛的利益,即"私人和家庭生活、住宅和通讯"。其次,欧洲人权法院在面临科技和社会进步时适用扩大解释。另外,《公约》第 8 条授权欧洲人权法院适用自由判断余地和公正平衡原则,不仅根据《公约》第 8 条第 2 款之规定,国家干预是民主社会之必需,而且国家须根据《公约》第 8 条第 1 款之规定履行积极义务。

根据《公约》第 8 条第 2 款规定的"限制"的正当性,缔约国必须"依照法律规定",追求合法目的,且必须符合"民主社会之必需"。"成比例"和"利益之间的公正平衡"在欧洲人权法院审查缔约国是否履行《公约》及其议定书规定的义务,是否侵犯《公约》保障的权利与自由等涉及自由判断余地的许多判决中获得适用。

另外,若个人的环境申诉因国家作出影响环境的决策而产生,则欧洲人权法院又在"成比例"要求的两个层面上进行区别,采取双阶审查方式。第一重审查,分析国内政策和决定的价值,审查在合法目的或干预与执行手段之间是否成比例。在这个阶段,欧洲人权法院监督机制仅审查成员国干预与自由判断余地的相关性,即仅要求对干预行为采取关联性审查。第一重审查标准最近由欧洲人权法院发展而来,欧洲人权法院适用程序条款解决环境问题时,试图确立一致的欧洲环境法律规范体系。① 例如,在塔斯金案和塔塔尔案中,其参考了《奥尔胡斯公约》。并且,在这两个案件中,欧洲人权法院参考了缺乏环境信息和公众参与环境决策的事实。第二重审查,被描述为"在社区的一般利益与保护个人基本权利和自由之间进行公正平衡",即要求在公益与个人基本权利遭受损害之间进行严格审查。具体来说,成员国必须提出充分理由,证明采取的手段是最小损害。在欧洲人权法院的双阶审查中,关键是区别"相关性"和"充分性"。根据欧洲人权法院的判例,个人权利的亲密面向(intimacy

---

① PEDERSEN. The Ties that Bind: The Environment, the European Environmental Human Rights and the Rule of Law[J]. European Public Law,2010,16(571).

aspect),例如,私生活中的亲密处于危险之中,则限制理由成立,且成员国享有较窄的自由判断余地。当适用比例原则时,欧洲人权法院通常审查自由判断余地的限度。

综上,在实体方面,欧洲人权法院乐于强调国家在选择实际的、损害预防措施时的自由判断余地,包括选择是否采取减少风险或提供信息的替代性措施。同时,欧洲人权法院也强调在不同的社会和技术领域,但凡涉及优先权设置以及资源分配,国家享有广泛的自由判断余地。另外,在个人环境申诉案件中,欧洲人权法院亦区别了自然风险活动和人为危险活动中缔约国享有的自由判断余地,总体上,缔约国就自然风险活动的自由判断余地大于人为危险活动。事实上,自由判断余地推动欧洲人权法院的法官趋向司法谦抑,如2001年10月2日在科斯特案中的判决。但是,因为《公约》本身是一部开放的"活的文件",应该依照当今社会背景予以解释,所以,部分法官能动地作出支持申诉人环境公益或私益的主张。因此,自由判断余地原理实则是欧洲人权法院在司法谦抑中自动让步,以便欧洲人权法院和缔约国共同承担救济权利和自由的责任。

第六章 欧洲人权法院判决对欧盟成员国的拘束力

欧洲人权法院受理个人环境申诉案件经历了从无到有,从限制受案范围到不断扩张受案范围的过程,这不仅体现了欧洲人权法院对《公约》及其议定书确认的权利和自由的有效保障,同时,亦是欧洲人权法院适应社会发展需求,应对全球爆发的环境问题所需。欧洲人权法院的判决不仅对《公约》及其议定书的缔约国产生拘束力,同时,也在立法上引导缔约国制定或修改相关法律,欧洲人权法院在实质上充当各缔约国"宪法法院"的角色。本章之所以选择欧洲人权法院对欧盟成员国产生的拘束力进行研究考察,不仅因为欧盟本身也是一体化程度最高、成员国家间合作最为深入、人权保护最为积极的区域,而且欧盟成员国是《公约》及其议定书的主要签署国,是践行欧洲人权保障的典型。

欧盟成员国受欧洲人权法院判例法拘束的基础是欧盟成员国的自觉遵守以及欧盟法的刚性要求,具体而言,首先,欧盟成员国均是《公约》的缔约国,故各个成员国有义务遵守《公约》以及根据《公约》设立的机构的管辖。其次,欧盟法明确规定各成员国应当维护欧洲人权保障机制,欧盟法对各成员国具有拘束力,此为欧盟成员国和非欧盟成员国之间的区别。因此,欧盟法同其成员国法律之间的关系十分重要。在欧盟同其成员国之间法律效力的关系上,有学者指出,欧盟法高于各成员国的国内法。欧盟法对于成员国的国内法的效力具有直接效力原则、优先原则和从属原则。① 直接效力原则是指,欧盟初级条约不仅对成员国具有直接拘束力,而且欧盟各机构制定的旨在实施各《欧共体条约》的法律,包括规则、指令和决定、欧盟签订的国际条约等对成员国均产生直接效力。优先原则是指,当成员国的国内法与欧盟法发生冲突时,成员国必须停止适用与欧盟法相抵触的国内立法,优先适用欧盟法。从属原则是指,

---

① 弗兰西斯·斯东德.欧洲联盟法概述[M].宋英译.北京:北京大学出版社,1996:75.

共同体应在初级条约所授予的权利和指定目标的界限之内采取优先行动。在不属于欧盟排他权限的领域内,按照从属原则,只有在所提议的行动目标不能由各成员国有效完成,而由于所提议行动的规模或影响只能由欧盟更好地达到时,欧盟才采取行动,但欧盟采取的任何行动均不能超出为达到初级条约所规定的必要行动限度。

欧洲委员会共有47个成员国,这些成员国全部签署了《公约》,承认个人申诉权并接受欧洲人权法院的管辖,因此都是欧洲人权保障机制的成员,而加入欧盟的前提条件之一就是首先要加入欧洲人权保障机制。因此,欧盟的28个成员国[1]都是受欧洲人权法院管辖的成员国。

第一节 欧洲人权法院判决对欧盟成员国产生的一般拘束力

如前文所述,欧洲委员会在组织起草《公约》时,有意弱化其超国家的司法功能,分别通过具备准司法性质的欧洲人权委员会、具备司法性质的人权法院以及具备政治性质的欧洲理事会部长委员会组成三驾马车式的监督机制,对《公约》的理解和遵守基本上由成员国自己决定。直到1998年欧洲人权法院才成为常设机构。不过,欧洲人权法院并不是一个橡皮图章,在最终确定成员国的行为是否符合《公约》规定时,欧洲人权法院始终保持着最终话语权,在《公约》及其议定书的框架内,一旦成员国的行为超过了欧洲人权法院法官认为可以容忍的限度,就会被毫不犹豫地判处败诉。而部长委员会则通过采用临时决议(interim resolution)或者一般措施的方式负责监督欧洲人权法院判决的执行。

一、欧洲人权法院判决对欧盟成员国产生的司法拘束力

由于欧洲人权法院具有超国家因素,在规范意义上约束各成员国的司法权,因此,该机制不可避免地同成员国的主权相冲突。这种冲突主要体现在两

---

[1] 这28个成员国分别是:法国、德意志、意大利、荷兰、比利时、卢森堡、爱尔兰、英国、丹麦、希腊、西班牙、葡萄牙、芬兰、瑞典、奥地利、爱沙尼亚、拉脱维亚、立陶宛、波兰、捷克、匈牙利、斯洛伐克、斯洛文尼亚、马耳他、塞浦路斯、罗马尼亚、克罗地亚以及保加利亚。

个方面:一是政治意义上的冲突;二是司法方面的冲突,即成员国不愿意遵守,甚至公开抵制欧洲人权法院的生效判决。① 成员国掌握着执行判决的主动权,如果成员国公开抵制生效判决,那无疑会对欧洲人权法院的权威形成极大的挑战。不过,欧洲人权法院机制通常能够以向成员国施加压力的方式,促使成员国遵守其判决。

《公约》及其议定书本身多采取原则性规定,在执行的时候欧洲人权法院的法官有较大的解释空间,正如本文第五章论及的欧洲人权法院赋予成员国的自由判断余地,但这种妥协只是暂时的,欧洲人权法院的法官可以随时根据个案需要,缩小成员国的自由判断空间。在实践中,欧洲人权法院在积累了足够的声誉和权威之后,逐渐缩小成员国自由判断的空间,甚至使这样的空间消失。有学者认为,欧洲人权法院分别在星期日泰晤士报诉英国案以及达吉恩(Dudgeon)诉英国②案中判处英国败诉,标志着欧洲人权法院开始从司法谦抑主义转向司法能动主义,也越来越像宪法法院。③ 一般来说,《公约》以及欧洲人权法院的判例法对欧盟成员国的司法产生了两种拘束力。

一是成员国在欧洲理事会的监督下直接适用欧洲人权法院的裁决。例如,《斯洛伐克宪法》第七条明确规定,经批准的《公约》,其效力高于本国法律。又如,斯特冉炼油厂与斯特瑞司·安德蒂斯(Stran Greek Refineries and Stratis Andreadis)诉希腊④案中,欧洲人权法院判决希腊败诉,判处希腊承担巨额赔偿,但是希腊政府不愿承担赔偿责任,由此引发欧洲人权保障机制同希腊政府的冲突。由于本案中希腊政府明确要求延迟履行赔偿义务,为了防止这类事件再次发生,在与部长委员会沟通后,欧洲人权法院在判处赔偿时,告知成员国如若延期支付,则需要支付额外的利息。另外,欧洲人权法院还以临

---

① 焦传凯.论欧洲人权机制对欧盟成员国实际拘束力的差异及原因(博士学位论文)[D].上海:上海交通大学,2011:57.

② Dudgeon v. the U. K. ,application no. 7525/76,judgment of 22 Oct. 1981. 本案中,申诉人主张联合王国1885年《刑法修正案》第十一条规定的男同性恋行为属于犯罪的条文违反《公约》之规定。欧洲人权法院以14:5判决联合王国败诉。

③ PAUL MAHONEY. Judicial Activism and Judicial Self-restraint in the European Court of Human Rights: Two Sides of the Same Coin[J]. Human Rights Law Journal,1990,11(67).

④ Case of Stran Greek Refineries and Stratis Andreadis v. Greece [EB/OL]. http://www. menschenrechte. ac. at/orig/95_1/Stran_Greek. pdf2015-06-10,2015-08-21.

时决议的形式迫使成员国适用欧洲人权法院的裁决。

二是成员国法院参照欧洲人权法院的判决裁决国内相关案件。例如,在法国,埃兹林(Ezelin)诉法国①案本身是司法机构内部对公民作出的纪律处分案件,而申诉人提请欧洲人权法院管辖,欧洲人权法院对之作出了判决,从而对法国司法主权产生了深刻而明显的影响。又如,英国的《人权法案(1998)》(Human Rights Act 1998)要求不列颠地区的法院在解释和适用《人权法案》时参考欧洲人权法院的判决;德国联邦宪法法院亦要求下级法院在解释《基本法》时参考并引用欧洲人权法院的相关判例;②《西班牙宪法》明确规定国际条约优于国内法,赋予欧洲人权保障机制在国内具有较高的法律地位。③ 1981年,西班牙宪法法院规定,"本国法院的判决不得违反《公约》。"1984年,西班牙又专门规定,西班牙的法院"应当遵守欧洲人权法院判例法"。④ 这样,不服西班牙法院判决的当事人,可以主张判决所依据的法律违反了《公约》或欧洲人权法院的判例法,而要求予以废止。

另外,需要说明的是,到目前为止,欧洲人权法院所受理的案件多为"民告官"的案件,即非政府组织、个人、个人团体等状告《公约》及其议定书的缔约国侵权的案件。成员国败诉的原因,多数是缔约国国内法官审理案件所遵循的法定程序违反了《公约》及其议定书之规定,并不是缔约国的法官没有查明案件事实或者适用国内法律错误。故欧洲人权法院在司法上对各个缔约国的拘束力主要在国内法院的程序判断以及国内法违反《公约》上,而非对国内法官选择法律等裁量权方面的拘束。

---

① Ezelin v. France, Application no. 11800/85, judgment of 26 Apr. 1991. 本案中,申诉者埃兹林是一名律师。1983年,一些独立运动和工会举行了公开游行示威以抗议对三名军人的监禁和处罚。申诉人作为工会副主席参与了游行。与此同时,当地警察向地方公诉人员要求对之进行纪律处分。申诉人不服,向欧洲人权法院提出申诉。

② Gorgulu v. Germany, 111 BVerfGE 307 (2004) (F. R. G.).

③ 《西班牙宪法》第九十三条规定:"可以通过组织法授权缔结的条约赋予国际组织或机构行使宪法的权力。议会或政府有责任依据不同的情况,保障这些条约以及被授权的国际机构和机构所作决议的执行。"第九十五条第一款规定:"所签订的国际条约包含与宪法规定相抵触的内容时,应事先修改宪法。"第九十六条第一款规定:"有效签订的国际条约在西班牙一经正式公布,应成为国内法律体系的组成部分。"参见朱福惠,邵自红.世界各国宪法文本汇编(欧洲卷)[Z].厦门:厦门大学出版社,2013.554.

④ GOLDSTEIN, BAN. The Rule of Law and the European Human Rights Regime [EB/OL]. http://escholarship.org/uc/item/2q59x006, 2015-08-22.

从欧盟成员国国内法院行使审判权来看,欧洲人权法院已经深刻影响到成员国的司法权。申诉人可以将人权案件提交到欧洲人权法院,欧盟成员国自己的最高法院在这类案件领域内的判决已不再是最终的判决。因此,欧盟成员国的法官在审理案件时既要适用本国法律的规定,也要参考欧洲人权法院的判例以及《公约》及其议定书的相关规定,否则,一旦被申诉人提交至欧洲人权法院,相关案件就有被否定的风险,即成员国的法官需要关注自己对案件的审理意见在欧洲人权法院的最终命运。由于欧盟成员国都是法治国家,成员国的法官在审理案件时多具有一定的自由裁量权,有权决定自己所援引的法律条款,然而,他们亦不得不注意所援引的法律条款是否被欧洲人权法院的判例法认定为违反《公约》及其议定书之规定。即使在没有明确的判例法的情况下,成员国法官也需要考虑所援引的法律条款本身同《公约》及其议定书是否存在冲突。

二、欧洲人权法院判决对欧盟成员国产生的立法拘束力

通常情况下,欧洲人权法院如果判处成员国败诉,出于尊重主权的需要,一般不会直接指出成员国具体法律违反《公约》及其议定书之规定,此时,成员国掌握立法和司法改革的主动权,即由成员国自行决定是否修改具体的法律。然而,随着时间的推演,欧洲人权法院的判决并不限于对其成员国司法机关产生拘束力,在一些典型案件中,它的判决表现得十分强硬,俨然成为该国立法和司法改革的主导者。例如,在马尔克斯案中,欧洲人权法院一方面承认比利时有权自主决定遵守本院判决的方式,另一方面又直接指明比利时应当修改的具体法律。由于判决的要求十分明确,比利时不得不尽快修改违反《公约》的法律。在此后的判例中,欧洲人权法院还声明,如果成员国没有保障《公约》及其议定书明确确认的权利和自由,则会采用类似的判决。[1]

又如,1989 年判决的加斯金诉联合王国案中,经过 11 年的执行,部长委员会才认可英国最终执行完毕。正如在本文第四章提及的,在加斯金案中,申诉人因在收养期间被虐待而要求利物浦社会福利机构提供申诉人本人的成长记录。但相关社会福利机构拒绝了申诉人的请求,故申诉人向欧洲人权法院提起申诉。欧洲人权法院审理后认为,联合王国违反了《公约》所规定的"私人

---

[1] MERRILLS J. G.. The Development of International Law by the European Court of Human Rights (2nd Ed) [M]. Manchester: Manchester University Press, 1993: 104.

生活和家庭生活受尊重权"。因为按照联合王国当时的制度安排,加斯金永远无法查看其成长记录。而儿童的成长经历存在于父母的记忆中,一般的孩子都可以从父母那里获悉,但是对加斯金以及同其有类似成长经历的人来说,也无法实现这一点。因此,在原则上,联合王国不应限制加斯金获得其成长经历的资料。本案发生后,联合王国为方便个人对其相关资料的获得,几乎立即着手制定新的法律。早期的立法包括《1987 年获得个人档案法》(Access to Personal Files Act 1987)、《1989 年获得个人档案(社会服务)法》(The Access to Personal Files (Social Services) Regulations 1989)等。后来,直到 1998 年制定《数据保护法》(Data Protection Act 1998),部长委员会才在 2000 年 7 月通过了对加斯金案的最终决议。之后,联合王国更是于 2000 年制定了《资讯自由法》(Freedom of Information Act 2000,2005 年 1 月 1 日生效)。《资讯自由法》规定,除非有明确规定的豁免和限制条件,人人享有获得公共资讯的权利。即使是在适用豁免的情况下,资讯的公开也应考虑到公众的利益,法院应依据个案作出处理。公共部门应积极主动地履行公开公共资讯的义务,设立资讯官一职和异议审查委员会,以加强资讯公开的实施力度。

另外,在 1988 年的法国,其宪法委员会时任秘书长布如努·吉尼沃恩斯(Bruno Genevois)就承认了《公约》在法国具有宪法性质。从此,法国宪法委员会正式承认自己基于宪法第五十五条[①]的职责,即确保在法国实施的国际法效力高于国内普通法,从而推动《公约》及其议定书在法国的实施。[②] 法国宪法委员会对《公约》及其议定书态度的转变促使法国最高行政法院进行改革。法国最高行政法院早期对《公约》等国际条约在法国的实施怀有敌意,但在 1989 年,法国最高行政法院开始承认《公约》在法国的重要地位。在 1987 年到 1997 年间,为了执行《公约》以及欧洲人权法院的判例法,法国的法院共签发了 700 多项决定,承认一旦法国在欧洲人权法院败诉,法国最高法院就会撤销违反《公约》的国内法,其下属法院亦逐案改变相应判决。

---

① 《法兰西共和国宪法》第五十五条规定:"经正式批准或认可的国际条约或协定经缔结之他方付诸实施者,自公布起具有优于法律之效力。"参见朱福惠,邵自红. 世界各国宪法文本汇编(欧洲卷)[Z].厦门:厦门大学出版社,2013:231.

② LESLIE FRIEDMAN GOLDSTEIN and CORNEL BAN. The Rule of Law and the European Human Rights Regime [EB/OL]. http://escholarship.org/uc/item/2q59x006,2015-08-22.

第二节 欧洲人权法院判决与欧盟成员国宪法之增修

据笔者统计,截至 2018 年 7 月 27 日为止,欧洲人权法院共受理个人环境申诉案件 17891 件,其中,涉及欧盟成员国的初审裁决共 574 件。

其中,以责任国为划分前提,针对个人环境申诉案件,欧洲人权法院初裁联合王国 65 件、波兰 50 件、罗马尼亚 36 件、瑞典 30 件、保加利亚 28 件、法国 27 件、匈牙利 26 件、比利时 25 件、克罗地亚 25 件、德意志 24 件、荷兰 24 件、立陶宛 24 件、意大利 21 件、奥地利 20 件、芬兰 20 件、希腊 20 件、斯洛文尼亚 16 件、马耳他 15 件、捷克 14 件、斯洛伐克 12 件、西班牙 11 件、葡萄牙 9 件、拉脱维亚 9 件、丹麦 7 件、爱沙尼亚 6 件、爱尔兰 4 件、塞浦路斯 4 件以及卢森堡 2 件。① 在欧洲人权法院受理的这些案件中,在最终判决时,欧洲人权法院或通过物质损害赔偿的方式或通过精神损害赔偿的方式要求责任国作出给付,部长委员会则通过临时性措施监督各个责任国对欧洲人权法院判决的执行。

在国内法层面,欧盟成员国法院对《公约》以及欧洲人权法院判决的引用和参考虽然已经蔚然成风,但更为重要的是,欧洲人权法院的判决还对责任国,尤其是欧盟成员国的环境立法产生深远影响。故本节以欧洲人权法院对欧盟成员国产生立法拘束力为视角,通过区别欧洲人权法院对 28 个国家环境立法产生的不同影响,将此种影响分为增修宪法和制定人权法两种类型。

一、通过修改宪法回应欧洲人权法院的判决

由于欧洲人权法院对环境问题日益重视,其受理环境案件的数量呈现逐年增长的趋势,成员国为了减少环境案件增加带来的压力,通过修改本国宪法或者制定环境宪章的方式,确认实体性环境人权和程序性环境人权,从而在根本上保障生命、健康、住宅安宁等基本人权。

(一)通过制定环境宪章确认环境人权

法国的《环境宪章》不仅仅是一种哲学宣言式的文件,该宪章还是一个具

---

① 数据是笔者根据欧洲人权法院判例网(https://hudoc.echr.coe.int/eng#{"fulltext":["environment"],"documentcollectionid2":["CHAMBER"]})发布的案例整理得来。

有适用效力的法律文件,更确切地说,该宪章是一部涉及提交宪法监督的法律文件。在通过这一宪章时,法国同时采取了自上而下的模式以及自下而上的立法模式。具体而言,法国当时的总统希拉克(Chirac)以 21 世纪法国所需要的新伦理和新的生活方式为目的进行倡议。以希拉克总统为首的团体在参考并吸收欧洲人权法院的实践以及欧盟相关法律法规的前提下提交了一部《环境宪章》的预案,该预案规定:《环境宪章》应包括五个基本原则,即保护原则、预防原则、责任原则、统一原则、资讯和参与原则;应设生态和可持续发展部;应设世纪环境组织(WEO);应制定规制修改机制的特别程序;开展生态教育。与此同时,由科学家科庞(Coppens)教授领导委员会监督同《环境宪章》的制定相关的程序。并且,在自 2002 年 10 月至 2003 年 4 月期间,这一团队通过调研、互联网、谈话方式同国家和地方公众协商。① 最终 2005 年颁行的法国《环境宪章》共十个条文,明确规定了人人享有实体性环境人权,可以获得由公权机关掌握的与环境相关的信息,参与对环境产生影响的公共决策的制定,并且,该宪章还同时规定了风险预防原则与损害原则,等等。②

有学者区别了该宪章序言以及十个条款的效力,认为序言是一种宪法的价值目标,仅具有宣誓效力;而宪章中就环境教育和国际援助行动的规定具有运行效力;就实体性环境人权的规定,则具有拘束立法权的效力。另外,程序性环境人权和预防原则是宪法效力的原则,具有直接适用效力,且可由个人针对公共机构向法院提起诉讼。③ 根据本文第三章和第四章的论述可知,相较于实体性环境人权,欧洲人权法院更多的是在程序性环境人权方面作出的贡献,事实上,其对法国在环境立法方面的影响也主要集中于对环境信息的获得以及环境决策的公众参与方面的确认。

然而,公众参与权和公众参与制度本身早在 19 世纪的法国就有所规定,

---

① DAVID MARRANI. The Second Anniversary of the Constitutionalisation of the French Charter for the Environment:Constitutional and Environmental Implications [J]. Env. L. Rev. ,2008,1(9).

② 朱福惠,邵自红. 世界各国宪法文本汇编(欧洲卷)[Z].厦门:厦门大学出版社,2013:238.

③ CHAHID-NOURAI N.. La Portée de La Charte pour Le Juge Ordinaire [J]. AJDA Chroniques,2005:1175.

例如,在1810年3月8日通过的法律中,其明确规定了公众调查(Enquête Publique)。① 这一程序要求,地方或区域项目在作出最终决定前,相关机构应事先给予公众以特定计划的关联信息,以便收集公众的意见。而独立的委员或者以专家组成的独立委员会通过与公众的协商,负责整合公众提出的意见以决定是否继续相关项目。但是,此时的公众参与并不与环境相联系,这一强制性参与机制只适用于征收私有财产的项目。直到1983年7月,法国通过了《布沙尔多法》(Bouchardeau Law),该法将公众调查同环境相联系,要求在一个项目对环境产生潜在影响时应引入公众调查的程序。到了20世纪90年代,法国议会通过一系列具有划时代意义的法律,提出了向公众开展咨询、信息通报和协商的原则。1991年7月13日的《城市法典》(Urbanism Code)将"协商程序"确定为城市规划的基本原则,规定所有对公众生活空间进行实质性改变的城市规划、整治项目都必须事先与当地公众协商。1995年2月,法国通过了《巴尼耶法》(Barnier Law),它规定所有对环境产生影响的大型项目必须开展公众辩论(débat public),并成立全国公众辩论委员会(commission nationale de débat public)。这一时期法律的主要特征是仅限于提出确立若干基础的抽象意见原则,并未规定详细的法律规则,要求的仅是在决策的最后阶段参与,参与程序本身也仅具有弱强制性。② 因此,"获得环境信息权""环境决策公众参与权"的内容仍相对比较模糊。

尽管法国本土有公众参与的立法和实践土壤,但是,将公众获得环境信息权以及环境决策公众参与权细化,并使之具有较强拘束效力的是《环境宪章》的颁布施行。而《环境宪章》对公众参与环境决策的确认以及法国宪法委员会在具体案件中对公众参与环境决策的实质性要求主要来源于欧盟法以及欧洲人权法院对欧盟法的援引和适用,而非来源于国内的压力。

1998年,《奥尔胡斯公约》获得通过,第六条第四款规定:"缔约国应规定早期的公众参与,当一切选择获得公开后,有效的公众参与方可发生。"不同于法国传统的最后阶段的参与,《奥尔胡斯公约》要求公众全程参与,以最终决定环境规范的制定。到了2005年,欧盟成为《奥尔胡斯公约》的缔约方,从此,法

---

① XAVIER DUPRÉ de BOULOIS. Les Actes Administratifs Unilatéraux[A]. In Traité de Droit Administratif. LGDJ. 2008. 321.

② AURÉLIE BRETONNEAU. Public Participation in French Environmental Policy-Making Process:Change and Continuity[J/OL]. http://www.law.yale.edu/documents/pdf/conference/compadmin14_brettoneau.pdf,2014-04-25.

国根据其宪法第八十八 A 条①之规定履行相关义务。《环境宪章》第七条规定,"在法律规定的条件和限制下,每一个人都有权获得由公权机关掌握的与环境相关的信息,并参加会对环境产生影响的公共决定的制定。"这一条款在措辞上直接受《奥尔胡斯公约》的影响:一是环境事务的参与不再被视为一项程序性安排,而是作为一项基本权利而获得确认;二是参与权不再依附于特定的项目,而是适用于影响环境的一般公众决策。公众参与不再是一项例外,而是一项基本标准;最后,参与权的享有者是一切自然人,这一规定导致"环境公民"(environmental citizenship②)的出现,他区别了一般"政治公民"(political citizenship)的概念。另外,欧洲人权法院在一些环境案件中,如厄内尔依力地孜案、布达耶娃案、塔塔尔案中提出并发展适用了预防原则,就此欧洲人权法院不允许以缺乏足够的科学技术知识而没有把握为借口延误时机,在费用可接受的范围内,不对可能给环境造成重大损失的、无法避免的可预见灾害及时采取适当防止措施的,则应对责任国给予相应的制裁。法国在制定《环境宪章》时充分借鉴了欧洲人权法院的判例,吸收了预防原则,规定"当损害的发生会对环境造成严重的和不可逆转的影响时,尽管根据科学知识这种损害的发生是不确定的,公权机关仍应通过适用预防原则,在其职权领域内建立风险评估程序和采取临时的相称措施来防止损害的发生。"而这一预防原则作为宪法效力的原则具有直接拘束力。③

实践中,法国法院对环境决策公众参与的一些判决受欧洲人权法院实践的影响。2008 年,法国宪法委员会在审查《转基因生物法》的合宪性时判定

---

① 《法兰西共和国宪法》第八十八 A 条规定,"共和国应参加国家间自由组成的欧洲联盟,通过依 2007 年 12 月 13 日里斯本条约产生的欧洲联盟条约和欧洲联盟运作条约,共同行使其特定权力。"朱福惠,邵自红. 世界各国宪法文本汇编(欧洲卷)[Z]. 厦门:厦门大学出版社,2013.235.

② JEAN-MARC SAUVÉ. La Démocratie Environnementale Aujourd'hui [EB/OL]. http://www.lefigaro.fr/actualite-france/2015/06/03/01016-20150603ARTFIG00002-grands-projets-un-rapport-prone-la-democratie-environnementale.php,2010-11-17.

③ EDOUARD GEFFRAY et SOPHIE-JUSTINE LIÉBER. Valeur et Portée Juridique de La Charter de l'Environnement [J]. AJDA,2008:2166-2172.

《环境宪章》第七条具有宪法效力。① 随后,法国宪法委员会在 2012 年裁决《法兰西自然环境法》是否合宪时,裁定该法因未规定充分的参与程序而违反宪法。② 受法国宪法委员会裁定的影响,自 2008 年起,法国最高行政法院亦承认《环境宪章》第七条的宪法效力。

(二)通过修改宪法确认环境人权

20 世纪 90 年代,芬兰经历了宪法改革以巩固所有宪法性法律,其中包括重构本国宪法第二章"基本权利",使之履行尊重国际人权的义务。施凯宁(Scheinin)认为,为了实现尊重的义务,这不仅是芬兰宪法改革的激励渊源,同时亦包括正式提及国际人权保护。③ 芬兰宪法改革的目标之一在于增加民众向法院和其他政府机构直接主张基本权利的机会。在修改宪法的过程中,芬兰参照并引用了欧洲人权法院对待基本人权的立场,并在欧洲理事会的压力下,将基本权利受保护的对象扩展至芬兰管辖领域内的一切人,即受保护的对象不仅限于合法的公民。④ 新宪法修正案确保人人享有获取信息的权利以及有参与环境决策的机会。同时,新修订的宪法第二十条明确要求机构的程序性义务以确保公众影响其居住环境的决策的可能,第二十一条确保诉权,第二十二条规定国家保障国内法和国际法承认的人权,可见,这次宪法改革彰显了欧洲人权法院强调的程序性环境人权。另外,为了适用新修订的宪法,芬兰通过环境评价机制(EIA)为相关公众参与起草环境计划、参与颁布环境许可提供了强大的程序性保障,并且,芬兰还通过环境战略评估(Strategic Environmental Assessment,SEA)以及芬兰《环境保护法》(EPA)规定了公众

---

① Conseil Constitutionnel. Décision n° 2008-564 DC du 19 juin 2008, Loi relative aux organismes génétiquement modifiés [DB/OL]. http://www.conseil-constitutionnel.fr/conseil-constitutionnel/francais/les-decisions/2008/decisions-par-date/2008/2008-564-dc/decision-n-2008-564-dc-du-19-juin-2008.12335.html,2014-04-17.

② Conseil Constitutionnel. Décision n° 2012-282 QPC du 23 novembre 2012, France Nature Environnement [DB/OL]. http://www.conseil-constitutionnel.fr/conseil-constitutionnel/francais/les-decisions/2012/decisions-par-date/2012/2012-282-qpc/decision-n-2012-282-qpc-du-23-novembre-2012,2014-04-17.

③ SCHEININ M. Constitutional Law and Human Rights[A]. In J. Pöyhönen (ed.). An Introduction to Finnish Law[M]. Kauppakaari:Helsinki,2002.33.

④ DAVIS. In Name or Nature? Implementing International Environmental Procedural Rights in the Post-Aarhus Environment:A Finnish Example[J]. Env. L. Rev.,2007,3(627).

有广泛的参与环境决策的机会,环境机构有义务收集并传播环境信息,以实现芬兰宪法第二十条的规定。

在德国,首先,从其《基本法》的规定来看,《公约》享有联邦法地位,高于国内法律,但是低于《基本法》。德国《基本法》第五十九条第二款规定:"凡规定联邦政治关系或涉及联邦立法事项的条约应以联邦法律的形式,取得有关主管联邦立法机构的同意或参与。行政协定适用有关联邦行政的规定。"即《公约》在德国生效之后被纳入到国内法之中。其次,从德国宪法法院的解释来看,《公约》高于在德国实施的一切法律。1987年,德国宪法法院规定,若欧洲人权法院的判例同德国宪法判例同时涉及对某一项权利的解释,则适用欧洲人权法院的判例法。德国宪法法院之后进一步规定,虽然德国《基本法》的法律地位高于《公约》,但是对包括《基本法》在内的一切法律的解释,都必须符合《公约》之规定。这实质上赋予了《公约》高于国内法的地位。① 具体就环境保护而言,德国基于《基本法》中的人性尊严、财产权、人格权等,公众可以要求国家提供积极给付。例如,公众要求国家通过实施立法与行政措施,命令污染者提供一定的防护措施;公众可以要求国家规制污染性设施之许可的要件与程序,也可以要求相关决策程序具有合理性。② 为了更直接地保护环境,应对全球频发的环境问题,同时作为对欧洲理事会的回应,德国联邦于1994年10月17日修宪,在《基本法》第二十A条规定,"对自然生活环境和动物的保护",要求"基于对后代的责任,国家在宪法秩序范围内,依照法律和正义由行政和司法机构对自然生活环境和动物予以保护"。

二、通过制定人权法回应欧洲人权法院判决

以制定人权法的方式回应欧洲人权法院受理个人环境申诉案件判决的典型当属英国。英国本是一个古老的宪政国家,其上议院长期充当最高法院的角色,且英国长时间没有修改它的权利体系。为了应对快速发展的社会,同时亦出于欧洲人权法院的压力,英国最终建立了独立的最高法院,并于1998年

---

① GOLDSTEIN, BAN. The European Human-Rights Regime as a Case Study in the Emergence of Global Governance[A]. In Edited by Alice D. Ba and Matthew J. Hoffmann. Contending Perspectives on Global Governance. London and New York: Routledge Taylor and Francis Group, 2005. 166.

② 黄锦堂. 环境宪法[EB/OL]. http://www.calaw.cn/article/default.asp?id=5307,2015-07-11.

通过了《人权法案》,该部法律在2000年10月生效。①《人权法案》规定了十六项称之为"公约权利"的基本权利,这些权利全部来自于《公约》及其议定书。《人权法案》第三条规定,"应尽可能将对初级立法(primary legislation)和附属立法(subordinate legislation)的解释和效力与《公约》规定的权利保持一致。若初级立法和附属立法与《公约》不一致,也不影响任何不一致的初级立法和附属立法之效力,不妨碍其继续适用或执行。"②这一规定,是最初英国试图与欧洲人权保障机制保持一定距离的折中条款,英国议会想把自己制定的国内法同"公约权利"分开。该条款意味着,英国的法院"应当考虑"(take into account)而不是"必需遵守"(must obey)欧洲人权法院对《公约》的解释。当英国国内法同欧洲人权法院的要求不一致时,其亦不影响英国国内法的效力。

但是,英国的法官们很快选择忠于欧洲人权法院对《公约》及其议定书的解释。当英国国内法同欧洲人权法院的判例法存在冲突时,英国最高法院通常会详细说明其判决理由,从而表示它的判决并没有违反欧洲人权法院的判例。同时,当英国判例法同欧洲人权法院的判例存在冲突时,英国最高法院有义务推翻本国先例。据此,英国亦认可了欧洲人权法院判例法中承认的程序性环境权利,并通过法律的形式确认了作为程序性环境权利的要义,即规定了一切感兴趣的公众均可以参与国家的环境决策。

一是英国确认了保障参与的前提是获得环境信息权。在英国,环境信息从保密到公开经历了150余年。早在1864年,碱稽查局成立时就规定所有关于工作的信息必须私有,除非法案要求公开或经所有者同意。1911年,《公务秘密法案》(Official Secrets Act)规定,对中央政府所掌握的信息(包括环境信息)未经授权而披露属于违法。1989年,议会修改了《公务秘密法案》,其修正案表示,该法的保护范围是有限的,它只保护特定类别的中央政府的信息,但这些信息不包括环境信息。1990年,英国受欧共体《获得环境信息指令》(90/313/EC)之影响创立了获得一般环境信息的体制,并于1992年制定《环境信息规则》转化了欧共体的该项指令。另外,欧共体和英国本身均是《奥尔胡斯公约》的签署成员,而《奥尔胡斯公约》亦是欧洲人权法院在受理、审判环境案

---

① Council of Europe. Office of the Lord Chancellor in the Constitutional System of the United Kingdom [DB/OL]. Http://assembly.coe.int/Documents/WorkingDocs/Doc03/edoc9798.htm,2015-04-28.

② Human Rights Act 1998[EB/OL]. http://www.legislation.gov.uk/ukpga/1998/42/section/3,2014-09-15.

件过程中援引的文本,在涉及英国为责任国的案件中,欧洲人权法院通过哈顿案、洛希案等典型案件迫使英国依照《奥尔胡斯公约》的相关规定制定或修改法律。2004年,英国《环境信息规则(2004)》转化执行欧盟《获得环境信息指令》(2003/4/EC),为适用《奥尔胡斯公约》有关"环境信息"的规定奠定了基础。《环境信息规则(2004)》参照了《奥尔胡斯公约》,对环境信息作了广泛的定义。[①] 该规则还规定,公共机构有义务为每一信息需求者提供环境信息。

二是英国认可相关公众有参与国家环境管理的预测和决策的机会。例如,英国《城镇规划法》通过引入公众参与方式,要求公众就规划适用问题进行咨询和商讨,规定各郡在制定发展规划时,应公布相关规划,对相关规划持不同意见者有权向环境大臣提起申诉。

三是环境影响评价制度在环境污染控制领域实施后,公众通过参与环境影响评价的方式参与环境规则和规划的制定。尤其是在适用并援引《奥尔胡斯公约》后,公众有机会尽早且有效地参与规划和项目的制定与审议。例如,英国《空气质量限值法规(修正案)2004》(The Air Quality Limit Values (Amendment)(England) Regulation 2004)要求在制定规划前,应充分考虑公众的意见,并对最终决定向公众作出解释。

通过适用或援引《公约》及其议定书,在遵守欧洲人权法院的判决,接受欧洲理事会监督的情况下,欧洲人权法院受理个人环境申诉的机制对欧盟各成员国都产生了一定的司法和立法拘束力。虽然这种拘束力很不平衡,欧盟各成员国在遵守欧洲人权法院的判决方面,都有自己特定的模式,但是,任何国家都不能忽视欧洲人权法院判决的影响力。

[①] 《奥尔胡斯公约》第一条规定,环境信息包括:各种环境要素的状况,如空气和大气层、水、土壤、土地、地形地貌和自然景观、生物多样性及其组成部分,包括基因改变的有机体以及这些要素的相互作用;正在影响或可能影响环境要素的各种因素,如物质、能源、噪音、辐射,以及包括行政措施、环境协定、政策立法计划和方案在内的各种活动;正在或可能受环境要素影响或通过这些要素影响人类健康和安全状况的文化遗址和建筑结构。

参考文献

一、著作

(一)中文著作

[1] 曹明德.环境侵权法[M].北京:法律出版社,2000.

[2] 蔡定剑.公众参与:风险社会的制度建设[M].北京:法律出版社,2009.

[3] 蔡定剑.公众参与:欧洲的制度和经验[M].北京:法律出版社,2009.

[4] 蔡守秋.环境资源法教程(第二版)[M].北京:高等教育出版社,2010.

[5] 陈慈阳.环境法总论[M].北京:中国政法大学出版社,2003.

[6] 陈德敏.环境法原理专论[M].北京:法律出版社,2008.

[7] 陈泉生,张梓太.宪法与行政法的生态化[M].北京:法律出版社,2001.

[8] 崔浩等.环境保护公众参与研究[M].北京:光明日报出版社,2013.

[9] 高家伟.欧洲环境法[M].北京:工商出版社,2000.

[10] 贾西津主编.中国公民参与:案例与模式[M].北京:社会科学文献出版社,2008.

[11] 金自宁.风险中的行政法[M].北京:法律出版社,2014.

[12] 李博主编.生态学[M].北京:高等教育出版社,2000.

[13] 李步云,孙世彦主编.人权法案例选编[M].北京:高等教育出版社,2008.

[14] 李艳芳.公众参与环境影响评价制度研究[M].北京:中国人民大学出版社,2004.

[15] 刘学敏.欧洲人权体制下的公正审判权制度研究:以《欧洲人权公约》第六条为对象[M].北京:法律出版社,2014.

[16] 吕忠梅,等.理想与现实:中国环境侵权纠纷现状及救济机制构建

[M].北京:法律出版社,2011.

[17] 吕忠梅.沟通与协调之途——论公民环境权的民法保护[M].北京:中国人民大学出版社,2005.

[18] 吕忠梅.环境法新视野[M].北京:中国政法大学出版社,2000.

[19] 沈太霞.人权的守卫者:欧洲人权法院个人申诉制度[M].广州:暨南大学出版社,2014.

[20] 万鄂湘主编.欧洲人权法院判例评述[M].武汉:湖北人民出版社,1999.

[21] 王灿发.环境纠纷处理的理论与实践[M].北京:中国政法大学出版社,2002.

[22] 王明远.环境侵权救济法律制度[M].北京:中国法制出版社,2001.

[23] 王锡锌主编.公众参与和行政过程——一个理念和制度分析的框架[M].北京:中国民主法制出版社,2007.

[24] 吴卫星.环境权研究——公法学的视角[M].北京:法律出版社,2007.

[25] 徐国栋.绿色民法典草案[M].北京:社会科学文献出版社,2004.

[26] 许庆雄.宪法入门[M].台湾:月旦出版社股份有限公司,1992.

[27] 颜厥安,林钰雄.人权之跨国性司法实践:欧洲人权裁判研究(一)[M].台北:台湾大学人文社会高等研究院,2007.

[28] 杨成铭.人权保护区域化的尝试:欧洲人权机构的视角[M].北京:中国法制出版社,2000.

[29] 叶俊荣.环境政策与法律[M].北京:中国政法大学出版社,2003.

[30] 张震.作为基本权利的环境权研究[M].北京:法律出版社,2010.

[31] 周训芳.环境权论[M].北京:法律出版社,2003.

[32] 朱晓青.欧洲人权法律保护机制研究[M].北京:法律出版社,2003.

(二)译文著作

[1] 爱蒂丝·布朗·魏伊丝.公平地对待未来人类:国际法、共同遗产与世代间衡平[M].汪劲,等译,北京:法律出版社,2000.

[2] 弗兰西斯·斯奈德.欧洲联盟法概述[M].宋英,译,北京:北京大学出版社,1996.

[3] 简·汉考克.环境人权:权力、伦理与法律[M].李隼译,重庆:重庆出版社,2007.

[4] 卡森.寂静的春天[M].吕瑞兰,李长生译,上海:上海译文出版

社,2008.

[5] 克莱尔·奥维,罗宾·怀特.欧洲人权法:原则与判例(第三版)[M].何志鹏,孙璐译,北京:北京大学出版社,2006.

[6] 史蒂芬·布雷耶.打破恶性循环——政府如何有效规制风险[M].宋华琳译,北京:法律出版社,2009.

[7] 乌尔里希·贝克.风险社会[M].何博闻译,南京:译林出版社,2004.

[8] 伊丽莎白·费雪.风险规制与行政宪政主义[M].沈岿译,北京:法律出版社,2012.

[9] 约瑟夫·绍尔卡.法国环境政策的形成[M].韩宇等译,北京:中国环境科学出版社,2012.

[10] 詹宁斯,瓦茨修订.奥本海国际法(第一卷)(第一分册)[M].王铁崖译,北京:中国大百科全书出版社,1995.

[11] 珍妮·斯蒂尔.风险与法律理论[M].韩永强译,北京:中国政法大学出版社,2012.

(三)外文著作

[1] MOWBRAY. Cases and Materials on The European Convention on Human Rights[M]. Oxford:Oxford University Press,2007.

[2] BOYLE et al.. Human Rights Approaches to Environmental Protection[M]. Oxford:Clarendon Press,1998.

[3] SLAUGHTER. A New World Order[M]. Princeton:Princeton University Press,2004.

[4] BRISMAN. The Violence of Silence:Some Reflections on Access to Information,Public Participation in Decision-Making,and Access to Justice in Matters Concerning the Environment[M]. Springer Science + Business Media Dordrecht,2013.

[5] WESTON et al.. Green Governance:Ecological Survival,Human Rights,and The Law of The Commons[M]. Cambridge:Cambridge University Press,2013.

[6] K.. International Environmental Policy and Law[M]. North Carolina:Duke University Press,1980.

[7] CAMERON,IAIN. An Introduction to the European Convention on Human Rights(5th)[M]. Uppsala:Iustus Forlag,2006.

[8] Case Note. Human Rights and the Environment:The Case of

Balmer-Shafroth and Others v. Switzerland[R]. Blackwell Publishers Ltd,1998.

[9] OVEY, WHITE. Jacobs and White: The European Convention on Human Rights(4th edition)[M]. Oxford:Oxford University Press,2006.

[10] Council of Europe. The Exceptions to Article 8 to 11 of the European Convention on Human Rights[M]. 1997.

[11] Council of Europe. Digest of Strasbourg Case-Law Relating to the European Convention on Human Rights[M]. Council of Europe,1995.

[12] JOSE. Environmental Protection and the European Convention on Human Rights[M]. Council of Europe Publishing,2005.

[13] BOYD. The Environmental Rights Revolution——A Global Study of Constitutions, Human Rights, and The Environment [M]. UBC Press,2013.

[14] DELMAS-MARTY. The European Convention for the Protection of Human Rights:International Protection versus National Restrictions[M]. Dordrecht:Martinus Nijhoff,1992.

[15] KOLBERT. The Sixth Extinction: An Unnatural History[M]. New York:Henry Holt and Co. ,2014.

[16] COENEN. Public Participation and Better Environmental Decisions:The Promise and Limits of Participatory Processes for the Quality of Environmentally Related Decision-Making[M]. Springer,2008.

[17] HARRIS et al.. Harris, O'Boyle and Warbrick: Law of the European Convention on Human Rights(2nd ed.)[M]. Oxford:Oxford University Press,2009.

[18] HAYWARD T. Constitutional Environmental Rights[M]. Oxford: Oxford University Press,2005.

[19] KELLER. A Europe of Rights: The Impact of the ECHR on National Legal Systems [M]. Oxford:Oxford University Press,2008.

[20] LEACH P. Taking a Case to the European Court of Human Rights (2nd ed.) [M]. Oxford: Oxford University Press,2005.

[21] MACDONALD R. St. J. , MATSCHER F. , PETZOLD H. The European System for the Protection of Human Rights[M]. Dordrecht: Martinus Nijhoff Publishers,1993.

[22] MERRILLS J. G. The Development of International Law by the European Court of Human Rights (2nd Ed)[M]. Manchester: Manchester University Press,1993.

[23] ANDERSON, BOYLE. Human Rights Approaches to Environmental Protection[M]. Oxford: Oxford University Press,1996.

[24] SADELEER. Environmental Principles: From Political Slogans to Legal Rules [M]. Oxford: Oxford University Press,2002.

[25] BLACKBURN et al.. Fundamental Rights in Europe: the European Convention on Human Rights and Its Member States,1950—2000[M]. Oxford: Oxford University Press,2001.

[26] RONALD St. J. MACDONALD, MATSCHER F. The European System for the Protection of Human Rights[M]. Kluwer Law International Publisher,1993.

[27] GREER. The Margin of Appreciation: Interpretation and Discretion under the European Convention on Human Rights [M]. Council of Europe Publishing,2000.

[28] JEWELL, STEELE. Law in Environmental Decision-Making: National, European and International Perspectives[M]. Oxford: Clarendon Press,1998.

[29] ARAI-TAKAHASHI. The Margin Of Appreciation Doctrine and the Principle of Proportionality in the Jurisprudence of the ECHR [M]. Cambridge: Intersentia,2002.

二、论文类

(一)中文论文

[1] 伯阳,范颖颖.《欧洲人权公约》对德国基本法的影响[J].中德法学论坛,2009(0).

[2] 蔡守秋,海燕.也谈对环境的损害——欧盟"预防和补救环境损害的环境责任指令"的启示[J].河南省政法管理干部学院学报,2005(3).

[3] 陈泉生.环境时代与宪法环境权的创设[J].福州大学学报(哲学社会科学版),2001(4).

[4] 陈泉生.环境侵害概念初探[J].科技与法律,1994(3).

[5] 傅思明.欧洲人权公约对英国司法审查制度的影响[J].法学杂志,

2001(4).

[6] 郭雪慧.论公益诉讼主体确定及其原告资格的协调——对《民事诉讼法》第55条的思考[J].政治与法律,2015(1).

[7] 谷德近.论基本环境权[J].法律科学,2004(5).

[8] 胡婧.作为程序性基本权利的环境权[J].四川师范大学学报,2014(5).

[9] 黄崇福.自然灾害基本定义的探讨[J].自然灾害学报,2009(5).

[10] 姜明安.改革和完善行政诉讼体制 加强人权司法保障[J].国家行政学院学报,2015,(1).

[11] 焦传凯.论欧洲人权机制对欧盟成员国实际拘束力的差异及原因(博士学位论文)[D].上海:上海交通大学,2011.

[12] 李琦.法律上的防卫权——人权角度的观察[J].中国社会科学,2002,(1).

[13] 李艳芳.环境侵害的民事救济[J].中国人民大学学报,1994(6).

[14] 刘晗.宪法全球化中的逆流:美国司法审查中的外国法问题[J].清华法学,2014(2).

[15] 吕忠梅.环境行政司法:问题与对策——以实证分析为视角[J].法律适用,2014(4).

[16] 吕忠梅.环境侵权的遗传与变异——论环境侵害的制度演进[J].吉林大学社会科学学报,2010(1).

[17] 吕忠梅.再论公民环境权[J].法学研究,2000(6).

[18] 吕忠梅.论公民环境权[J].法学研究,1995(6).

[19] 齐树洁,郑贤宇.环境诉讼的当事人适格问题[J].南京师大学报(社会科学版),2009(3).

[20] 宋宗宇,钱静.环境诉讼中的群体诉讼制度——兼论完善我国环境诉讼中的代表人诉讼制度[J].河北法学,2004(12).

[21] 孙彩虹.我国环境行政诉讼的缺失及其完善[J].河南大学学报(社科版),2005(6).

[22] 孙世彦.欧洲人权制度中的"自由判断余地原则"评述[J].环球法律评论,2005(3).

[23] 万鄂湘,陈建德.《欧洲人权公约》与欧洲人权机构[J].法学评论,1995(5).

[24] 王灿发,程多威.环境公益诉讼面临的困境及其破解[J].法律适用,2014(8).

[25] 王锴.论宪法上的程序权[J].比较法研究,2009(3).

[26] 王玉叶.欧洲人权法院审理原则——国家裁量余地原则[J].欧美研究,2007(3).

[27] 吴慧.《欧洲人权公约》实施机制的发展[J].国际关系学院学报,2001(1).

[28] 徐祥民,巩固.环境损害中的损害及其防治研究[J].社会科学战线,2007(5).

[29] 徐亚文.欧洲人权公约中的程序正义条款初探[J].法学评论,2003(5).

[30] 颜运秋,张金波,李明耀.环境行政公益诉讼的逻辑和归位[J].环境保护,2015(3-4).

[31] 杨成铭.论欧洲人权机构对家庭生活权的保护[J].法学论坛,2005(2).

[32] 杨成铭.论欧洲理事会的人权保护制度对建立和完善国际人权保护制度的影响[J].时代法学,2005(1).

[33] 杨成铭.欧洲人权机构处理申诉一般方法探析[J].人权,2003(4).

[34] 喻贵英.欧洲废除死刑的启示[J].法学评论,2006(3).

[35] 赵海峰,吴晓丹.欧洲人权法院——强势和有效的国际人权保护司法机构[J].人民司法,2005(8).

[36] 张德瑞.论欧洲人权法院的"司法造法"[J].法学评论,2013(5).

[37] 张志铭.欧洲人权法院判例法中的表达自由[J].外国法译评,2000(4).

[38] 张梓太.中国环境行政诉讼之困与对策分析[J].法学评论,2003(5).

[39] 周晨.环境损害的法律定义研究[J].中国人口·资源与环境,2006(6).

[40] 朱力宇,袁钢.欧盟人权机构:《巴黎原则》的一种尝试[J].法学,2007(6).

[41] 朱晓青.欧洲一体化进程中人权法律地位的演变[J].法学研究,2002(5).

[42] 邹雄.论环境权的概念[J].现代法学,2008(5).

[43] 竺效.论环境侵权原因行为的立法拓展[J].中国法学,2015(2).

(二)外文论文

[1] AKANDE, WILLIAMS. International Adjudication on National Security Issues: What Role for the WTO? [J]. Virginia Journal International Law,2003,43(365).

[2] ALAN BOYLE. Human rights or Environmental Rights: A Reassessment [J]. Fordham Environmental Law Review,2007,18(471).

[3] ALAN BOYLE. The Role of International Human Rights Law in the Protection of the Environment [A]. In MICHAEL ANDERSON and ALAN BOYLE. Human Rights Approaches to Environmental Protection [M]. Oxford:Oxford University Press,1996.

[4] ALASTAIR MOWBRAY. The Creativity of the European Court of Human Rights [J]. Human Rights Law Review,2005,1(57).

[5] ALEXANDRE KISS. Le Droit à La Conservation de L'Environnement[J]. Revue Universelle Des Droits De L'Homme [RUDH],1990,2(455).

[6] ANDREWS J. A.. The European Jurisprudence of Human Rights [J]. Maryland L. Rev. ,1984,43(463).

[7] CARINE NADAL. Pursuing Substantive Environmental Justice:the Aarhus Convention as a "Pillar" of Empowerment [J]. Environmental Law Review,2008,1(28).

[8] CHARMIAN BARTON. The Status of the Precaution Principle in Australia:Its Emergence in Legislation and as a Common Law Doctrine[J]. Harv. Envtl. L. Rev. ,1998,22(518).

[9] CHRIS HILSON. Risk and the European Convention on Human Rights:Towards a New Approach [A]. In the Cambridge Yearbook of European Studies 2008—2009,Volume 11. Oxford:Hart Publishing,2009.

[10] CONTRA DOWNS,J. A.. A Healthy and Ecologically Balanced Environment:An Argument for a Third Generation Right[J]. Duke Journal of Comparative and International Law,1993,3(351).

[11] CARSON L. and LEE R.. Consumer Sovereignty and the Regulatory History of the European Market for Genetically Modified Foods [J]. Env. Law Rev. ,2005,7(173).

[12] CHAHID-NOURAI N.. La Portée de La Charte pour Le Juge Ordinaire [J]. AJDA Chroniques,2005.

[13] DAVID MARRANI. The Second Anniversary of the Constitutionalisation of the French Charter for the Environment:Constitutional and Environmental Implications [J]. Env. L. Rev. ,2008,1(9).

[14] DAVIES S.. In Name or Nature? Implementing International Environmental Procedural Rights in the Post-Aarhus Environment:A Finnish Example[J]. Environmental Law Review,2007,3(627).

[15] DINAH SHELTON. What Happened in Rio to Human Rights? [J]. STAN. J. INT'L L. ,1991,28(103).

[16] DINAH SHELTON. Human Rights, Environmental Rights, and the Right to Environment[J]. Stan. J. Int'l L. ,1991,28(103).

[17] EDOUARD GEFFRAY et SOPHIE-JUSTINE LIÉBER. Valeur et Portée Juridique de La Charter de l'Environnement[J]. AJDA,2008.

[18] EVA BREMS. The Margin of Appreciation Doctrine in the Case-Law of the European Court of Human Rights[A]. In BREMS. Human Rights: Universality and Diversity [M]. Dordrecht: Martinus Nijhoff Publisher,2001.

[19] FAWCETT J. E. S. . The Application of the European Convention on Human Rights[A]. In NAOMI ROHT-ARRIAZA. Impunity and Human Rights in International Law and Practice[M]. Oxford: Oxford University Press,1995.

[20] FRANCESCO FRANCIONI. International Human Rights in an Environmental Horizon [J]. European Journal of International Law,2010,1(41).

[21] GANSHOF VAN DER MEERSC W. J. . European Court of Human Rights[J]. Encyclopedia of Public International Law,1985,8(200).

[22] GEORGE LETSAS. Two Concepts of the Margin of Appreciation [J]. Oxford Journal of Legal Studies,2006,4(705).

[23] GIORGIO MALINVERNI. Freedom of Information in the European Convention on Human Rights and the International Covenant on Civil and Political Rights[J]. Hum. Rts. L. J. ,1983,4(443).

[24] HARDIN G. . The Tragedy of the Commons[J]. Science,1968,162(1243).

[25] HENRI DELVAUX. La Notion de Victime au Sens de L'Article 25 de La Convention Européenne des Droits de L'Homme[J]. Actes de Cinqueième Collogue sur La Convention Européenne des Droits de L'Homme,1982,35(64).

[26] HENRY J. STEINER. Political Participation as a Human Right [J]. Harv. Hum. Rts. Y. B. ,1988,1(77).

[27] HEYVAERT V. . Facing the Consequences of the Precautionary Principle in European Community Law[J]. EL Rev. ,2006,31(185).

[28] HOTTELIER and MARTENET V.. Le Droit de L'Homme a un Environnrment Sain:Perspectives Suisses[J]. Annuaire International des Droits de L'Homme,2008,1(427).

[29] HOWARD CHARLES YOUROW. The Margin of Appreciation Doctrine in the Dynamics of European Human Rights Jurisprudence[J]. Conn. J. Int'l L. ,1987,3(111).

[30] HYAM J.. Hatton and Others v. the U.K. in the Grand Chamber:One Step Forward,Two Steps Back[J]. European Human Rights Law Review,2003,6(640).

[31] ILONA CHEYNE. Taming the Precautionary Principle in EC Law:Lessons from Waste and GMOs Regulation[J]. J. Eur. Envtl. & Plan. L. ,2007,4(468).

[32] JAMES A. SWEENEY. Margin of Appreciation:Culture Relativity and the European Court of Human Rights in the Post-Cold War Era[J]. International & Comparative Law Quarterly,2005,2(459).

[33] JAMES R. MAY. Vindicating Fundamental Environmental Rights Worldwide[J]. Or. Rev. Int'L. ,2009,11(365).

[34] JEFFREY A. BRAUCH. The Margin of Appreciation and the Jurisprudence of the European Court of Human Rights:Threat to the Rule of Law[J]. Columbia Journal of European Law,2004/2005,11(113).

[35] JEROEN SCHOKKENBROEK. The Basis Nature and Application of the Margin of Appreciation Doctrine in the Case-Law of the European Court of Human Rights-General Report[J]. Human Rights L. J. ,1998,19(30).

[36] KARIE WOLFE. Greening the International Human Rights Sphere? Environmental Rights and the Draft Declaration of Principles on Human Rights and the Environment[J]. Appeal:Review of Current Law and Law Reform,2003,9(45).

[37] LOUCAIDE L.. Environmental Protection through the Jurisprudence of the European Convention on Human Rights[J]. British Yearbook of International Law,2004(75).

[38] LUIS E. RODRIGUEZ-RIVERA. Is the Human Right to Environment Recognized Under International Law? It Depends on the Source[J]. COLO. J. INT'L ENVTL L. & POL'Y,2001,12(1).

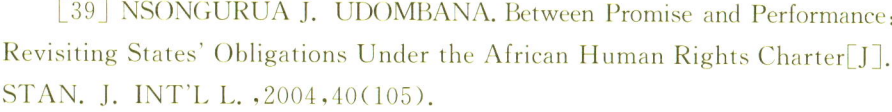

[39] NSONGURUA J. UDOMBANA. Between Promise and Performance: Revisiting States' Obligations Under the African Human Rights Charter[J]. STAN. J. INT'L L. ,2004,40(105).

[40] MALGOSIA FITZMAURICE. The European Court of Human Rights, Environmental Damage and the Application of Article 8 of the European Convention on Human Rights and Fundamental Freedoms[J]. Environmental Law Review,2011,2(107).

[41] MARIANA T. ACEVEDO. The Intersection of Human Rights and Environmental Protection in the European Court of Human Rights[J]. New York University Environmental Law Journal,2000,8(437).

[42] MICHAEL R. HUTCHINSON. The Margin of Appreciation Doctrine in the European Court of Human Rights[J]. International & Comparative Law Quarterly,1999:3.

[43] MILLER C.. Environmental Rights in a Welfare State? A Comment on DeMerieux[J]. OJLS,2003,23(111).

[44] MOA OSTBERG. The Role of the European Court of Human Rights in Enforcing Environmental Norms and Principles(master's degree thesis)[D]. Lund:Faculty of Law University of Lund,2006.

[45] MOHAMED ALI MEKOUAR. Le Droit à l'Environnement dans Ses Rapports avec Les Autres Droits de L'Homme[A]. In PASCALE KROMAREK. Environnement et Droits de L'Homme[M]. Unesco Publisher,1987.

[46] NEIL POPOVIC. In Pursuit of Environmental Human Rights: Commentary on the Draft Declaration of Principles on Human Rights and the Environment[J]. Colum. Hum. Rts. L. Rev. ,1996,27(487).

[47] NICO KRISCH. The Open Architecture of European Human Rights Law[J]. The Modern Law Review,2008,2(200).

[48] OLE W. PEDERSEN. Environmental Risks, Rights and Black Swans[J]. Environmental Law Review,2013,1(55).

[49] OLE W. PEDERSE. A Bill of Rights, Environmental Rights and the U. K. Constitution[J]. Public Law,2011,3(577).

[50] OLE W. PEDERSE. The Ties that Bind: The Environment, the European Convention on Human Rights and the Rule of Law[J]. European Public Law,2010,4(571).

[51] OLE W. PEDERSE. European Environmental Human Rights and Environmental Rights: A Long Time Coming? [J]. Geo. Int'l Envtl. L. Rev. ,2008,21(73).

[52] OREN GROSS, FIONNUALA NI AOLAIN. From Discretion to Scrutiny: Revising the Application of the Margin of Appreciation Doctrine in the Context of Article 15 of the European Convention on Human Rights[J]. Human Rights Quarterly,2001,23(625).

[53] PAUL MAHONEY. The Doctrine of the Margin of Appreciation under the European Convention on Human Rights: Its Legitimacy in Theory and Application in Practice[J]. Human Rights Law Journal,1998,19(1).

[54] PAUL MAHONEY. Judicial Activism and Judicial Self-restraint in the European Court of Human Rights: Two Sides of the Same Coin[J]. Hum. Rts. L. J. ,1990,11(57).

[55] PHILIPPE SSNDS. Human Rights, Environment and the Lopez-Ostra Case: Context and Consequences[J]. European Human Rights Law Review,1996,6(597).

[56] RICHARD DESGANGN. Integrating Environmental Values into the European Convention on Human Rights[J]. Am. J. Int'l L. ,1995,89(263).

[57] SLOVIC P.. Perception of Risk[J]. Science,1987,236(280).

[58] STANLEY N.. "Public Concern: The Deicision-Makers"Dilemma [J]. JPL,1998:919.

[59] SUMUDU ATAPATTU. The Right to a Healthy Life or The Right to Die Polluted?: The Emergence of a Human Right to a Healthy Environment Under International Law[J]. Tul. Envtl. L. J. ,2002,16(65).

[60] SVITLANA KRAVCHENKO,JOHN E. BONIE. Interpretation of Human Rights for the Protection of the Environment in the European Court of Human Rights[J]. Global Business& Development Law Journal, 2012,25(245).

[61] SYMONIDE J.. The Human Right to a Clean, Balanced and Protected Environment[J]. International Journal of Legal Information, 1992,20(1).

[62] VIHAR GEORGIEV. Member States Have a Wide Margin of Ap-

preciation When Drawing National Action Plans in Environmental Protection[J]. European Journal of Risk Regulation,2010,1(86).

[63] WEBER. Environmental Information and the European Convention on Human Rights[J]. H. R. L. J. ,1991,12(177).

[64] XAVIER DUPRÉ de BOULOIS. Les Actes Administratifs Unilatéraux[A]. In Traité de Droit Administratif. LGDJ. 2008.

[65] YUVAL SHANY. Toward a General Margin of Appreciation Doctrine in International Law? [J]. European Journal of International Law,2005,5(907).

三、资料类

(一)法律法规汇编

[1]《中国大百科全书·环境科学》编委会.中国大百科全书·环境科学[Z].北京:大百科全书出版社,1983.

[2] 罗竹风主编.汉语大词典[Z].上海:汉语大词典出版社,1997.

[3] 朱福惠,邵自红主编.世界各国宪法文本汇编(欧洲卷)[Z].厦门:厦门大学出版社,2013.

(二)判例

[1] Arrondelle,E. A. v. the U. K. ,application no. 7889/77,decision of 15 Jul. 1980 on the admissibility of the application;report of the Commission,13 May 1982.

[2] Association X. v. the U. K. ,application no. 7154/75,judgment of 12 Jul. 1978.

[3] Balmer-Schafroth and Others v. Switzerland,67/1996/686/876,judgment of 26 Aug. 1997.

[4] Buckley v. the U. K. ,application no. 20348/92,judgment of 29 Sep. 1996.

[5] Budayeva and Others v. Russia,application nos. 15339/02,21166/02,20058/02,11673/02,15343/02,judgment of 29 Sep. 2008.

[6] Burden v. the U. K. ,application no. 13378/05,judgment of 2008.

[7] Demir and Baykara v. Turkey,application no. 34503/97,judgment of 12 Nov. 2008.

[8] Demopoulos and others v. Turkey, application no. 21819/04,

judgment of 2010.

［9］ Dr. S v. the Federal Republic of Germany, application no. 715/60, judgment of 5 Aug. 1960, unpublished.

［10］ Dubetaka and Others v. Ukraine, application no. 30499/03, judgment of 10 May 2011.

［11］ Fadeyewa v. Russia, application no. 55723/00, judgment of 30 Nov. 2005.

［12］ Fredin v. Sweden (No. 1), application no. 12033/86, judgment of 18 Feb. 1991.

［13］ Finogenov v. Russia, application nos. 18299/03 and 27311/03, judgment of 2011.

［14］ Gaglione et Autres c. Itali, requête n° 45867/072011, décision du 20 Juin 2011.

［15］ Gaskin v. the U. K. , application no. 10454/83, judgment of 07 Jul. 1989.

［16］ Georgian Labour Party v. Georgia, application no. 9103/04, judgment of 2008.

［17］ Gheorghe Predescu v. Romania, application no. 19696/10, judgment of 2014.

［18］ Giacomelli v. Italy, application no. 599099/00, judgment of 26 Mar. 2007.

［19］ Gorraiz Lizarraga and Others v. Spain, application no. 62543/00, judgment of 2004.

［20］ Guerra and Others v. Italy, 116/1996/735/932, judgment of 1998.

［21］ Haas v. Switzerland, application no. 31322/07, judgment of 20 Jun. 2011.

［22］ Hakansson and Sturesson v. Sweden, application no. 11855/85, judgment of 21 Feb. 1990.

［23］ Handyside v. United Kingdom, application no. 5493/72, judgment of 07 Dec. 1976.

［24］ Hatton and Others v. the U. K. , application no. 36022/97, judgment of 8 Jul. 2003.

［25］ Hofmann v. Germany, application no. 1289/09, judgment of 23

Feb. 2010.

[26] Holub v. the Czech Republic, application no. 24880/05, decision of 14 Dec. 2010.

[27] Hutten-Czapska v. Poland, application no. 35014/97, judgment of 19 Jun. 2006.

[28] Ilascu and Others v. Moldova and Russia, application no. 48787/99, judgment of 8 Jul. 2004.

[29] Iordache c. Romania, requête n° 6817/02, décision du 2009.

[30] Islamic Republic of Iran Shipping Lines v. Turkey, application no. 40998/98, judgment of 2007.

[31] Ivan Atanasov v. Bulgaria, application no. 12853/03, judgment of 02 Dec. 2010.

[32] Jasinskis v. Latvia, application no. 45744/08, judgment of 2010.

[33] Kerojarvi v. Finland, application no. 17506/90, judgment of 19 Jul. 1995.

[34] Klass and Others v. Germany, application no. 5029/71, judgment of 1978.

[35] Kolyadenko and Others v. Russia, application nos. 17423/05, 20534/05, 20678/05, 23263/05, 35673/05, judgment of 28 Feb. 2012.

[36] Korolev v. Russia, application no. 25551/05, decision of 1 Jul. 2010.

[37] Kyrtatos v. Greece, application no. 41666/98, judgment of 22 Aug. 2003.

[38] L. C. B. v. the U. K. , 14/1997/798/1001, judgment of 9 Jun. 1998.

[39] Leander v. Sweden, application no. 9248/81, judgment of 26 Mar. 1987.

[40] Loizidou v. Turkey, application no. 15318/89, judgment of 18 Dec. 1996.

[41] Lopez Ostra v. Spain, application no. 16798/90, judgment of 09 Dec. 1994.

[42] Mamatkulov and Askarov v. Turkey, application no. 46827/99, judgment of 2005.

[43] Marckx v. Belgium, application no. 6833/74, judgment of 1979.

[44] Matthews v. the U. K. , application no. 24833/94, judgment of 18

Feb. 1999.

[45] M. C. Mehta v. Union of India,1 S. C. C. 471 (1988).

[46] McGinley and Egan v. the U. K. ,10/1997/794/995-996,judgment of 9 Jun. 1998.

[47] Mirolubovs et Autres c. Latvia, requête n° 798/05, décision du 2009.

[48] Moreno Gomez v. Spain,application no. 4143/02,judgment of 16 November 2004.

[49] Mykhaylenky and Others v. Ukraine,application no. 42814/02, judgment of 2005.

[50] Ockan and Others v. Turkey,application no. 46771/99,judgment of 13 Sep. 2006.

[51] Öneryildiz v. Turkey, application no. 48939/99, judgment of 30 Nov. 2004.

[52] Papastavrou and Others v. Greece, application no. 46372/99, judgement of 10 Jul. 2003.

[53] Pasa and Erkan Erol c. Turkey, requête n° 51358/99, décision du 2007.

[54] Peck v. the U. K. , application no. 44647/98, judgment of 28 Jan. 2003.

[55] Penafiel Salgado c. Spain, requête n° 65964/01, décision du 16 avril 2002.

[56] Pine Valley Developments LTD and Others v. Ireland,application no. 12742/87,judgment of 29 November 1991.

[57] Powell and Rayner v. the U. K. ,application no. 9310/81,judgment of 21 Feb. 1990.

[58] Prencipe c. Monaco, requête n° 43376/06, décision du 16 Octobre 2009.

[59] Prokopovich v. Russia,application no. 58255/00,judgment of 18 Feb. 2005.

[60] Radio France and Others v. France (dec.),application no. 53984/00,decision of 30 Mar. 2004.

[61] Roche v. the U. K. , application no. 32555/96, judgment of 19

Oct. 2005.

[62] SH and Others v. Austria, application no. 57813/00, judgment of 1 Apr. 2010.

[63] Scoppola v. Italy (no. 2), application no. 10249/03, judgment of 2009.

[64] Sejdovic v. Italy, application no. 56581/00, judgment of 2006.

[65] Sejdic and Finci v. Bosnia and Herzegovina, application no. 34836/06, judgment of 2009.

[66] Shamayev and Others v. Georgia and Russia, application no. 36378/02, judgment of 2005.

[67] Sierra Club v. Morton, Secretary of the Interior et al., 405 U.S. 727 (1972).

[68] Siliadin v. France, application no. 73316/01, judgment of 26 Oct. 2005.

[69] Sisojeva and Others v. Latvia, application no. 60654/00, judgment of 15 Jan. 2007.

[70] Skorobogatykh v. Russia, application no. 4871/03, judgment of 22 Dec. 2009.

[71] Soering v United Kingdom, application no. 14038/88, judgment of 07 Jul. 1989.

[72] South Africa v. Grootboom 2000 (11) BCLR 1169 (CC) (S. Afr.). 20.

[73] Spire v. France, application no. 13728/88, decision of 17 May 1990 on the admissibility of the application.

[74] Sunday Times v. the U.K., application no. 6538/74, judgment of 26 Apr. 1979.

[75] Taskin v. Turkey, application no. 46117/99, judgment of 30 Mar. 2005.

[76] Tatar and Others v. Romania, decision as to the admissibility of application no. 67021/01, judgment of 06 Jul. 2009.

[77] Tauira and Others v. France, application no. 28204/95, commission decision of 1995.

[78] The Holy Monasteries v. Greece, application no. 13092/87,

judgment of 1994.

［79］Trevor Allen and Others v. the U. K. , application no. 5591/07, decision of 6 Oct. 2009.

［80］Tyrer v. the U. K. , application no. 5856/72, judgment of 25 Apr. 1978.

［81］Van Kück v Germany, application no. 35968/97, judgment of 12 Jun. 2003.

［82］Varnava and Others v. Turkey, application no. 16073/90, judgment of 2009.

［83］Vearncombe v. the U. K. and the Federal Republic of Germany, application no. 12816/87, judgment of 1989.

［84］Vellore Citizens' Welfare Forum v. Union of India, 5 S. C. C. 647 (1996).

［85］Verein gegen Tierfabriken Schweiz v. Switzerland, application no. 32772/02, judgment of 30 Jun. 2009.

［86］X. v. the Federal Republic of Germany, decision of 14 Jul. 1981 on the admissibility of the application.

［87］X. v. the Federal Republic of Germany, application no. 7462/76, decision of 7 Mar. 1977.

［88］X. v. the Netherlands, application no. 7230/75, decision of 4 Oct. 1976.

［89］X. and Y. v. Netherlands, application no. 8978/80, judgment of 26 Mar. 1985.

［90］Zander v. Sweden, application no. 14282/88, judgment of 25 Nov. 1993.

［91］Zehentner v. Austria, application no. 20082/02, judgment of 2009.

［92］Zvolsky and Zvolska v. the Czech Repubic, application no. 46129/99, judgment of 12 Feb. 2003.

(三)网络资料

［1］Annex. Some Principles Concerning Transfrontier Pollution, Recommendation of the Council on Principles Concerning Transfrontier Pollution [EB/OL]. http://acts. oecd. org/Instruments/ShowInstrumentView/aspx? InstrumentID＝12, 2015-04-22.

[2] AURÉLIE BRETONNEAU. Public Participation in French Environmental Policy-Making Process: Change and Continuity[J/OL]. http://www. law. yale. edu/documents/pdf/conference/compadmin14_brettoneau. pdf. ,2014-04-25.

[3] AYESHA DIAS. Human Rights, Environment and Development: With Special Emphasis on Corporate Accountability[EB/OL]. http://www. hdr. undp. org/docs/publications/background_papers/Dias2000. html, 2014-09-10.

[4] Commission of the EC, 2002. Official Journal of the EU, COM[EB/OL]. http://eur-lex. europa. eu/oj/direct-access. html? ojYear=2002, 2014-12-25.

[5] Commission of EC, 2000. Communication on the Precautionary Principle, COM[EB/OL]. http://ec. europa. eu/dgs/health_consumer/library/pub/pub07_en. pdf, 2014-12-28.

[6] Conseil Constitutionnel. Décision n° 2012? 282 QPC du 23 novembre 2012, France Nature Environnement[DB/OL]. http://www. conseil-constitutionnel. fr/conseil-constitutionnel/francais/les-decisions/2012/decisions-par-date/2012/2012-282-qpc/decision-n-2012-282-qpc-du-23-novembre-2012, 2014-10-21.

[7] Conseil Constitutionnel. Décision n° 2008-564 DC du 19 juin 2008, Loi relative aux organismes génétiquement modifiés[DB/OL]. http://www. conseil-constitutionnel. fr/conseil-constitutionnel/francais/les-decisions/2008/decisions-par-date/2008/2008-564-dc/decision-n-2008-564-dc-du-19-juin-2008. 12335. html, 2014-10-21.

[8] Council of Europe. Travaux Preparatoires[EB/OL]. www. echr. coe. int/Library/COLENTravauxprep. html, 2015-03-16.

[9] ECtHR. Practical Guide on Admissibility Criteria(2014)[EB/OL]. www. echr. coe. int, 2015-01-14.

[10] Eur. Parl. Ass.. The Role of Parliament in the Consolidation and Development of Social Rights in Europe[EB/OL]. http://assembly. coe. int/Main. asp? link=/Documents/ WorkingDocs/Doc11/EDOC12632. htm, 2014-03-21.

[11] Eur. Parl. Ass.. Reply from the Committee of Ministers[EB/OL]. http://assembly. coe. int/main. asp? link=/documents/workingdocs/

doc10/edoc12298. htm,2014-03-21.

[12] Eur. Parl. Ass.. Drafting an Additional Protocol to the European Convention on Human Rights Concerning the Right to a Healthy Environment [DB/OL]. http://assembly. coe. int/Documents/WorkingDocs/Doc09/EDOC12003. pdf,2014-03-21.

[13] Halliday E. C.. A Historical Review of Atmospheric Pollution [EB/OL]. Http://libdoc. who. int/monograph/WHO_MONO_46_(p9). pdf,2014-04-16.

[14] 黄锦堂. 环境宪法[EB/OL]. http://www. calaw. cn/article/default. asp? id=5307,2015-07-11.

[15] JEAN-MARC SAUVÉ. La Démocratie Environnementale Aujourd'hui [EB/OL]. http://www. lefigaro. fr/actualite-france/2015/06/03/01016-20150603ARTFIG00002-grands-projets-un-rapport-prone-la-democratie-environnementale. php,2010-11-17.

[16] JONAS EBBESSON. Participatory and Procedural Rights in Environmental Matters:State of Play (unpublished draft paper)[EB/OL]. www. unep. org/environment algovernance/LinkClick. aspx?,2015-03-16.

[17] LESLIE FRIEDMAN GOLDSTEIN and CORNEL BAN. The Rule of Law and the European Human Rights Regime[EB/OL]. http://escholarship. org/uc/item/2q59x006,2015-08-22.

[18] 全国环境统计公报[N]. http://zls. mep. gov. cn/hjtj/qghjtjgb/,2015-10-11.

[19] Recommandation 1614(2003)[EB/OL]. http://assembly. coe. int/ASP/Doc/XrefViewPDF. asp? FileID=17131&Language=EN,2014-02-11.

[20] Rules of Court[DB/OL]. http://www. echr. coe. int/ECHR/EN/Header/Basic+Texts/The+Convention+and+additional+protocols/The+European+Convention+on+Human+Rights/,2014-10-11.

[21] SAVARESI,ANNALISA. The Approach of the European Court of Human Rights to Environmental Protection[D/OL]. Durham University, http://etheses. dur. ac. uk/2897/,2014-11-10.

[22] UNEP. Annual Report 2013[EB/OL]. http://www. unep. org/annualreport/2013/docs/hr_ar2013. pdf,2014-10-20.

[23] WHO. Global Health Observatory: Public Health and

Environment [EB/OL]. http://www.who.int/gho/phe/en/,2014-10-20.

[24] WHO. Global Health Observatory: Water, Sanitation and Hygiene [EB/OL]. http://www.who.int/gho/phe/water_sanitation/en/,2014-10-20.

[25] 中国环境保护白皮书发表,环境污染带来的经济损失约占国内生产总值10%[N]. http://news.sina.com.cn/o/2006-06-06/05159127424s.shtml,2013-07-17.

[26] 中华人民共和国环境保护部.2013年中国环境状况公报[EB/OL]. http://www.mep.gov.cn/gkml/hbb/qt/201407/t20140707_278320.htm, 2014-10-14.

[27] 中华人民共和国环境保护部.全国地下水污染防治规划(2011—2020年)[EB/OL]. http://www.zhb.gov.cn/gkml/hbb/bwj/201111/t20111109_219754.htm,2014-05-27.

[28] 周强.最高人民法院工作报告[N]. http://www.chinacourt.org/article/detail/2015/03/id/1571099.shtml,2015-04-17.

后 记

本书是在我博士学位论文基础上修改完成的,其中,有关第三章和第四章的内容,分别发表在《四川师范大学学报(社会科学版)》和《暨南学报(哲学社会科学版)》等期刊上。在此,要诚挚感谢《四川师范大学学报(社会科学版)》的苏雪梅老师和《暨南学报(哲学社会科学版)》的李晶晶老师,是你们让环境人权的故事得以延续。

本书选取欧洲人权法院这一区域性司法裁判机构的规范和判决为论述目标,选择归纳并审视《欧洲人权公约》成员国在预防和救济环境损害方面作出的贡献这一论题,主要是得到我的导师朱福惠教授的支持和帮助。在成书的过程中,老师提供了同欧洲人权法院裁判人员交流的机会,提出了有关文章结构设置的建议。在形成初稿之后,老师针对文章内容提出了很多具有建设性的意见。在本书定稿之际,老师还贡献了本书的序。老师治学严谨而不失宽容、为人豁达而不失细腻,无论是在学术修养还是为人处事方面都使学生获益良多。

本书的顺利出版,得益于厦门大学出版社法律编辑室主任甘世恒,出版的诸多事宜均由甘主任代劳,花费了甘主任许多时间和精力,对他的辛勤付出表示由衷地感谢!

另外,我要特别感谢一直支持我的家人,尤其是我的父亲。衷心感谢他忍受我写作过程中偶遇瓶颈时的各种坏脾气,感谢他在我想放弃时给予我精神上的支持,本书的出版算是我回赠父亲的一份小礼物。

本书即将付梓,除了感恩老师和亲友的帮助外,也不得不再次忆起那段苦行僧式的过往。于我而言,相较于人生的其他阶段,读博的经历无疑更是一场历练,是一次自己与自己在身心上的战争,战场上我是一个心无旁骛的战士,

既没有坐看凤凰花花开花落的悠闲,也没有追赶白城沙滩潮起潮落的豁达,有的仅是对写作内容的高度关注,这是一种犹如坐过山车,随着写作进度跌宕起伏的状态。所幸,这场战争以取得小胜结束,获得的是一枚名叫"经历"的勋章。

胡婧

二〇一九年二月于海德堡

图书在版编目(CIP)数据

欧洲人权法院个人环境申诉案件受案范围研究/胡婧著. —厦门:厦门大学出版社,
2019.3
ISBN 978-7-5615-7042-5

Ⅰ.①欧… Ⅱ.①胡… Ⅲ.①环境保护法—行政诉讼—研究—欧洲 Ⅳ.①D950.26

中国版本图书馆 CIP 数据核字(2018)第 153585 号

出 版 人	郑文礼
责任编辑	甘世恒

出版发行 厦门大学出版社
社　　址 厦门市软件园二期望海路 39 号
邮政编码 361008
总 编 办 0592-2182177 0592-2181406(传真)
营销中心 0592-2184458 0592-2181365
网　　址 http://www.xmupress.com
邮　　箱 xmup@xmupress.com
印　　刷 厦门市万美兴印刷设计有限公司

开本　720 mm×1 000 mm　1/16
印张　14
插页　2
字数　268 千字
版次　2019 年 3 月第 1 版
印次　2019 年 3 月第 1 次印刷
定价　55.00 元

本书如有印装质量问题请直接寄承印厂调换

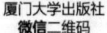
厦门大学出版社
微信二维码

厦门大学出版社
微博二维码